KB032160

ANGEL MEDICINE HEALING

천사치유

ANGEL MEDICINE HEALING

천사치유

지은이 Doreen Virtue, Ph.D.

옮긴이 김윤탁, 함서정

솔과학

ANGEL MEDICINE by Doreen Virtue

Copyright © 2005 by Doreen Virtue

Originally published in 2005 by Hay House Inc. USA

Korean translation rights © 2014 SOLKWAHAK

Korean translation rights are arranged with Hay House UK Ltd. through Amo Agency Korea.

Tune into Hay House broadcasting at: www.hayhouseradio.com

축복과 감사를 전하며

George Kelaiditis, Charitini Christakou, Konstantinos, Dr. Polichronis (Chronis) Mada, Andres Kannelopoulos, Reid Tracy, Jill Kramer, Julie Davison, Anne Yvonne Gilbert, Leon Nacson, Kristen McCarthy, Rachelle Charman, Rhett Nacson, Eli Nacson, Robert Nacson, James Van Praagh, Jo Lal, Michelle Pilley, Megan Slyfield, Emma Collins, Bill Christy, Judith Lukomski, Charles Schenk, Grant Schenk, Betsy Brown

- 그리고 그들의 천사치유 이야기를 이 책에 실을 수 있도록 허락해 준 모든 이들에게

목 차

제2부 천사치유의 단계와 이야기

제3부 천사의학으로 치유하기

서 문

천사 치유

저는 이 글을 이 책의 뒷장에 있는 사진에서처럼 그리스에 있는 산토리니 섬의 화산 분화구 칼데라를 내려다보면서 쓰고 있습니다. 산토리니는 이 책과 저와 당신에게 특별한 의미가 있습니다. 많은 사람들이 산토리니가 잃어버린 대륙 아틀란티스의 남아있는 땅이라고 믿고 있기 때문입니다. 많은 아틀란티스 치유 사원 중의 하나가 신비스런 에너지와 전통을 간직한 채 이곳에 유적으로 남아 있습니다. 치유에 대한 글을 쓰기에 얼마나 완벽한 장소인지요. 어쩌면 이곳은 제가 수 억 겁 전에 당신과 함께 살았던 곳인지도 모릅니다.

아틀란티스가 강렬한 폭발로 가라앉았을 때, 그곳 사람들의 진보된 지식과 지혜도 함께 사라졌습니다. 이 책의 제1부에서는 아틀란티스인들이 행했던 마술 같은 고대 힐링의 지혜와 아틀란티스의 천사들이 저에게 나누어준 치유의 비밀 몇 가지를 말씀드릴 것입니다. 제2부와 3부에서는 자신과 다른 사람을 치유하기 위해 당신의 삶에 받아들일 수 있는 몇 가지 이야기와 방법을 보여드리겠습니다. 저는 또한 이 고대의 힐링 지식을 확증할 과학적인 연구도 포함시킬 것입니다.

힐링 천사들

천사들은 에고가 없는 천상의 존재들입니다. 그것은 그들이 모든 것을 사랑하고 판단하지 않는다는 뜻입니다. 고인이 된 우리의 가장 사랑하는 사람들은 천사의 기능을 수행할 수 있습니다. 그러나 우리는 그들을 기술적으로 '영의 안내자'라고 부릅니다.

긴 세월 동안 투시력을 통해 저는 모든 사람들이 적어도 두 명의 수호천사를 갖고 있으며 최소한 한 명의 영적 안내자를 갖고 있다는 것을 알고 있습니다. 모든 사람들이 자기 천사들의 말을 듣는 것은 아닙니다. 그렇지 않다면 이 세상에는 자기 파괴나 학대라는 것이 없었을 것입니다. 그럼에도 불구하고 천사들은 우리가 말할 준비가 되어 있거나 그들의 말을 들을 준비가 되어있을 때마다 거기에 있습니다.

천사들은 특정 종교와 관련이 없으며, 회의론자들과 무신론자들은 물론 유신론자들의 삶의 일부입니다. 천사들은 선한 사마리아인은 물론 잔인한 사람들과도 함께 있습니다. 천사들은 평화에 대한 신의 계획을 한 사람씩 재현하기 위해 우리와 함께 있습니다. 우리 모두가 개인적으로 행동에 책임을 지지만 천사들은 우리가 가장 최선의 것들을 선택하게 도와줍니다.

그리고 우리는 고통과 투쟁을 통해서 성장할 수도 있지만 평화를 통해서 훨씬 더 빨리 성장할 수 있습니다. 우리가 평화로워지도록 도와주는 것은 어떤 것이든 – 크든 작든 상관없이 – 천사들이 기꺼이 도와줍니다. 그러나 그들이 개입하고 싶어도 그 전에, 우리가 그들의 도움을 요청해야 합니다. '자유의지의 법칙' 때문입니다. 그 법칙을 통해 이 우주는 돌아가고 있습니다.

천사들과 작업할 때, 당신은 그들의 빛은 물론 에고가 없는 높은 자아를 빌리거나 거기에 의지할 수 있습니다. 천사들은 당신이 두려움을 물리치고 사랑으로 상황에 접근할 수 있도록 당신의 마음을 치유하는 데에 도움을 줄 수 있습니다. 천사들은 시간이나 공간의 제약이 없습니다. 그러니 당신이 그들을 귀찮게 한다든가 지나치게 부담을 주지 않을까 걱정할 필요가 없습니다.

'천사Angel'라는 말은 '신의 메신저'를 의미합니다. 당신이 창조주에게 기도할 때, 천사들은 메신저로서 창조주로부터 피조물에게로 보내집니다. 천사들에게 말을 하는 것은 불경스런 것이 아닙니다. 신과 나누는 대화는 어떤 것이든 천사들이 당신에게 말하는 결과를 낳기 때문입니다. 천사들은 결국 신과 하나입니다 – 그들은 신의 연장입니다. 그리고 당신 또한 그렇습니다.

우리가 천사들과 한 팀을 이룰 때, 치유는 기적적인 속도로, 그리고 놀라운 방식으로 일어납니다. 천사들은 우리를 육체적으로, 정신적으로, 정서적으로, 금전적으로, 그리고 지적으로 치유될 수 있도록 도울 수 있습니다. 그들은 우리의 경력, 건강 문제, 사랑, 가족, 가정, 그리고 우리의 마음의 평화에 중요한 다른 어떤 것에도 우리를 도와줍니다.

그러니 당신 자신의 치유를 원하든, 당신이 가장 사랑하는 사람의 치유를 원하든, 또는 당신의 고객의 치유를 원하든, 당신은 천사들의 도움에 접속함으로써 힐링 에너지의 강력한 채널 속으로 들어가게 될 것입니다.

이 책에 대하여

이 책은 3부로 되어 있습니다. 진정한 영적인 모험담을 즐기신다면, 1부부터 시작하세요. 그러나 만일 천사치유의 단계와 그것에 관련된 이야기에 관심이 더 있다면 2부를 독립된 단원으로 먼저 읽어도 좋습니다. 3부는 앞의 두 부에서 다뤄진 천사치유 방법을 모은 참고 단원입니다.

천사치유의 제1부는 〈빛 사역자의 길The Lightworker's Way〉에서 시작한 저의 영적인 탐구와 모험의 또 다른 장이며, 그 후속편은 〈요정과 함께 하는 힐링Healing with the Fairies〉에서 계속됩니다. 하지만 이 책에서 필요한 것을 얻기 위해 위에 소개된 다른 책을 읽을 필요는 없습니다.

제1부

아틀란티스의 천사들과 힐링 사원의 비밀

제1장

아틀란티스로의 여행

저는 산토리니로 갈 계획이 전혀 없었습니다. 그런데 그리스 출판사와 제 남편, 그리고 친구 스티븐 파머가 제 여행일정을 확정지었을 때, 저는 왜 이 여행이 필요한지 이해되기 시작하였습니다. 유럽을 일주하는 출판 여행일정의 일부로 스티븐은 산토리니 섬에서 휴식을 취하는 휴가일정을 준비해두었습니다. 우리는 그 휴가가 얼마나 강렬한 경험이 될지 전혀 알지 못했습니다.

산토리니로 가는 항공편을 예약하는 순간부터, 우주는 저에게 확신의 신호를 보내주었습니다. 우연히 읽게 되었던 남 캘리포니아의 잡지나 신문이 모두 산토리니와 아틀란티스의 연관성에 대해서 언급하고 있었습니다. 결정적인 일은 평소보다 좀 일찍 일어난 어느 날 아침에 제 친구 제임스 판 프라흐에게 전화를 걸어야겠다는 생각이 들었을 때 일어났습니다. 그 친구는 유명한 영매였고 작가였습니다.

"놀라운 일이군!" 제가 전화를 걸었을 때 제임스가 외쳤습니다. "나도 오늘 아침에 자기에게 전화를 해야 한다는 메시지를 받았거든."

우리는 한 시간 후에 아침 식사를 하러 만났습니다. 저는 곧 가게 될 유럽 여행에 대해 말했습니다.

"이봐, 자기가 반드시 가야 할 곳이 한군데 있어." 그가 말했습니다.

"좋아." 저는 제임스가 제안하는 것을 들으려고 마음을 열어 놓았습니다. 제임스는 배려심 많은 훌륭한 영매이기도 했지만 또한 경험 많은 여행가이기도 했습니다.

"산토리니 섬에 꼭 가 봐. 그곳은 내가 세상에서 제일 좋아하는 곳 중의 하나지!" 그는 열정적으로 말했습니다. 그리고는 제 쪽으로 몸을 기울이더니 제 눈을 바라보며 작은 소리로 말했습니다. "거기가 아틀란티스라는 거 알고 있지?"

저는 그의 말에 취해 대답했습니다. "제임스, 참 기가 막힌 일이지 뭐야. 스티븐과 내가 벌써 산토리니 섬에 가기로 예약을 해놨거든. 몇 주 전만 해도 난 그 섬에 대해서 전혀 들어본 적도 없었는데, 이제 우주가 나를 그곳에 가라는 메시지로 폭탄세례를 퍼붓고 있어. 그리고 너무도 많은 사람들이 연구한 결과, 산토리니가 아틀란티스 대륙 중의 하나라고 꼭 집어 말하고 있는 것 같아. 거기에 가면 이메일 보낼게."

산토리니 섬

스티븐과 제가 자그마한 비행기로 섬에 착륙하는 동안, 이 작은 그리스 섬을 배경으로 한 달리 한나의 영화 〈여름의 연인들〉이라는 영화가 생각났습니다. 청명하고 맑은 하늘과 바다는 수백 채의 아무 장식 없는 하얀 회반죽의 작은 집들과 함께 거대하고 푸른 색의 스크린처럼 어울려 있었습니다.

오십 명 쯤 되어 보이는 승객들이 비행기의 계단을 따라 타르로 포장된 길로 내려왔습니다. 불에 타는 듯한 활주로에 반사된 뜨겁고 습기 찬 공기가 승객들을 반겼습니다. 우리가 짐을 찾았을 즈음에는 택시가 더 이상 없었습니다. 공항이 외진 곳에 있었기 때문에 우리가 택할 수 있는 유일한 이동수단은 렌트카였습니다. 우리가 빌린 스즈키 알토는 너무 작아 차 껍데기를 뒤집어쓴 오토바이를 연상케 했습니다. 하지만 그 섬의 모든 차들이 다 장난감 자동차 같은 축소판이었습니다. 스즈키, 현대, 피아트, 푸조가 그곳에서는 소형차 중에서 제일 잘 나가는 브랜드인 것 같았습니다.

렌트카 회사의 직원은, 오른 쪽에 있는 여행사를 찾은 다음 왼쪽에 첫 번째로 보이는 지저분한 주차장 쪽으로 돌아가면 우리 호텔을 찾을 수 있을 거라고 말했습니다. 그가 가르쳐준 애매한 안내를 따라 우리는 이메로비글리 마을로 차를 몰았습니다. 그 지저분한 주차장은 찾기 쉬웠지만 우리의 호텔은 어디에 있는지 알 수가 없었습니다. 주차장을 마주한 벽에는 우리가 찾는 호텔 이름을 포함해서 십 여 개의 호텔 이름들이 자랑스럽게 붙어 있었지만 어느 방향으로 가라는 화살표 같은 것은 전혀 없었습니다. 주차장에서 나가는 길은 두 방향으로 갈렸습니다. 우리는 우리 호텔이 반도의 끝을 향해 있다는 것을 생각해내고, 짐을 끌고 그 쪽 길을 따라 걸어갔습니다.

저는 곧 2인치 높이의 굽이 있는 힐과 그 섬에 있는 수 천 개의 계단이 어울리지 않는다는 것을 알아차렸습니다. 저는 걸음을 멈추고 무릎을 굽혀 가방을 열고는 납작한 샌들로 갈아 신었습니다. 저는 여행을 떠나기 전에 꿈꾸던 길고 미끈하게 늘어진 그리스 가운에 힐을 신고 있는 환상에서 벗어나 그 샌들과 런닝화를 우리 휴가가 끝날 때까지 신고 있었습니다.

공기는 덥고 먼지 투성이었습니다. 그리고 우리는 로스엔젤레스로부터 날아오는 장거리 여행에 피곤했습니다. 환승을 위해 런던과 아테네에서 잠깐 머문 것을 포함해서 말이지요. 따라서 울퉁불퉁한 계단과 길 위로 무거운 여행 가방을 들고 낑낑거리는 것은 그리스에서 보내는 휴가의 시작으로는 이상적이지 않았습니다. 그리고 우리가 과연 올바른 방향으로 가고 있는지 조차도 확실하지 않았습니다!

스티븐이 결국 이렇게 말했습니다, "짐을 갖고 여기서 기다려요. 우리가 올바른 방향으로 가고 있는지부터 알아보고 올 테니까." 그는 오 분 뒤에 만면에 미소를 머금은 검은 머리의 남자와 함께 돌아왔습니다. 그는 우리 짐을 모두 집어들고는 자기를 따라오라는 시늉을 했습니다. 제가 어리둥절해 하자 스티븐이 우리 호텔의 사무실을 찾았고, 그들이 우리가 오기를 기다리고 있었다고 설명해 주었습니다. 그 사람은 사환이었는데 몇 사람의 몫을 하는 것 같이 보였습니다. 그가 우리의 무거운 여행 가방을 나르면서 아무 힘도 들이지 않고 계단을 오르락내리락하는 것이 마치 4륜구동 자동차 같았기 때문입니다. 우리는 그가 미로 같은 계단을 따라 앞서 가는 것을 놓치지 않으려고 애를 썼습니다. 그리고 드디어는 호텔에 도착했습니다.

우리에게 배정된 방은 절벽 옆에 있었습니다. 피아노만한 크기의 커다란 바위가 절벽 쪽으로 튀어나와 있었습니다. 이런 식의 방이 절벽 쪽에 위치한 호텔에서는 보통이라고 했습니다. 바위에서는 엄청난 에너지가 뿜어져 나오고 있었습니다. 우리가 방 안에 들어서자, 마치 누군가가 우리와 함께 그 방 안에 있는 것처럼 느껴졌습니다. 우리가 바위의 방에 방문을 했고 우리가 손님인 것처럼 말입니다.

산토리니 섬에는 물이 부족해서 물을 트럭으로 실어 날라 오기 때문에 욕실과 샤워실은 보통 호텔과는 매우 다릅니다. 기본적으로 욕실과 물 빠지는 곳이 구석에 있었는데, 샤워를 하려면 먼저 태양열 시스템을 작동시켜 사용하기 20분 전에 버튼을 눌러 물을 덥혀야 합니다. 그런 뒤에 샤워실을 욕실의 나머지 공간과 분리시키기 위해 커튼을 치고 손바닥만 한 크기의 소형 샤워기를 틀어야 합니다.

샤워를 마치고 옷을 갈아입은 다음, 스티븐과 저는 주변을 살펴보러 나섰습니다. 우리는 돌아올 때 혼동하지 않도록 호텔의 위치를 잘 파악해 놓았습니다. 우리 눈에는 섬에 있는 모든 호텔과 빌라가 서로 아주 비슷해 보였습니다.

우리가 처음으로 알게 된 것은 산토리니 섬이 짧은 털을 한 갖가지 색깔의 길고양이로 가득 차 있다는 것입니다. 그 고양이들은 여행객들이 주는 먹이로 근근이 살아가는 것처럼 야위었습니다. 그들은 아주 친근하고 사랑스러웠습니다. 그리고 여행객들의 다리에 부비는 것이 귀여움 받고 먹이를 얻을 수 있는 방법이라는 것을 확실하게 배운 것 같았습니다. 거기에 일렬로 늘어선 가게를 지나가면서 우리는 "산토리니의 고양이들"이라는 제목의 달력이 판매되고 있는 것을 보았습니다. 그 달력은 하얀 빌라와 오두막집 옆에 고양이가 앉아 있는 귀여운 사진으로 되어 있었습니다.

빛을 기억하다

시간대가 바뀌었고, 신선한 공기와 햇빛, 그리고 지난 몇 달 동안의 힘든 일이 모두 얽혀져 스티븐과 저는 극심한 피로를 느꼈습니다. 우리는 쉬지 않고 달리고 있었고, 갑자기 우리가 지쳤다는 것을 깨달았습니다. 산토리니에서의 첫날은 길고 여유 있는 낮잠을 자면서 휴식을 취하는 것으로부터 시작되었습니다.

첫째 날, 저는 두 시간 동안의 휴식에서 깨어나면서 마음속에 밝은 빛과 색깔의 환영을 보았습니다. 저는 제가 낮잠을 자는 동안 꿈속에서 천사들이 찾아왔고, 천사들이 저에게 빛과 색깔의 치유력에 대해서 메시지를 주었다는 것을 알았습니다. 그들이 무엇을 말했는지는 기억하지 못했지만, 저는 그 정보가 제 무의식 속에 안전하게 저장되었다는 것을 확신했습니다.

그날 밤, 우리는 그리스 출판사에서 말해준 세 사람을 만났습니다. 그들은 우리가 묵고 있는 호텔 주인 제니스 르니에리스, 그 지역의 전인치료법 의사인 폴리크로니스 마다, 그리고 인도인 아바타와 수년 동안 연구를 하다가 최근에 돌아온 안드레스 카네로풀로스 등이었습니다.

우리가 무지개 색깔의 일몰을 지켜보고 있을 때, 제니스가 자기 아들의 치유에 대한 놀라운 이야기를 들려주었습니다. 2002년 6월 9일, 19살의 마놀리스는 깊은 바다 속을 잠수하다가 들고 있던 작살이 잘못 발사되어 자기 머리를 관통했다고 합니다. 전에 항해사였던 제니스는 항상 성 니콜라스에게 도움을 요청함으로써 보호받는 느낌을 받았었는데, 그래서 그는 자기 아이를 돌봐달라고 이 성인을 보내야겠다는 영감을 받았습니다. 아들의 사고에 대한 전화를 받았을 때, 그는 기도를 하고는 병원으로 달려갔습니다. 그의 아들은 다행히 살아있다고 의사가 말했습니다.

"어떻게 물에서 밖으로 나올 수 있었니?" 제니스가 아들에게 물었습니다.

"전 빛이 있는 곳으로 갔어요." 마놀리스가 병원 침상에서 말했습니다, "그리고 성 니콜라스가 내내 저와 함께 있었어요."

의사들은 마놀리스가 평생 보지 못하고 전신 마비가 될 것이라고 말했습니다. 하지만 제니스는 자기 아들이 망가져 있는 것을 보기를 거부했습니다. 그는 마놀리스가 완전하고 건강하게 있는 모습을 심상했고, 마놀리스는 1년도 채 지나지 않아 완전히 나았습니다! 그의 기적적인 치유는 마놀리스의 의심많은 친구를 포함해서 그 마을사람 모두의 신앙심을 다시 새롭게 만들었습니다.

제니스의 이야기를 들으면서 크로니스와 안드레스는 미소를 짓고 있었습니다. 그들은 이미 깊은 신앙심을 가진 사람들이었기 때문이었지요. 크로니스는 산토리니 섬의 수석의사로 활동하고 있었습니다. 아픈 사람들을 위해 집에서나 사무실에서나 사실상 항상 비상대기를 하고 있었습니다.

크로니스는 탄탄한 몸매와 동안으로 의사라기보다는 남자 모델처럼 보였습니다. 그의 모습은 슈가레이 밴드의 리드싱어인 마크 맥그래쓰를 연상시켰습니다. 그는 자기가 영성과 자연의 방법과 의학을 어떻게 혼합했는지에 대해 말했습니다.

“천사들은 멀리 떨어진 하늘에나 있는 것이 아닙니다.” 그가 말했습니다. “그들은 여기 땅 위에 있어요. 그리고 그들의 목적은 우리가 우리의 생각을 다룰 수 있게 도와주는 것이에요. 오늘날, 카르마는 즉각적이에요. 그리고 우리의 생각은 그 즉시로 현실화되지요. 우리가 내보내는 것은 무엇이든 우리에게 그 즉시 열 배나 더 크게 되어 돌아옵니다. 어두운 생각도 마찬가지예요. 즉시로 우리에게 돌아오지요. 예전에는 우리들의 카르마가 다음 생에서 이뤄진다고 했지만, 지금은 이번 생에서 일어납니다.”

크로니스는 전통적인 의사였지만 치유에는 검사를 하고 약을 처방하는 것 이상의 무언가가 반드시 있을 거라고 느꼈습니다. 그는 자기 환자들이 모두 숨을 얕게 쉰다는 것을 알게 되었고, 그래서 사람들이 호흡을 깊고 크게 쉬어 건강해지는 법을 배울 수 있게 도와줄 방법을 연구했습니다. 그래서 크로니스는 환자들의 몸을 열리게 만들어 산소를 더 받아들일 수 있도록 처치하는 카이로프랙터가 되었습니다.

크로니스는 또한 물을 많이 마시는 사람이 가장 빨리 치유된다는 것을 알게 되어 환자들에게 물을 많이 마시도록 처방하기 시작했습니다. 그런 다음 그는 차크라를 공부함은 물론 레이끼 마스터까지 되었습니다. 레이끼는 환자들에게 에너지 작업을 하는 데에 있어 기초를 만들어 주었습니다.

그는 또한 죄의식을 품고 있는 환자들이 깨끗한 양심을 갖고 있는 사람들보다 더 병에 잘 걸리고 더 오랫동안 낫지 않는다는 것을 알아냈습니다. "죄의식이 우리를 죽이고, 우리를 화나게 하고, 우리를 슬프게 해요." 크로니스가 말했습니다. "저는 제 환자들에게 죄의식을 느끼지 말거나, 아니면 애초부터 죄의식을 느끼게 만드는 행동을 하지 말라고 말합니다." 그러나 크로니스가 만난 가장 위대한 치유의 중개자는 사랑이었습니다. 그가 환자들에게 사랑의 에너지를 보내고 그들이 사랑에 집중하게 도왔을 때, 그들은 항상 빠른 시간 내에 치유되었습니다.

크로니스는 자신이 하는 치유의 작업에 비밀의 비전, 전인적 치료, 의학을 혼합하여 사용했습니다. 그래서 그의 의술은 매우 인기가 많았고, 우리가 그를 만난 두 번의 미팅도 환자들과의 약속 사이에 끼어있었습니다.

안드레스는 크로니스의 룸메이트이자 사업상의 동료, 그리고 오랜 친구입니다. 그에게는 조용하고 절제된 지혜가 있었습니다. 안드레스는 말을 많이 하지 않지만, 일단 말을 하면 사람들이 그의 말의 심오함에 넋을 잃어버리게 되는 그런 타입의 사람이었습니다.

이미 말했듯이 안드레스는 이제 막 인도에서 돌아왔습니다. 인도에서 그는 7년 동안 유명한 아바타와 그의 신봉자들과 함께 공부하며 살았습니다. 이 아바타는 여러 가지 이적을 보였는데, 공기로 사물을 만들어내고, 두 지점에서 동시에 나타나기도 하고, 몸을 사라지게도 하고, 공중부양을 하기도 했습니다. 그 아바타와 함께 있었던 기간 동안 안드레스는 치유의 본성에 대해서 많은 것을 배웠습니다.

"아바타는 일정한 색깔이 특정한 질병을 고친다고 가르쳤지요." 안드레스가 말했습니다. "당신이 고치고 있는 사람의 주변에, 또는 만일 당신이 치유가 필요하다면 당신 자신의 주변에 이러한 색깔을 심상해 보세요. 색깔을 부르면서 그 색깔이 사람의 몸을 둘러싸라고 요구할 수도 있어요."

안드레스는 아바타가 다음 같은 것도 가르쳤다고 말했습니다.

- 보라빛은 암을 낫게 하고 바이러스를 죽일 수 있다.
- 백색빛은 신체의 상처와 오라체의 상처를 덮어준다.
- 옅은 청색빛은 물처럼 몸의 독소를 제거하고 정화시킨다.

• 금빛은 제3의 눈을 열고 몸이 열리게 해준다. (보라빛, 백색빛, 옅은 청색빛으로 정화된 다음에 그렇게 해준다.)

저는 이런 색깔들이 너무도 천사와 연결되어 있다고 말했습니다. 보라빛은 대천사 미카엘과 연관이 있습니다. 미카엘은 우리의 몸과 마음에서 공포를 물리쳐 줍니다. 백색빛은 모든 천사들의 본질입니다. 옅은 푸른색은 대천사 라구엘과 연결되어 있는데, 그는 우리의 삶에 조화와 믿음을 가져다줍니다. 그리고 금빛은 성령과 그리스도 에너지와 연결되어 있습니다.

금빛이 제3의 눈을 열리게 해준다는 안드레스의 말이 편집되지 않은 〈기적수업A Course in Miracles〉 원본을 상기시켜 주었습니다. 원본에서는 '영적인 시야'라는 용어가 사용되었는데, 나중에 그 책이 서점 판매용으로 편집되었을 때, '성령'이라는 말로 대체되었습니다. 따라서 기적수업조차도 성령을 금빛의 영적인 시야, 또는 투시력과 연관시켰습니다.

"빛을 시각화하는 것이 육체를 치유한다는 것은 우리에게는 놀라운 일이 아닙니다." 안드레스가 말했습니다. "결국 깨달음이란 우리가 빛 속에 빠져든다는 뜻이 아닌가요?"

"저는 '빛 더하기 사랑'이 치유라고 배웠습니다." 크로니스가 덧붙였습니다.

"'빛 더하기 사랑'이 치유이지요." 제가 똑같은 말을 반복했습니다. 그날 낮잠을 자는 동안 천사의 방문을 받은 데자뷰의 느낌으로 말이지요. 크로니스의 말은 잠 속에서 천사들이 저에게 전해준 메시지와 소름 끼치도록 비슷하게 들렸습니다.

크로니스, 안드레스, 그리고 제니스와 함께 있었던 그날 저녁 시간은 삶에 대한 일반적인 토론으로 서서히 막을 내렸고, 스티븐과 저는 그날 밤 잠을 아주 잘 잤습니다.

섬을 탐구하다

다음 날, 스티븐과 저는 칼데라만 위를 비추는 눈부시게 아름다운 일출에 잠이 깼습니다. 우리는 막 구워 낸 빵과 식초에 절인 토마토, 칼라마타 올리브 스프레드를 파는 자그마한 시장으로 산책하기로 했습니다. 아침에 산토리니 섬 전역에 깔린 수백 개의 계단을 오르락내리락 하자 몸에서 땀이 나고 식욕이 솟아났습니다.

가게 주인 리타는 "칼리메라!Kalimera!"라는 말로 우리를 반겼습니다. 그 말은 그리스어로 '좋은 아침'이라는 뜻이라고 배웠습니다. 그런데 사람들이 그 말을 해가 질 때까지 그대로 "칼리메라"라고 했기 때문에 우리는 그 말이 오후 인사도 포함한다고 유추해냈습니다. 그리고 해가 지기 시작하면 저녁 인사로 "칼리스페라Kalispera"라고 합니다. 저는 또한 "고맙습니다."라는 그리스어 '에파리스토Efharisto'가 '페어리 스토리fairy story(요정이야기)'와 아주 흡사하게 들려서, 사람들에게 그렇게 말을 했고 사람들은 저에게 기쁘게 미소를 지었습니다.

리타는 소박한 아름다움이 있었습니다. 그녀의 회색 머리는 정갈하게 나선형으로 위로 빗겨 있었고 그녀의 아줌마 같은 몸매는 겹쳐진 옷으로 돋보였습니다. 그녀의 미소는 버터도 녹일 듯이 너무도 따스하고 진실했습니다.

스티븐과 저는 빵집에서 막 가져와 아직 따뜻한 빵에 얇게 썬 토마토와 올리브 스프레드를 얹은 샌드위치 만들기를 즐겼습니다. 모든 재료가 전에 맛보았던 것보다 더 풍미가 있었기 때문에, 우리는 거기에 있는 내내 이 샌드위치에 질리지 않았습니다. 저녁식사로 저는 프레브로투스라고 불리는 구운 그리스버섯을 먹곤 했습니다. 그 버섯은 느타리버섯과 비슷한 맛으로 발사믹 식초와 오일, 그리고 다른 양념으로 구워낸 것인데, 어느 식당에 가더라도 석쇠에 구운 스테이크처럼 항상 똑같은 향미와 질감이 있었습니다. 그리고 올리브오일을 그렇게 많이 섭취했음에도 불구하고 우리는 계단 오르기 덕분에 체중이 늘지 않았습니다.

사실, 우리는 지중해 다이어트 즉, 채소와 과일, 생선, 그리고 올리브오일이 장수와 연관이 있다는 것을 배웠습니다. 1994년도에 영국의 의학 잡지 〈란셋Lancet〉에 게재된 연구에서는 심근경색이 있는 사람들이 지중해 다이어트를 하고 나서는 관상동맥 문제가 73 퍼센트가 감소되었다는 것을 발견했습니다! 2003년 6월에는 뉴잉글랜드 의학지가 지중해 다이어트를 한 2만 2천명에 대한 연구 결과를 발표했습니다. 전통적인 지중해 음식을 먹은 사람들이 가장 오래 살았다는 것입니다. 그 연구의 저자는 이렇게 결론을 내렸습니다. "전통적인 지중해 다이어트에 더 충실하게 되면 사망률이 현저히 감소하게 될 것이다."

많은 과학자들이 올리브 열매와 올리브오일에 있는 알파 리놀렌산이 심장을 건강하게 하는 효과를 가져 온다고 믿습니다. 알파 리놀렌산은 혈압과 심장 박동, 그리고 혈관 확장을 조절해 줍니다. 그렇게 담배를 피워대도, 그리스인의 평균수명이 72~74.5세로 세상에서 가장 긴 편에 속하는 것은 놀라운 일이 아닙니다.

스티븐과 저는 지중해식 아침을 먹고 난 후, 걸어서 북쪽을 탐사하기로 했습니다. 산길로 들어서면서 우리는 곱슬거리는 금발을 한 커다란 개를 만났습니다. 그 개는 마치 우리가 서로 오랫동안 알고 지낸 것처럼 바로 우리 옆에 다가왔습니다. 저는 그녀를 몰리라고 부르기 시작했고, 몰리는 그 이름에 반응을 보였습니다. 우리는 산길 끝까지 올라갔습니다. 그곳 숲 속에는 아름다운 교회가 있었습니다. 한 사제가 검은 복장으로 교회에서 나오는 것을 보고 우리의 새 친구는 그를 향해 격렬하게 짖기 시작했습니다. 그 전까지만 해도 몰리가 아무 소리도 내지 않았기 때문에 스티븐과 저는 몰리에게 신호를 해서 산 밑으로 내려갔습니다.

산토리니는 밝은 청색의 에나멜로 만든 돔 지붕과 아도비 점토로 된 수 백 개의 작은 교회로 유명합니다. 그 교회들은 햇빛을 눈부시게 반사하여, 우리가 그 섬 어디에 있든지 보이는 바다를 배경으로 극명한 대조를 이루었습니다. 산토리니의 인구는 만 명밖에 되지 않지만 거기에는 그리스정교의 교회가 250개나 있습니다. 많은 교회들이 너무 작아 한 번에 겨우 열 명 정도 밖에 들어갈 수 없습니다. 그리고 어떤 교회는 절벽의 근접할 수 없는 곳에 있기도 합니다.

'여기서 무슨 일이 벌어지고 있는 걸까?' 스티븐과 저는 의아했습니다. 마을 사람들은 바다에서 죽을 뻔 하다 살아남은 어부들이 은혜를 갚고자 수호성인들을 기리는 뜻으로 교회를 지었다고 설명해 주었습니다. 자기들이 성인의 이름을 따서 교회를 지으면 그 성인들이 기뻐하여 어부와 그의 가족을 계속 보호해 줄 것이라고 믿었다고 합니다.

그리스 산에서는 대리석이 풍부하게 나왔기 때문에 대부분의 산토리니 빌라들은 바깥 현관과 바닥이 대리석으로 되어 있었습니다. 다 허물어져 가는 판잣집조차도 입구에는 매우 아름다운 대리석 문이 있었습니다. 정교한 대리석 바닥을 고급 빌딩의 내부에서나 보는 데에 익숙해져 있던 우리는 섬 어디에서나 대리석으로 외장을 한 모습에 놀랐습니다.

곧 우리는 호텔 주변에 도착하여 몰리에게 작별 인사를 했습니다. 그곳에 머무는 동안 우리는 다행스럽게도 이 새 친구를 매일 볼 수 있었고, 또 먹이도 줄 수 있었습니다.

우리는 태양이 중천에 있을 때 빌라에 돌아왔습니다. 그리스에서는 햇빛이 달라 보였습니다. 그리스의 햇빛은 분명히 금빛을 띠고 있었고, 모든 것에 촛불 같은 색조의 불빛으로 색깔을 입히고 있었습니다. 그리고 햇볕에 탄 사람들의 피부는 금빛을 반사하고 있었습니다.

제2장

힐링 사원 안에서

햇볕을 받으며 산책을 하고 난 뒤, 스티븐과 저는 매우 피곤해져서 오후에는 행복하게 낮잠을 잤습니다. 저는 깊게 잠을 잤지만 동시에 천사들의 방문을 의식하고 있었습니다. 이번에는 그들이 금빛의 햇빛이 갖고 있는 치유력에 대해 말하는 것을 기억했습니다. "손을 햇빛에 내놓고 그 빛을 빨아들이세요." 그들이 말했습니다. "그런 다음, 손을 가슴에 얹으면 당신의 가슴 차크라에 에너지가 채워지고 가슴 차크라의 에너지가 각성될 것입니다."

낮잠에서 깨어난 후 저는 현관 밖으로 나가서 햇빛 아래 손을 내밀었습니다. 그리고 금빛의 햇빛이 제 손 안으로 쏟아져 들어오는 것을 심상했습니다. 그러자 손이 새로운 생명으로 따끔거리는 것이 느껴졌습니다. 따뜻해진 손을 가슴 위에 얹자 가슴이 기쁨으로 가득 찬 사랑으로 활짝 열리면서 황홀함이 몸 속으로 밀려오는 것이 느껴졌습니다.

그날 저녁, 해가 지기 바로 전에, 스티븐과 저는 바다 쪽으로 삐죽 튀어나온 스카로스라고 불리는 작은 산으로 올라갔습니다. 스카로스는 반도의 작은 오솔길로 산토리니 섬을 고리처럼 엮고 있었습니다. 그곳은 일몰을 보기에 완벽한 곳처럼 보였습니다. 오솔길을 따라 걸어가고 있을 때, 몇 몇의 미국 관광객들과 마주쳤습니다. 얼굴은 빨갛게 달아올랐고, 땀을 흘리고 숨을 헐떡이면서 그들은 스카로스 등산이 쉬운 일이 아니었다고 우리에게 주의를 주었습니다. 스티븐과 저는 서로를 바라보면서 잠시 등산 대신에 할 것을 생각해 보다가 그대로 등산을 계속하기로 했습니다. 결국 우리가 매일 2마일씩 조깅을 한 것이 힘든 등산을 견딜 수 있을 정도의 컨디션을 만들어 준 것이지요. 그리고 그 산은 너무도 예뻤습니다. 납작한 돌과 긴 풀, 그리고 아름다운 야생화로 가득 차 있었습니다. 어쨌든 우리는 오랫동안 걸어야 했습니다.

가까이 도착할 때 쯤 되어서, 우리는 그 산이 흙더미가 아니었다는 사실을 깨달았습니다. 그것은 언덕 위에 이끼가 무성하고 흙더미가 쌓인 오래된 요새였습니다. 스티븐은 그 구조물에 더 가까이 올라갔습니다. 우리는 모두 염소자리 태생이지요. 그는 성 입구로 이어지는 바위 더미를 따라 당당하게 걸어갔고, 저는 부드럽고 납작한 돌 위에 편안한 자리를 만들어 그곳에서 바라보았습니다.

저는 등을 대고 누웠습니다. 돌은 대낮의 햇볕으로 덥혀진 열을 발산하고 있었습니다. 그 느낌은 저녁의 선선한 바람과 대조를 이루면서 환상적이었습니다. 태양이 수평선을 향해 내려올 때, 스티븐이 제 옆에 누웠습니다. 오렌지, 핑크, 노란빛의 일몰이 그 성과 주변의 언덕을 비추었습니다. 그 순간, 이 마술 같은 설정이 한 때는 고대의 아틀란티스였다는 것을 믿는 것은 쉬운 일이었습니다.

아틀란티스에 대해 가장 먼저 기록한 것은 플라톤이 쓴 두 개의 대화록이었습니다. 하나는 B.C 370년에 쓰인 〈크리티아스Critias〉이고, 다른 하나는 B.C 360년에 쓰인 〈티마에우스Timaeus〉입니다. 플라톤은 솔론이라는 이름의 그리스 지도자의 손자인 크리티아스 2세로부터 아틀란티스에 대한 정보를 들었습니다. 크리티아스는 B.C 590년에 이집트에 가 있는 동안 아틀란티스에 대해 배웠습니다.

플라톤은 티마에우스에 이렇게 썼습니다.

> 이 아틀란티스 섬에는 섬 전체는 물론 다른 섬들, 그리고 대륙의 이곳 저곳까지 정복한 거대하고 훌륭한 제국이 있었다. 더 나아가서 아틀란티스 사람들은 이집트까지 이어진 헤라클레스의 기둥 안에서 리비아의 일부를 정복했고 티레니아까지 이어진 유럽의 일부를 다스렸다. 하나로 뭉쳐진 이 광대한 권력은 단번에 우리나라와 당신들의 나라, 그리고 모든 지역을 해협 안으로 복종시키려고 애를 썼다. 그런데, 솔론이여, 모든 인류 사이에서 당신의 나라는 탁월한 덕망과 힘으로 빛나고 있

다. 당신의 나라는 용기와 군사력에 특출했고 헬레네스의 지도자였다. 그리고 나머지 나라들이 당신네 나라로부터 홀로 서도록 만들자 극도의 어려움을 극복한 후, 침략자들을 물리치고 승리를 얻었다. 그리고 아직 예속되지 않은 자들을 보호하고 기둥 안에 거주하고 있는 우리 중에 남은 사람들 모두를 관대하게 해방시켰다.

하지만 그 후로 격렬한 지진과 홍수가 일어나 단 하루 밤만에 모든 전사들은 땅 속으로 가라앉았고, 아틀란티스 섬은 깊은 바다 속으로 사라졌다. 그쪽의 바다는 지나갈 수도, 들어갈 수도 없게 되었다. 왜냐하면 섬이 가라앉으면서 그곳에 진흙 모래톱이 생겼기 때문이다.

그리고 크리티아스에서 플라톤을 이렇게 썼습니다.

투사들의 한 편은 아테네시가 전쟁을 이끌었고, 다른 한 편은 아틀란티스의 왕이 이끌었다고 한다. 아틀란티스는 리비아와 아시아보다도 더 큰 섬이었고 그 이후에 지진으로 가라앉았을 때, 어떤 바다로부터 온 배도 지나다닐 수 없는 진흙 장벽이 되었다.

플라톤이 아테네와 리비아를 언급하는 것을 추정해보면 아틀란티스는 지중해나 중동 지역에 있는 것으로 보입니다. 저는 그리스, 터키, 이탈리아로부터 이집트와 북아메리카까지 뻗어있는 거대한 땅덩어리를 상상합니다. 그 영역이 지금의 산토리니와 크레타와 그리스의 다른 섬들을 아우르는 곳일 수 있을까요? 정말 이곳이 아틀란티스였을까요?

아틀란티스의 위치는 확실히 논란거리입니다. 아틀란티스가 실재했다는 전제를 받아들인 학자들이나 영적인 구도자들 사이에서도 그것의 위치에 대한 이론은, 그곳이 산토리니에 있었다고 생각하는 사람들과 인도네시아, 비미니(바하마), 버뮤다 트라이앵글, 영국제도, 멕시코에 있었다고 하는 사람들로 갈라집니다. 플라톤, 또는 에드가 케이시Edgar Casey, 루쓰 몽고메리Ruth Montgomery, 돌로레스 캐논Dolores Cannon 같은 현대의 신비가들의 말을 분석해본다면, 각각의 이론을 뒷받침하는 증거들이 있습니다.

아틀란티스에 관한 플라톤의 설명은 확실하게 산토리니와 일치합니다 ."돌의 종류가 하나는 하얗고, 다른 것은 까맣고, 또 다른 것은 빨갛다." 그것은 그 섬의 흙과 절벽의 색깔을 완벽하게 묘사한 것입니다. 플라톤은 또한 아틀란티스 섬을 뜨겁고 차가운 온천이 있는 원형의 섬이라고 묘사했는데 그것 또한 산토리니를 그대로 표현한 것입니다. 어떤 사람들은 아틀란티스라는 단어가 대서양 (Atlantic Ocean)에서 온 것이라고 믿습니다. 하지만 사실 그 이름은 그리스 신화에서 나온 것입니다. 포세이돈이 그 섬을 자기 아들 아틀라스Atlas에게 주었고 그의 이름을 따서 섬 이름을 지은 것입니다. 저는 햇볕으로 따뜻해진 돌 위에 앉아 이것이 그리스와 아틀란티스가 연관된 또 하나의 연결이라고 생각했습니다.

아틀란티스 기억하기

전생퇴행과 자연발생적인 우연한 기억을 통해서, 우리 중의 많은 이들이 아틀란티스를 크리스탈로 증폭된 염력의 힘으로 갖가지 교통수단과 전기를 이용하고 치유를 행한 매우 진보된 사회로 회상했습니다. 아틀란티스의 힐러들은 자연의 에너지와 사이클을 긍정적인 사고와 아울러 천사들이나 다른 신성한 존재와 협력하여 작업을 함으로써 기적적인 결과를 얻어냈습니다.

"지금이 전생퇴행 하기에 딱 좋은 시간이에요." 제가 스티븐에게 말했습니다.

"당신이 맞아요, 정말 그래요!" 그가 동의했습니다. 심리치료사이자 형이상학자로서 스티븐은 사람들을 전생으로 퇴행시키는 일에 경험이 많았습니다. 산토리니에 온 이후로, 저는 제가 아틀란티스에 있었던 전생을 더 상세히 기억해내고 싶어 안달이 나 있었습니다. 저는 퇴행이 저의 의식을 우회해서 고대의 기억을 캐낸다는 것을 알고 있었습니다.

스티븐이 숫자를 세면서 저를 최면상태로 유도하는 동안, 저는 몸의 치유에 대한 정보를 기억해내기 위해 아틀란티스로 돌아가려는 의도를 놓지 않았습니다. 최면의 시작 시점에서 잡고 있는 의도는 무의식이 저장하고 있는 수백만의 기억 중에서 선택을 도와주는 지도와 같습니다. 스티븐에 대해 깊은 신뢰가 있었기에 저는 깊은 이완 상태로 쉽게 들어갔습니다.

저는 긴 갈색머리와 가늘고 여린 손과 팔을 보았습니다. 저는 힐링 사원에 참석한 몇 명의 여자들 중의 하나였습니다. 우리 모두는 모든 힐링에 완벽한 믿음이 열쇠라는 것을 확실히 알고 있었습니다.

우리 여자들은 산만해지거나 사기가 떨어지지 않게 계속 기도의 찬송을 불렀습니다. 그리고 저는 저 자신의 목소리가 아닌 다른 사람의 목소리로, 그것도 외국어로 노래를 부르기 시작했습니다.

두 명의 남성 고위 사제들이 우리 여자들의 힐링 작업을 가끔씩 산만하게 만들었습니다. 그 남자들은 목소리가 크고 에너지가 거칠었습니다. 그들의 거친 태도가 힐링 사원의 신성한 분위기를 방해하고 있었습니다. 우리의 노래는 우리가 중심을 잡을 수 있게 해주었고 환자들이 조용히 이완할 수 있게 도와주었습니다.

그 힐링 사원에는 중앙에 2~3피트 높이의 맑은 크리스탈 피라미드가 있었는데 그 안에는 사방을 보는 푸른빛의 커다란 눈이 홀로그램 이미지로 들어있었습니다. 그 눈과 피라미드는 피라미드 위의 천정에 뚫린 동그란 구멍을 통해서 타고 내려오는 햇빛을 모아 확대시켰습니다.

우리는 올리브오일을 손바닥에 부은 다음 손을 그 빛에 내밀었습니다. 이것은 우리의 손 차크라를 효과적으로 정화시켰습니다. 피라미드 옆의 제단에는 빵, 물, 올리브, 사과, 그리고 다른 과일들이 올려져 빛을 받아들이고 있었습니다. 이런 것들이 환자들이 빛을 몸 안에 빨아들일 수 있게 도와주었습니다.

스티븐이 제 이름을 물었습니다. 저는 주저 없이 '도미야'라고 (비록 철자는 확실하지 않지만) 대답했습니다. 스티븐은 그 피라미드와 눈이 어디에서 온 것인지 물었고, 저는 즉시 대답했습니다, "헤르메스로부터." 제가 비록 헤르메스에 대해 약간의 제한적인 지식이 있었지만, 나중에 조사를 할 때까지는 헤르메스가 그리스와 아틀란티스와 밀접하게 연관되어 있다는 것을 알지 못했습니다. 어떤 작가들은 헤르메스가 문자를 만들어내고 연금술에서 중요한 인물인 이집트의 신 토트와 같다고 말합니다.

저는 〈대천사와 승천한 마스터Archangels & Ascended Masters〉라는 제 책에 토트에 대해 썼습니다. 저는 집에 돌아가면 헤르메스와 토트의 연관성을 파헤치겠다고 다짐했습니다. 하지만 이 생각들은 퇴행을 하고 난 다음에 든 생각이었습니다. 세션 동안 저는 도미야였고, 아틀란티스 시절로 돌아가 힐링 사원에서 환자들을 도와주고 있었습니다.

우리 환자들은 U자처럼 오목한 모양으로 된 백수정으로 만들어진 침대로 올라갔습니다. 일곱 명의 여자들이 번갈아서 환자의 차크라 위로 커다란 크리스탈 포인트를 들었습니다. 각각의 작업자들이 각각의 차크라에 상응하는 색깔을 보내줄 책임이 있어서 우리는 각각의 색깔에 집중했습니다. 환자에게 차크라 색깔을 충분히 채워주었을 때, 다음 작업자는 그 위에 차크라를 작업하기 시작했습니다. 우리는 뿌리 차크라에서 시작해서 위로 올라갔습니다. 저는 자주 가슴 차크라, 목 차크라, 제3의 눈에서 작업하도록 할당받았습니다. 제가 좋아하는 것은 가슴 차크라였습니다. 왜냐하면 녹색 뿐 만 아니라 잎이 달린 아름다운 장미처럼 녹색 사이에 핑크 빛이 섞여 빙빙 도는 것이 보이기 때문이었습니다.

환자의 차크라 위로 들고 있던 크리스탈 포인트를 통해 제너레이터가 불꽃을 보내는 것처럼 크리스탈 피라미드로부터 윙윙거리는 소리가 났습니다. 어떻게 불꽃이 우리의 크리스탈로 건너뛰었는지 확실히 알 수는 없지만 그 불꽃은 오케스트라처럼 완벽하게 조화를 이루었습니다.

환자들은 우리와 함께 정원을 거닐거나, 긴 의자에서 햇볕을 쬐며 낮잠을 자거나, 신선한 공기를 마시면서 세상의 걱정거리로부터 벗어나 우리와 많은 시간을 보냈습니다. 힐링 사원은 모든 군대가 신들과 여신들을 위해 경비를 서는 안전한 은둔처였습니다. 그곳은 웅장한 산 밑에 있었는데 마치 수호신이 우리를 내려다보고 보호해주는 것처럼 보였습니다. 우리가 어둠을 받아들일 준비가 되기 전에 사원으로 오후의 산 그림자가 밀려왔습니다.

대부분의 힐링 작업은 낮 동안에 일어났습니다. 우리 모두가 어둠 속으로 내려왔을 때는 보름달이 뜬 때뿐이었습니다. 보름달이 뜬 저녁에, 여자 치료사들은 달의 둥근 모습을 본 따 둥글게 서서 조용히 축복을 하나씩 부르면서 달의 에너지를 우리의 원 속으로 끌어들이고, 그런 다음에 서로에게 친절하고 힘을 주는 말을 합니다. 저는 그것을 '응원그룹'이라고 불러도 좋다고 생각합니다. 그것은 우리의 배터리를 확실히 재충전시킵니다. 그리고 저는 보름 이후가 환자를 돌보기에 가장 좋은 날이라는 것을 항상 깨닫고 있었습니다. 크리스탈들은 활기차고 완전히 충전되는 것 같았습니다. 저는 재충전된 배터리가 이 특별나게 효율적인 치유 작업의 대부분을 가능하게 했는지 궁금했습니다.

우리 치료사들은 사원에서 약간 위쪽의 언덕에 있는 별도의 건물에서 잠을 잤습니다. 우리는 모두 몇 개의 침대와 공동 옷장이 있는 커다란 방을 함께 썼습니다. 모두가 똑같은 옷을 입었기 때문에, 어떤 옷이 누구의 것인지 아무도 신경 쓰지 않았습니다. 우리는 대부분의 시간을 협조적으로 지냈지만 어쩌다 한 번 쯤은 갈등으로 변덕을 부리는 일도 있었습니다.

남자들이 우리를 짜증나게 하는 가장 큰 원인이었습니다. 그 두 명의 사제들은 검은 옷을 입었는데, 그들은 너무 시간이 많은 것 같았습니다. 어쩌면 그 지루함 때문에 아무런 부끄러움이나 죄의식을 느끼지도 않고 주의를 산만하게 하는 소리를 만들어내는지도 모르는 일이었습니다. 그 두 남자는 너무 큰 소리로 말을 했고, 마치 우리를 감시하는 경비병인 듯이 거들먹거리며 이리저리 걸어 다녔습니다. 물론, 그들은 체격이 큰 환자를 크리스탈 침대에 들어 올릴 때, 또는 다른 곳으로 옮길 때 필요한 존재이긴 했지요. 그럴 때에는 그 사람들이 전에 짜증나게 한 일을 용서했습니다.

저는 환자들과 정원에 가는 것을 좋아했습니다. 그래서 자주 그런 일을 자원했습니다. 환자의 손을 잡고 조용히 앉아 새들의 노래 소리를 듣고, 꽃향기를 맡으며 나뭇잎 사이에서 노닐고 있는 햇빛을 즐기곤 했습니다.

환자들은 다시 건강해지도록 동기부여를 받을 때 진전이 있었습니다. 가끔씩 어떤 환자는 어두운 절망 속으로 다시 빠져 들어가곤 했습니다. 그리고 세상을 떠난 환자들은 삶을 포기한 사람이었다는 것이 항상 명백했습니다. 그들은 지쳤고, 노골적으로 말하자면 '집'으로 돌아갈 구실을 원했습니다. 하지만 저에게는 모두 보였습니다! 저는 누가 영혼을 포기하고 있는지 항상 구별할 수 있었습니다. 그들의 회색빛 안색이 무기력한 태도를 말해주고 있었고 결국은 곧 생명이 없는 육체가 되었습니다. 저는 삶이 그들이 원하는 것인지 아닌지를 결정하는 것은 환자의 권리라고 항상 생각했습니다. 그래서 저는 떠날 준비가 된 사람은 어느 누구도 설득하려 하지 않았습니다.

밤공기가 추워지자 최면상태에서 깨어나면서 저는 마지못해 아틀란티스를 떠났습니다. "당신 얼굴이 바뀌었어요." 제가 기지개를 펴면서 일어나자 스티븐이 말했습니다. 제가 너무도 깊게 전생의 인물에 빠져 있었으니 전생퇴행을 하는 동안 당연히 제 모습이 변했겠지요.

빌라로 걸어 돌아오는 길에, 저는 마치 날아다니는 듯한 느낌이었습니다. 방으로 들어서자마자 저는 전생퇴행의 기억을 적기 시작했습니다. 최면 상태에서 스티븐이 묻고 제가 대답을 했기 때문에 제가 정확히 기억하지 못하는 상세한 부분은 스티븐이 단서를 제공해 주었습니다.

아틀란티스의 천사들

그날 저녁, 아틀란티스는 제가 그곳에 있을 동안에 갖고 있었던 힐링의 지혜에 대한 기억으로 제 머리 속을 계속 맴돌았습니다. 그것은 아틀란티스의 대부분의 사람들, 특히 힐러였던 우리 같은 사람들이 삶의 사실로 알고 있었던 일상의 지혜였습니다. 저는 다음의 것을 기억해냈습니다.

육체의 건강은 인간의 외모를 반영합니다. 그것을 우리는 '영혼' 또는 인격이라고 부릅니다. 영은 항상 밝지만 혼은 걱정과 근심으로 짓눌릴 수 있습니다. 그때 그것은 신성한 빛을 비추지 못하게 되며, 그래서 먼지 낀 전구처럼 어둡게 보입니다. 천사들을 부르는 것은 빛을 부르는 것을 의미합니다. 천사들의 빛은 우리의 빛을 확대해줍니다. 그것은 우리가 핸들을 올바로 잡을 수 있을 때까지 잠시 핸들을 잡아주는 운전 강사처럼 우리가 제 길로 돌아갈 수 있게 도와줍니다.

아틀란티스의 치유 사원에서는 힐링을 받는 사람 쪽으로 크리스탈 포인트들을 놓아두었습니다. 다양한 색깔의 크리스탈들이 각각의 상황에 맞게 사용되었습니다. 그리고 백수정은 일반적인 힐링을 위해 햇빛을 프리즘으로 끌어냈습니다. 이와 똑같은 에너지의 형태가 오늘날의 레이끼 힐링 속에 응축되어 있습니다. 레이끼는 무지개빛의 에너지와 연관되어 있습니다. 우리는 샤워줄기처럼 일정한 빛의 색상을 보내고 받아들이는 것을 생각할 수 있고, 그것이 똑같은 효과를 만들어 낼 것입니다.

낮은 에너지와 절망감은 질병과 부상을 야기할 수 있습니다. 그리고 치료란 정화의 빛을 흡수함으로써 어두운 태도와 낮은 에너지를 씻어내는 것입니다. 천사들을 불러 당신의 몸속으로 들어와 낮은 에너지를 씻어내라고 하는 것은 굴뚝 청소부를 불러 재를 쓸어내거나 연관공을 불러 막힌 곳을 뚫는 것과 유사합니다. 사랑에 초점을 맞추는 것은 우리의 의식 속으로 빛을 가져오는 것입니다. 그리고 우리의 의식에 불이 밝혀질 때, 우리의 육체 역시 불이 밝혀집니다.

다음 날, 저는 아직도 전생퇴행으로 어지러웠습니다. 더 이상 최면 상태에 있지 않았지만 기억이 계속해서 마음속으로 쏟아져 들어왔습니다. 그것은 마치 제가 고대의 기억은행의 금고를 연 것 같았습니다. 천사들, 특히 대천사 미카엘은 그날 제가 낮잠을 자고 있는 동안 아틀란티스의 이상적인 힐링을 다시 찾는 것에 대해 이야기했습니다. 저는 깨달았습니다. 당연히 미카엘이 아틀란티스의 시대에 거기에 있었다는 것을 말이지요! 미카엘과 아틀란티스의 다른 천사들은 빛에 대해서, 그리고 빛이 정신과 육체의 건강에 미치는 역할에 대해서 단호하게 말했습니다. 그들의 말은 저를 평소보다 더 빛에 집중하게 만들었습니다.

저는 강한 햇빛이 많은 지역의 사람들은 밝은 색깔의 옷을 입는다는 것을 깨달았습니다. 다른 기후에서는, 그리고 가을이나 겨울에는 사람들이 주로 어둡고 눈부시지 않은 색깔의 옷을 입습니다.

스티븐과 제가 햇빛이 많은 곳에서 휴가를 보낼 때, 우리는 북쪽에서 휴가를 보낼 때보다 더 밝은 색의 옷을 입는 경향이 있었습니다. 그 의미는 명백합니다. 햇빛은 밝은 기질과 밝은 기분을 끌어내는데, 그것이 우리가 골라 입는 옷에도 반영되는 것입니다.

저는 이런 생각을 해 보았습니다. '우리가 자연의 빛에서 멀어져 있었던가?' 이 질문은 모든 경배와 영적인 축제행사가 야외에서 행해졌던 시대의 기억을 끌어냈습니다. 우리는 초목과 신선한 산들바람과 모든 형태의 날씨 속에서 춤추고 노래하고 기도했습니다. 우리는 비나 뜨거운 열기를 의식하지 않았습니다. 왜냐하면 자연의 변화하는 속성을 신성한 계획의 일부라고 받아들였기 때문입니다. 땅이 질척거리면 맨발로 다녔고, 여름에 땅이 뜨거우면 막 자른 풀 위로 걸어 다녔습니다. 환경으로부터 우리 자신을 숨긴다든가 피난처를 찾는다는 생각은 전혀 없었습니다.

형식적인 종교의 등장이 이 모든 것을 바꿔놓았습니다. 우리의 오랜 전통의 방식은 '이단'으로 분류되었습니다. 그리고 토속신앙과 약간이라도 유사한 것은 엄격히 금지되었습니다. 그들은 토속신앙의 수행을 막기 위해 이교도의 신앙은 곧 악마를 경배하는 것을 의미한다고 사람들을 설득하려고 많은 돈을 들여 캠페인을 벌였습니다. 경배는 형식화되고 두려움과 죄의식에 기초하게 되었습니다. 그리고 대부분의 빛이 차단되는 작은 창문이 달린 춥고 음습한 건물 속으로 옮겨 갔습니다.

그날 밤, 스티븐과 저는 수백 명의 산토리니 주민과 외지에서 온 방문객들과 함께 일몰을 즐겼습니다. 이 밤의 의식은 그리스인들이 하늘을 가로질러 쏟아져 내리는 찬란한 색깔에 대해 감사를 드리는 증거였습니다. 산토리니의 일몰은 세상에서 가장 다채로운 색상의 일몰 중에 하나입니다.

태양이 수평선 속으로 떨어지는 것을 지켜보는 동안, 구름은 타는 듯한 오렌지, 핑크, 빨간색으로 터질 듯이 물들었고 천사들은 저에게 이렇게 말했습니다, "다양한 색상의 일몰은 아름다움의 감정을 자극한다. 일몰 속에 있는 색깔, 특히 오렌지색은 두 번째 천골 차크라와 연결되어 있고, 육체가 편안한 잠을 잘 수 있게 만들어준다. 일몰을 지켜보는 일은 삶에 꼭 필요한 일이다. 왜냐하면 색깔들이 두 번째 천골 차크라에 남아있는 그날의 찌꺼기를 청소해서 몸이 편안히 잘 수 있게 만들어주기 때문이다."

아주 일리가 있는 말이라고 생각했습니다. 우리 인간들이 실내에만 머물러 일몰을 놓칠 때, 우리 차크라는 그 날의 축적된 에너지에 막힌 채로 남아있게 됩니다. 인공조명을 사용하면서, 우리는 낮 시간이 일몰을 지나치도록 하고 있습니다. 불면증은 일몰을 놓친 결과일 수도 있으며, 따라서 약이나 알코올 같은 다른 수면 보조제를 사용하게 만듭니다.

천사들은 전구의 발명이 인류에 있어서 새로운 질병이 시작된 징조였다고 말했습니다. 우리가 끝없는 낮 시간을 창조하려고 노력하면서, 인공조명은 우리로 하여금 깨어있는 시간을 연장하게 박차를 가했습니다. 전구는 우리가 일출과 일몰에 따라서 깨어나고 잠을 자는 본래의 생물학적 주기를 건너뛰게 만들었습니다.

실내에서 인공조명 아래에 있는 것은 또한 태양과 달빛이 유리

창을 통해 걸러지는 것과 더불어 문제를 만들어냅니다. 천사들은 말했습니다, "밖에서 태양과 별과 달빛 아래에 있는 것은 필터가 있는 렌즈를 통해 그 빛을 바라보는 것과는 엄청나게 다르다. 당신의 마음과 몸은 그들을 직접 경험할 때만 빛의 순전한 본질과 완전한 스펙트럼을 흡수한다."

전생과 달빛에 대한 경험

달빛에 대한 천사들의 말은 약 일 년 전에 돌로레스 캐논과 함께 했던 전생퇴행의 기억을 상기시켰습니다. 돌로레스는 〈노스트라다무스와의 대화〉, 〈정원지기Keepers of the Garden〉 등 전생퇴행에 관한 여러 책의 저자입니다. 그녀는 자신이 직접 전생퇴행을 함으로써 역사를 연구하고 있으며, 제가 그녀와 세션을 함께 한 것은 행운이었습니다. 이제 그 내용을 아래와 같이 기술합니다.

돌로레스가 숫자를 세면서 저를 최면상태로 인도하자, 저는 저 자신이 고대의 바빌론에 있는 것을 발견했습니다.

저는 남자 천문학자이자 사제였습니다. 우리의 사원은 높은 언덕에 있었고, 우리는 대부분의 시간을 별의 움직임을 관찰하는 일로 보냈습니다.

밤마다 우리는 사원의 앞쪽에 있는 기둥을 따라서 별들의 위치를 명판에 표시했습니다. 기둥은 그래프의 수직선과 같은 역할을 하여 우리는 각 기둥 옆에 어떤 성좌들이 위치하는지를 기록하였습니다. 사원에는 지붕이 없었고 사원 앞에 있는 모든 기둥의 꼭대기가 서로 연결되어 커다란 삼각형 모양을 하고 있었습니다. 우리가 별의 움직임을 기록했던 이유는 농부들에게 언제 논밭을 갈고, 언제 씨를 뿌리고, 언제 곡물을 수확하는지를 알려주기 위해서였습니다.

낮에는 가정을 방문하여 영적인 상담과 대화를 하면서 사제의 역할을 했습니다. 저는 전도를 하거나 선과 악을 판단해 주는 역할을 한 것이 아니라, 저녁 식사시간에 잠깐 들러 마을 주민들과 대화를 하면서 용기와 희망을 주는, 마치 영적인 성향의 아저씨와 같은 면이 더 컸습니다. 사람들은 저를 좋아하고 존경했으며 저는 아주 행복했습니다.

저는 또한 모든 천문학자나 사제들이 그러하듯이 투시력이 있었습니다. 우리는 투시력을 증강시키기 위해 가루로 된 물질을 이용했습니다. 우리는 그것을 제3의 눈에 발랐고 또한 환자들에게도 발라주어 힐링 밤의 기능으로 사용했습니다. 그 물질은 점판암을 가루로 만들어 수은과 혼합한 후 달빛을 불어넣은 것이었습니다. 그 가루와 수은 혼합물은 미지의 근원에서 온, 수석교사에게 주어진 선물이었습니다.

우리의 교사들은 따로 떨어진 협곡의 숲속에 가곤 했는데, 거기에서 그 물질을 받아왔습니다. 우리는 모두 그 혼합물이 외계에서 온 것이 아닌가 의심했고, 저는 그것이 플레이아데스에서 온 것이라 믿었습니다. 우리는 그 물질을 보름달이 뜨기 전에 충전하도록 배웠습니다. 그때가 달이 어머니의 가슴처럼 작용을 하여 마법의 치유 에너지가 담긴 젖을 빛이 도달하는 누구에게든 무엇에게든 주는 때입니다. 이때가 또한 마법의 징후가 일어나는 때이기도 합니다.

사원의 구석에는 여신들의 상이 있었습니다. 저는 그 조각상 중 하나를 여신 다이아나라고 불렀습니다. 우리의 정치적 지도자 얼굴을 하고 있는 둥근 조각품이 기둥 위로 우리 건물 앞의 삼각형 모양 위에 있었습니다. 그리고 산 옆을 따라 계단이 마을 쪽으로 이어져 있었습니다.

어느 날 저는 농부들에게 읽고 쓰는 법을 가르치는 일에 대해 곤란한 상황에 맞부딪히게 되었고 다시는 그렇게 하지 말라는 경고를 받았습니다. 제 삶이 끝날 즈음에, 마을사람들은 계급이 분화되는 것을 저항하며 폭동을 일으켰습니다. 자포자기하듯 터무니없는 행동으로 그들은 자기 마을에 불을 질렀습니다. 저는 폭동을 멈추게 하려고 했지만 혼자의 힘으로는 통제할 수 없는 상황이 되었습니다. 몇 주가 지난 뒤, 병사 두 명이 저를 길거리에서 막아섰습니다. 제가 농부들에게 계속 글을 가르쳤기 때문이었습니다. 그 젊고 경솔한 병사들은 법적인 절차를 거치지도 않고 저를 죽였습니다. 저는 길거리에서 살해당한 것입니다.

퇴행은 저에게 깊은 충격을 안겨주었습니다. 달빛의 치유력에 대해 제 눈을 열어주었기 때문입니다. 퇴행이 있은 다음 날, 저는 바빌론을 조사하기 시작했습니다. 전에는 바빌론에 대해서 많이 알고 있지 않았기 때문입니다. 바빌론이 천문학이 처음으로 생겨난 곳으로 여겨지고, 천문학자들이 사제들이었다는 것을 알았을 때 제가 얼마나 놀랐겠는지 상상해 보세요! 저는 우리가 만든 별의 지도에 대해 읽었고, 우리가 각각의 성운을 표시하기 위해 간단한 상징을 이용하면서 성운들의 위치를 그려 넣은 명판의 사진도 보았습니다.

퇴행을 하는 동안, 돌로레스는 제가 아직 최면상태에 있을 때 명판의 상징을 그리게 하려고 애썼습니다. 제가 그린 상징들은 고대 바빌론의 천문학을 묘사한 고고학적인 사진들과 똑같았습니다!

나중에, 제 책 〈대천사들과 승천한 마스터들〉을 쓰면서 조사하는 동안, 저는 바빌론에 대한 놀라운 것을 알게 되었습니다. '아스트랄 빛'이라 불리는 치유 물질을 만들기 위해 바빌론 사람들이 대천사 하니엘과 함께 작업을 했다는 것입니다. 그것은 제가 퇴행을 하는 동안 기억해냈던 가루로 된 혼합물과 아주 놀랍게도 유사하게 보였습니다.

이 정보를 읽고 난 후, 저는 비슷한 물질을 만들어보기로 결심했습니다. 수은은 위험한 독으로 여겨졌기 때문에 저는 가루와 보름달에 집중했습니다. 대천사 하니엘의 인도를 구하는 기도를 한 후, 저는 백수정을 가루로 만들어 그것을 점판암 가루와 섞기로 했습니다. 퇴행 중에 본 그 분말가루의 기본이 점판암이었기 때문이었습니다. 그 분말은 반짝거렸는데, 아마도 수은 때문이었을 것이라 여겨졌고 그와 똑같은 특성을 백수정으로부터 얻어낼 수 있을 것이라고 생각했습니다.

분말을 아주 곱게 갈아낸 다음, 저는 그것을 공기가 들어가지 않는 마개가 있는 은으로 된 용기에 넣었습니다. 그런 다음 보름이 되기 전날 저녁에 저희 집의 발코니에 그 용기와 분말을 놓았습니다. 그리고 달빛을 바라보았습니다. 푸른빛을 띤 백색빛이 저와 제 주위의 모든 것을 덮고 있는 것이 보였습니다. 저는 그 용기가 달을 직접 바라보게 놓았고 그날 저녁 내내 그 용기를 최대한의 달빛을 받을 수 있는 곳으로 계속 옮겨놓았습니다.

저는 자격 있는 엔젤테라피 시술자들 – 6일간의 심령개발코스를 이수한 사람들 – 과 다시 만나는 자리에 그 물질을 가져가기로 마음먹었습니다. 학생들에게 그 물질의 성분에 대해서는 상세하게 말하지 않은 채, 저는 자원하는 사람들의 제3의 눈에 발라주었습니다. 그리고 신체의 어느 부위이든 통증이 있는 부위에도 발라주었습니다.

그런 다음 그들에게 그 물질에 대한 느낌을 정직하게 말해달라고 했습니다. 거의 모든 사람들이 투시력이 증강되었고 통증이 경감되었다는 것을 발견했습니다. 그 혼합물은 재충전하지 않아도 그 힘을 유지하는 것으로 보였습니다. 제가 그 용기를 뚜껑을 닫은 채 제단 위에 놓아두었기 때문입니다. 그것은 일단 처음에 보름달빛으로 충전하고 증강되면, 스스로 충전하고 스스로 재생하는 것 같았습니다. 물론 저는 이 정도의 달빛을 받을 수 있게 다시 밖에 놓아둔다면 더 충전이 될 것이라고 믿습니다.

달은 매우 강력합니다. 그리고 수세기 동안, 문명은 달의 주기를 찬양하는 제의를 만들어냈습니다. 대부분의 영적인 전통에서는 보름달의 시기를 낡은 형식과 부정성을 방출하는 시기로, 그리고 그믐달과 초승달의 시기를 존재를 나타내고 수확을 거두는 시기로 생각했습니다.

보름달이 범죄와 사고증가와 관련되어 정신병을 만들어내는지의 여부에 대해서 과학적인 연구가 일관적이지 않지만 우리는 달이 확실히 우리의 신체에 영향을 준다는 것을 알고 있습니다. 달이 조수를 관장하고 우리 몸이 거의 물로 되어 있다는 것을 고려할 때, 이것은 아주 일리가 있는 말입니다.

1986년 1월에 저명한 〈뉴잉글랜드 의학지New England Journal of Medicine〉는 소수의 여자들만이 보름달이 뜨는 기간에 생리를 하는 반면에 상당수의 여자들이 초승달이 뜨는 기간에 생리를 한다는 연구 결과를 발표했습니다. 연구원들은 생리와 달의 주기 사이에 상당한 관련이 있다는 결론을 내렸습니다.

제3장

과거와의 연결

화요일에 우리는 아크로티리시를 방문하기로 결정했습니다. 크로니스 박사는 많은 사람들이 아틀란티스의 일부라고 믿고 있는 고대 유적지의 발굴에 대해서 말해주었습니다.

저는 스티븐이 주차장에서 우리의 작은 렌트카에 올라타는 것을 보고 웃었습니다. 그는 마치 장난감 차를 운전하는 것처럼 보였습니다. 어떤 이유에서인지 그 섬에는 좁은 길 양쪽을 걸치면서 속도를 내고 다니는 커다란 트럭의 숫자가 균형이 맞지 않게 많은 것 같았습니다. 트럭이 스치듯 지나갈 때마다 우리 차는 흔들렸습니다. 그리고 스티븐은 트럭과 부딪히지 않으려고 여러 번이나 길옆에 밀려나 있어야 했습니다.

아크로티리로 가는 길에, 우리는 피라라는 섬에서 제일 큰 마을에 들렀습니다. 거기서는 많은 사람들이 완벽한 영어를 구사했습니다. 아마도 커다란 크루즈선들이 근처에 정박하고 관광객들이 내려와 쇼핑을 하고 식사도 하곤 하기 때문인 것으로 보였습니다. 우리는 흙바닥의 작은 공터에 주차를 하고 노트북 컴퓨터에 쓸 변압기를 사려고 피라의 상가로 걸어갔습니다. 마마스라고 불리는 식당을 지나 걸어가고 있을 때, 앞치마를 한 몸집이 큰 아줌마가 우렁찬 목소리로 우리를 향해 소리쳤습니다. "유-후! 아기들! 배고프지 않니? 엄마가 여기 있어!"

스티븐과 제가 마마에게 이미 식사를 했다고 정중하게 말하자, 그녀는 사랑스럽게 말했습니다, "확실해요? 당신들은 내가 만든 음식 같은 걸 결코 먹어본 일이 없을 걸요!"

마마의 시야에서 벗어나면서, 우리는 그녀의 과장된 모습과 목소리에 키득거리며 웃었습니다. 우리는 많은 사람들이 관광객으로 보이는 사람들에게 자기들 물건을 큰 목소리로 선전하는 것을 보았습니다. "우리 가게에 들어와 보석을 보지 않는다면 내 가슴이 찢어질 거예요!" 한 상점 주인이 저에게 말했습니다, "안으로 들어와요, 세련된 분들." 다른 상점 주인이 애걸했습니다. 물건들을 보니 대부분의 상점에서 장사가 아주 잘 되는 것 같았습니다. 주인들은 자기 가게 안으로 사람들을 불러들이면서 소리를 지르는 것을 정말로 즐기는 것 같았습니다. 우리는 섬에 사는 모든 사람들이 날씨처럼 따뜻하다는 것을 알게 되었습니다.

변압기를 산 뒤에, 우리는 마마스 가게를 지나치면서 그녀가 우리를 알아보지 않기를 바랐습니다. 다행히 그녀는 우리를 알아보지 못했습니다! 우리는 우리들의 작은 차에 올라타고 피라의 정체된 길을 운전해갔습니다.

야외로 들어서면서 저는 지도를 집어 들었습니다. 섬에는 큰 길이 하나뿐이었지만 우리는 결국 아크로티리에 가는 다른 길로 들어섰습니다. 섬의 중앙은 오아시스 같았습니다. 푸른 바다와 파란 하늘색의 배경에 녹색 들판이 깔려 있었습니다. 고대 유적의 잔재들이 바다를 배경으로 서있었습니다. 우리가 아크로티리에 더 가까이 가면서, 저는 해변의 유적에 돌고래와 남녀 인어가 새겨진 조각들이 뽐내고 있는 것을 보았습니다.

저는 〈요정과 함께 하는 치유Healing with the Fairies〉라는 책에 '인어족'에 대해 쓴 적이 있습니다. 그리고 최근에는 인어와 돌고래에 대한 오라클 카드 팩을 완성했습니다. 제가 조사한 바에 따르면, 바빌론 시대를 거슬러 올라가면, 전 세계의 고대 문명에 인어 조각상이 있었습니다. 너무도 많은 문화가 이 이미지를 알고 있었고, 그것이 실재했다는 근거들이 예외 없이 '인어'의 원형 속에 남아있습니다.

〈요정과 함께 하는 치유〉를 집필하는 동안 저는 투시력으로 어떤 영상을 떠올렸습니다. 그것은 저에게 인어가 한때 실제로 존재했으며 잔인한 어부들이 주는 고통을 피하기 위해 의식적으로 멸종을 선택했다고 보여주었습니다. 그리고 한 신비가가 한 번은 저에게 아틀란티스의 사람들이 인어가 되어 파멸을 피하려고 섬에서 헤엄쳐 나온 환영을 이야기해주었습니다. 그 신비가는 인어들이 지금의 돌고래가 되었다고 말했습니다.

저는 'mer'이라는 단어가 들어있는 모든 단어들, 예를 들면, 상품merchandise, 여름summer, 최면에 걸린mesmerized, 천문학자

astromer, 희미하게 빛나다shimmer, 그리고 수은mercury 같은 단어를 생각해 보았습니다. 저는 또한 제 남편과 편집장의 성과 Farmer와 Kramer, 신의 이름 멀린Merlin과 수성Mercury에 'mer'라는 접미어가 있는 것을 깨달았습니다. 그리고 바다를 '마라Mara' 라고 이름 붙인 고대의 세계 지도를 생각해 냈습니다.

세계 언어사전을 조사해보면 'mer'와 거기에서 파생된 'mar', 'mara', 그리고 'mir'가 갖고 있는 재미있는 의미를 보여줍니다. 바다ocean와 어머니mother라는 단어는 프랑스어 'mere'와 'mer', 독일어 'mutter'와 'meer', 이태리어 'madre'와 'mare', 그리고 스페인어 'madre'와 'mar'와 관련이 있습니다.

바다와 어머니 사이에 연결된 끈은 우리의 오랜 근원이 바다와 관계가 있다는 또 하나의 증거인 것으로 보입니다. 인어가 우리의 조상일까요? 아틀란티스가 가라앉고 난 뒤에 우리가 깊은 바다에서 나타났을까요?

고대 도시로의 여행

우리는 한 번 엉뚱한 길로 들어선 다음에 아크로티리를 발견했습니다. 그리고 크루즈 승객들로 가득 찬 두 대의 큰 여행버스 옆에 우리의 작은 차를 주차시켰습니다. 발굴 장소는 비닐로 완전히 덮여 있어서 거대한 온실처럼 보였습니다.

스티븐과 저는 그 곳에 들어서자, 흐느껴 울기 시작했습니다.

남편을 바라보며 저는 남편이 고향에 돌아온 것 같은 느낌을 받고 있는 것을 알았습니다. 우리의 감상적인 느낌은 이제 폐허가 된 도시에 대한 애정 어린 기억과 합쳐졌습니다. 마치 고향에 돌아와서 고향이 폐허가 된 것을 발견하는 것과 같았습니다. 그때의 삶이 즐거웠음을 기억하고 이제 파괴된 것에 고통스러워하는 것과 같았습니다. 하지만 내면의 지혜는 이 문명의 종말이 평화롭고 사랑에 가득 차 있었다고 우리에게 확인시켜주고 있었습니다.

그 도시는 비록 수 천 년 동안 화산 재 밑에 묻혀 있었지만 완전히 손상되지 않은 채로 온전했습니다. 고고학자들은 섬의 대부분을 가라앉게 한 그 화산 폭발이 대략 B.C 1,625년쯤이라고 추정하고 있습니다. 그 도시의 주민들은 파멸이 임박했다는 것을 알았습니다. 발굴에서 단 하나의 해골도 나오지 않았기 때문입니다. 더군다나 부서지기 쉬운 물건들이 나무 침대 밑에 원래대로 놓인 채 발견되었습니다. 여인들이 정교한 보석을 차고 있었다는 것을 그림들이 보여주었지만 귀중품은 없었습니다. 사람들은 시간이 얼마 남지 않았다는 것을 알았습니다. 그래서 귀중품을 챙겨서 도시를 빠져나갔습니다.

그때 화산이 폭발하면서 산토리니의 대부분을 삼키고 해변에 칼데라 분화구가 만들어졌습니다. 그 화산은 충격에 있어서는 크라카토오Krakatoa를 능가했습니다. 사실 아일랜드와 캘리포니아 같이 멀리 있는 곳의 나이테가 온 세상에 엄청난 충격이 있었고, 이 화산이 폭발한 시기에 극적인 기후 변화가 있었음을 보여주었습니다.

지진이 일어난 이후 300년 동안, 산토리니는 사람이 살지 않았습니다. 발굴이 시작된 것은 1960년도였습니다. 거의 완벽하게 손상되지 않은 도시가 포도밭 3.5미터 밑에 화산재로 덮인 채 있었습니다. 우리가 그곳을 방문했을 때, 고고학자들은 전체 도시의 3%밖에 발굴하지 못했습니다.

거리를 걸어가면서, 저는 두 순간을 동시에 인지하는 아주 이상한 느낌을 받았습니다. 하나는 현재이고, 다른 하나는 그곳이 사람들로 북적거렸을 때입니다. 무아지경 속을 걷고 있으면서, 저는 그 도시가 전성기 때 활기차 있었던 것을 보고 느끼면서 그 도시의 과거 속으로 녹아들어갔습니다.

온 마을이 사람들과 어깨를 마주하며 살고 있는 천사들과 여신들로 가득 차 있습니다. 백수정 포인트와 라피스 라줄리가 여기저기 널려 있습니다. 그리고 이 크리스탈의 강력한 에너지가 손에 만져질 듯합니다. 온 사방이 기도와 웃음과 즐거운 에너지로 가득 차 있습니다. 여기에는 아주 뚜렷하고 가볍지만 강력한 에너지가 있습니다. 그리고 모두가 부드러움의 힘을 잘 알고 있습니다.

보랏빛의 백합과 포도넝쿨이 여기저기 자라고 있습니다. 사람들은 계속 물고기와 곡식과 건포도와 꿀로 잔치를 벌이며 찬양하고 있습니다. 여기에 조화와 협력이 너무도 많이 있습니다. 모든 사람들이 서로를 보살펴 주는 평화로운 기쁨이 있습니다. 우리는 모두 무한한 햇빛을 누리며 즐기고 있습니다. 우리는 아주 행복합니다. 그리고 너무도 많은 천사들이 여기에 있습니다.

저는 한 건물의 주춧돌에 손을 얹었습니다. 제 몸을 통해 전기가 흐르는 것이 느껴졌습니다. 이것이 모든 사람들이 말하는 아틀란티스였던가? 플라톤의 대화록을 보면, 역사적으로 화산 폭발은 아주 최근에 일어났다고 합니다. 몇몇의 학자들이 추정하듯이 플라톤이나 그의 글을 번역한 사람들이 날짜를 실수로 기록하지 않았다면 말이지요. 티마에우스와 크리티아스에서 플라톤은 아틀란티스의 종말이 9천 년 전이라고 말했습니다. 하지만, 만일 그가 사실은 900년 전을 의미했다면, 그 시기는 산토리니의 파멸과 연관성이 있습니다. 많은 학자들은 그리스 지도자 솔론이 이집트로 여행하는 동안 아틀란티스에 대해 배우면서 900을 뜻하는 이집트의 상형문자를 9,000으로 잘못 읽었을지도 모른다고 믿었습니다. 그리고 플라톤은 솔론이 조사한 결과를 그의 손자 크리티아스 2세를 통해 전해 들었기 때문에 그 이야기를 다시 말하는 동안 세부적인 일들이 변질되었을 수도 있다고 상상하는 것은 어려운 일이 아니었습니다.

섬 전체가 그러하듯이 그 발굴지는 플라톤이 기술한 것처럼 붉고 검고 흰색의 돌로 되어 있습니다. 저는 또한 돌로 만든 소뿔의 형상도 보았습니다. 발굴 작업자는 소가 그 문명에서는 성스런 동물이었고, 그래서 소의 뿔이 궁전의 꼭대기에 조각되었다고 설명했습니다. 그리고 플라톤은 아틀란티스에 소들이 존재한 것에 대해 기록했습니다.

몇 몇 사람들이 생각했던 것 같이 순수한 크리스탈로 된 건물이 있었다는 증거는 없었습니다. 그리고 날아다니는 운송수단을 위한 착륙장도 볼 수 없었습니다. 그러나 저는 여기저기에 크리스탈들이 있었다는 것을 확실히 느꼈습니다. 이곳이 아틀란티스가 아니었다고 해도 확실히 어떤 강한 연관성이 있었을 것입니다. 그리고 그 에너지가 제가 과거 전생에 그곳에 있었던 기억이 홍수처럼 밀려오게 한 것은 물론이고, 아틀란티스의 천사들과 신성한 교류를 하는 채널을 더 열릴 수 있게 하는 계기를 만들었습니다.

제4장

크리스탈과 올리브오일

그 다음 날, 스티븐과 저는 피라 선사시대 박물관을 방문했습니다. 그곳은 아크로티리 발굴 장소에서 복원된 그림과 물건들을 전시하고 있었습니다.

정교한 그림들이 치장을 하고 있는 여신 같은 여인들과 공을 들여 만든 금은보석을 묘사하고 있었습니다. 이미 말한 바와 같이, 귀중품이나 사람들의 흔적은 발굴 장소에서 발견되지 않았습니다. 그것은 사람들이 닥쳐올 재앙을 미리 알고 짐을 싸서 질서 정연하게 떠났다는 것을 보여줍니다. 오직 아주 직관적인 사람들만이 그런 화산 분출 같은 것을 예지할 수 있습니다. 그것이 아틀란티스와 연관되어 있다는 또 다른 표시입니다. 왜냐하면 아틀란티스는 항상 고도로 발달된 초능력을 갖고 있는 사람들의 이상적인 모델로 여겨졌기 때문입니다.

아크로티리 유적의 벽 내부에서 발견된 많은 그림들은 제가 본 것과 플라톤이 기술한 아틀란티스에 대한 설명을 입증해주고 있습니다. 그 그림들은 그 지역이 무성한 열대 꽃과 식물로 가득 차 있었다는 것을 보여줍니다. 다른 그림들은 플라톤이 기술한 절벽의 동심원을 배경으로 한 함대를 보여줍니다.

그러나 가장 놀라운 것은 그곳에서 발견된 크리스탈 구슬이었습니다. 둥근 구슬들은 요즘의 보석처럼 표면이 매끄럽고 줄을 끼울 수 있는 구멍이 있습니다. 그리고 그 크리스탈들은 제가 거기에 있었다고 느꼈던 것과 같은 것, 즉 백수정과 라피스 라줄리였습니다. 그 두 크리스탈은 초능력과 치유 능력을 증가시키는 것과 연관이 있습니다. 그 외에도 자수정과 오렌지 카넬리언 크리스탈 구슬도 전시되어 있었습니다.

오늘날, 백수정은 전 세계적으로 채굴되고 있고, 라피스 라줄리는 지중해 지역에 널리 퍼져 있습니다. 이 두 원석은 제가 아크로티리 발굴 장소 어디에서나 심령에너지로 뒤덮여 있는 걸 목격했던 돌들입니다. 그런데, 자수정과 카넬리언은 그리스에는 요즘 나오지 않는 것들입니다. 자수정은 북아메리카, 영국, 남아메리카, 인도, 러시아, 아프리카에서 발견되고 있고, 카넬리언은 인도, 동유럽, 페루, 영국, 아이슬란드에서 채굴되고 있습니다. 어떻게 자수정과 카넬리언이 그 옛날에 산토리니로 오게 되었을까요? 배로 수입된 것일까요? 아니면 그 땅이 그리스 본토에서 이집트로 연결되어 육상으로 이동될 수 있을까요? 아니면 아틀란티스의 다른 지역에서 가져온 것일까요?

둥근 크리스탈 구슬은 늘어나는 줄에 꿴 요즘의 '파워팔찌'와 동일한 것이었습니다. 크리스탈을 뚫어지게 바라보면서, 스티븐과 저는 거대한 존재가 우리 뒤에 있는 것을 느꼈습니다. 우리는 동시에 뒤를 돌아보았습니다. 하지만 아무도 보이지 않았습니다. 그러나 저는 그 존재가 이렇게 말하는 것을 확실히 듣고 느꼈습니다, "오늘 날 크리스탈을 차는 사람들은 아틀란티스 사람들이다. 그것은 서로가 아틀란티스 사람이라는 것을 확인해주는 표시이다."

그날 저녁 우리는 크로니스 박사와 안드레스를 만나 저녁 식사를 하기 위해 오이아 마을로 차를 몰고 갔습니다. 오이아에는 산토리니의 다른 마을보다 훨씬 더 고급스럽고 새로 지은 빌라와 상점이 많았습니다. 그곳은 포인트에 위치하고 있었는데 일몰을 구경하기에 완벽한 곳이었습니다. 사실 모든 사람들이 일몰의 강렬한 색상을 구경하기 위해 포인트에 모여드는 동안 오이아는 모든 활동이 중지되고 텅 비어 있었습니다. 저는 밤에 잠자는 시간을 위한 차크라를 활성화시키기는 데에 일몰을 보는 것이 중요하다는 천사들의 메시지를 생각했습니다. 황혼의 색상과 뒤섞여 타오르는 듯한 하늘을 뒤로 한 채 바다 속으로 빠져 들어가는 태양을 지켜보는 일은 확실히 마음을 편안하게 달래주었습니다.

오렌지빛의 마지막 흔적이 깊은 푸른색으로 바뀌었을 때, 스티븐과 저는 오이아 카페로 걸어갔습니다. 그 섬의 대부분의 식당처럼, 카페의 대부분의 테이블은 바깥에 있는 파티오(역자주: 집 뒤쪽에 만드는 테라스)에 놓여 있었습니다.

우리가 막 자리에 앉을 때, 크로니스와 안드레스가 카페에 도착했습니다. 서로 포근하게 껴안으면서 인사를 나눈 다음, 그들이 방금 왕진을 다녀온 환자에 대한 이야기를 들었습니다. 환자가 움직일 수 있는지의 여부와 교통수단이 있는지의 여부에 따라서 왕진은 의사들에게 항상 있는 일이었습니다. 환자가 그들의 사무실에 올 수 없는 경우에, 그들은 환자를 찾아갔습니다.

"당신은 환자를 보고 난 뒤에 어떻게 자신을 정화하지요?" 제가 물었습니다.

"저는 올리브오일로 손을 씻어요." 크로니스가 바로 대답했습니다. 저는 제가 전날 저녁에 전생퇴행하면서 보았던 것을 그가 말하는 것을 듣고 숨이 턱하고 막혔습니다. 저는 올리브오일을 요리하는 것 외에 다른 용도로 사용한다는 것을 들은 적이 없었습니다. 그런데 지금 이 의사가 저나 다른 힐러들이 아틀란티스 힐링 사원에서 사용한 것과 똑 같은 식으로 올리브오일의 사용법을 말하고 있었습니다! 저는 올리브오일의 섭취가 장수와 연관되어 있다는 과학적 연구 결과를 기억했습니다. 올리브오일은 마법의 특성을 갖고 있는 것 같습니다. 어쩌면 올리브 가지가 평화와 연관된 것도 그 이유에서인지도 모릅니다.

일출과 햇빛

우리는 일몰에 대해서 열광적으로 설명해주었습니다. 크로니스와 안드레스는 수천 번이나 비슷한 일몰을 보아왔음에도 불구하고 우리들의 이야기를 즐겁게 들어주었습니다. 산토리니 사람들은 자연의 경이로움에 대해 말하는 것을 싫증내지 않는 것이 확실했습니다.

"햇빛은 우리를 위로해주는 것뿐만 아니라 신체적으로나 정신적으로 건강에 매우 중요합니다." 안드레스가 말했습니다. "제가 금빛이 어떻게 제3의 눈을 열게 하는지 말씀드린 것을 기억하시죠? 우리는 시각적인 기억으로, 또는 햇빛 안에 직접 앉아서 햇빛에 대해 명상하면서 금빛을 불러들일 수 있어요."

저는 제가 정말로 주의해서 들을 수 있도록 제가 깨어있는 시간에 천사의 메시지가 가르침을 주고 있다는 것을 인정하기 시작했습니다. 그렇지 않다면 왜 안드레스가 금빛을 모아 쥐고 제 가슴에 손을 얹는 것에 대해 아틀란티스의 천사들이 가르쳐준 바로 그 말을 하고 있을까요?

저는 전생퇴행 중에 경험했던 아틀란티스의 힐링 사원에 대한 기억을 다시 떠올렸습니다. 그곳에는 크리스탈 피라미드 위에 위치한 둥근 구멍이 금빛 햇빛을 피라미드 안으로 끌어들였습니다. 햇빛은 크리스탈 그 자체와, 피라미드 안에서 '불없는 불'을 돌보던 헤르메스와 여사제들이 하던 기도로 가득 찬 생각의 패턴에 의해 증폭되었습니다.

저는 과학 문헌들을 뒤져 햇빛과 건강 사이의 관계를 탐구해보기로 메모를 해두었습니다. 저는 햇빛이 건강에 유익하다는 것을, 또는 햇빛과 건강의 관계가 오직 피부 손상이나 흑색증에만 연결되어 있는지를 보여주는 자료가 있을지 궁금했습니다.

제5장

아테네에서

산토리니에서의 휴가는 너무 일찍 끝났습니다. 이제 아테네로 날아가 그리스 출판사를 만나고 워크샵을 진행할 시간이 되었습니다.

해변에 있는 아테네 호텔로 운전해가는 중에, 저는 고속도로 변의 담벼락에 빨간 스프레이로 이렇게 쓰여 있는 것을 보았습니다. "살인자들, 집으로 가버려라!" 저는 기사에게 저 메시지가 누구를 지칭하는 것인지 물었습니다. 그는 근엄하게 대답했습니다. "미국인들이지요." 저는 놀라 침을 꿀꺽 삼켰습니다. 이라크 전쟁이 막 시작된 참이었습니다. 세상 모든 사람들이 반대를 하는데도 말이지요. 여행을 하는 중에, 우리는 왜 미국인들이 부시 대통령이 전쟁을 시작하도록 허락했는지 자주 질문을 받았습니다. 그들은 얼마나 많은 미국인들이 그것을 저항하기 위해 다른 나라와 협조했는지 깨닫지 못하고 있습니다. 저는 마음속으로 그리스인들이 미국인들을 용서하고 일방적으로 판단하지 않기를 기도했습니다.

우리는 그리스에 있는 우리의 출판인 조지 케라이디티스와 하리티니 크리스타코우와 호텔 로비에서 만났습니다. (영어권 국가에서는 헤이하우스가 우리 책을 출판하고 있지만 다른 나라에서는 각 국가의 출판사들이 저작권을 얻고 번역본을 출판하고 있습니다.) 만난지 5분이 채 지나지 않아, 저는 조지와 하리티니가 뉴에이지에 관심이 있는 것을 알게 되었습니다. 그것은 보통 출판인들에게는 일반적인 일이 아니었습니다. 하리티니는 변호사였고 그녀의 파트너 조지는 엔지니어였습니다. 그들의 직업에 싫증이 나자 그들은 리 캐롤Lee Carroll이 채널링으로 쓴 책을 그리스어로 출판하기로 결심했습니다. 그것이 시발점이 되어 그들은 헤이하우스에서 출판된 유사한 주제의 다른 책들을 찾아내고, 번역 출판을 하게 되었습니다.

하리티니는 레무리아에 있었던 자신의 전생에 대한 책을 쓰고 있다고 말했습니다. "당신의 책 〈요정과 함께 하는 치유Healing with the Fairies〉를 번역하는 동안, 인어에 대해 쓴 글을 보고 놀랐어요." 그녀가 말했습니다. "그리고 당신의 책 〈지상의 천사Earth Angles〉에서 어떻게 사람들이 여자인어, 남자인어, 천사인어, 요정인어로 환생하게 되었는지를 알고는, 모든 것이 갑자기 이해가 되었어요! 저는 인어들이 레무리아인이라는 것을 믿어요. 그리고 우리가 돌고래와 인간이 합쳐진 것을 믿어요."

"그리고 천사인어들은 돌고래와 인간과 천사들이 합쳐진 것이에요." 제가 덧붙였습니다.

"그래요!" 하리티니가 말했습니다, "그게 바로 제가 레무리아인에 대해 지금 쓰고 있는 책 내용이에요."

"하리티니는 인어에 대한 레무리아인의 기억을 기초로 해서 새로운 형태의 레이끼 에너지를 개발했어요." 조지가 덧붙였습니다. "그것을 '인어레이끼Mer-Reiki'라고 이름 붙였어요."

"그 레이끼에 벌써 물기가 느껴지네요." 제가 말했습니다. 하리티니와 저는 즉시 유대감으로 뭉쳐졌습니다. 저 또한 고대의 레무리아 열대 섬에 대한 기억이 있었기 때문이지요. 제가 아틀란티스에 대해 연구한 것을 말해주자, 그녀는 제가 제대로 찾아왔다고 말했습니다.

"내일 파르테논과 주변 지역을 보여주려고 특별한 관광 가이드를 준비해 두었거든요." 그녀가 말했습니다. "그는 영매이고 역사가이며 작가입니다. 그는 아테네에 있는 역사적인 유적의 뒤에 있는 진정한 영적인 의미를 당신들에게 설명해 줄 수 있는 완벽한 사람일 거예요."

해변에서 해변으로

다음 날 아침, 저는 주중에는 조지 누리가 진행하고 주말에는 아트 벨이 진행하는 〈해변에서 해변으로〉 라디오 쇼에서 전화로 인터뷰하기로 되어 있었습니다. 저는 이런 대중적인 쇼 프로

그램에 나올 수 있어서 기뻤습니다. 특히 미국에서는 한밤중에 나오게 될 생방송을 그리스에서는 아침 8시에 인터뷰한다는 것이 좋았습니다. 그날의 주제는 제 책 〈크리스탈 아이들Crystal Children〉에 대한 것이었습니다. 그 책은 실제로는 텔레파시로 소통하고 있지만 자폐증으로 잘못 진단받는 예민하고 영능력이 있는 어린아이들에 대한 책이었습니다.

저는 8시에 전화기 옆에서 명상을 하고 기도하면서 인터뷰 준비를 하고 있었습니다. 그런데 전화기가 울리지 않았습니다. 매시간 정각에 뉴스가 진행되어 프로듀서들이 십분 뒤에 전화를 거는 것에 익숙해져 있었기 때문에 저는 걱정하지 않았습니다. 그런데 8시 20분까지도 전화가 오지 않자, 저는 무엇인가가 잘못되었다는 것을 알았습니다.

"미카엘 대천사님, 이 상황에서 발생한 실수를 바로 잡아주세요." 저는 이렇게 요청했습니다. "라디오 쇼 프로듀서가 저와 연락하도록 도와주세요." 몇 분 뒤에 전화벨이 울렸습니다. 그것은 호텔 교환원이었습니다. 그녀는 영어가 짧았고 투숙객 명부에서 저를 찾지 못하고 있었는데 끈질긴 프로듀서가 저를 찾을 때까지 계속 전화를 했던 것입니다.

그러는 동안에, 저희 어머니는 생방송으로 쇼를 듣고 있었습니다. 저희 아버지는 그때 이미 잠이 드셨고요. 그 시간이면 부모님이 살고 계신 캘리포니아는 새벽 1시였기 때문이지요. 어머니는 조지 누리가 쇼가 시작될 쯤 이렇게 말했을 때 깜짝 놀랐습니다. "오늘 밤에 예정된 게스트, 도린 버츄씨를 찾지 못했습니니다. 우리가 아는 것은 그분이 그리스 어디엔가 있다는 것뿐입니다. 그리고 요즘 중동이 어떻다는 것은 여러분들도 잘 알고 계시겠지요. 어쨌든 그리스는 터키 바로 옆에 있으니까요." 저희 어머니는 이 말을 듣고 죽을 만큼 무서웠습니다. 그리고 기도를 시작했습니다. 틀림없이 어머니의 기도와 제 기도가 그 그리스 교환원이 제 이름과 방 번호를 결국에는 찾을 수 있도록 도왔을 것입니다.

세 시간 동안의 인터뷰가 끝난 뒤, 스티븐과 저는 파르테논 관광을 위해 호텔 로비로 내려갔습니다. 우리는 텍사스에서 온 엔젤테라피 시술자이면서 저희의 친구인 제리와 사브룰라 스타브스테파니를 반갑게 껴안았습니다. 그들은 파르테논 관광과 저의 엔젤 워크샵에 합류하기로 되어 있었습니다. 저는 그들을 1998년도에 휴스톤에서 유니버설 라이트워커스 학회에서 강연을 했을 때 만났습니다. 우리와 같이 그곳에 갔던 저희 어머니가 제리와 급속도로 친해졌습니다. 왜냐하면 그들 모두 기적수업에 공통적으로 관심이 있었기 때문이었습니다. 제리와 검증된 심리치료사인 스타브는 기적수업을 가르쳤고, 제리는 그 주제에 대해 두 권의 책을 저술했습니다. 그중 하나가 〈자비로운 삶 Compassionate Living〉이었습니다.

스타브는 원래 사이프러스 출생입니다. 그래서 그리스어를 매우 유창하게 했습니다. 스타브와 제가 몇 달 전에 엔젤테라피 시술자 코스에서 이야기를 나누었을 때, 그녀는 자기가 그리스로 와서 제 워크샵 동안 통역을 하겠다고 제안했었습니다. 저는 그녀가 이런 봉사를 하는 것이 청중들에게도 좋을 뿐만 아니라, 자기 고향에 뭔가를 돌려줄 수 있는 방법이 될 것이라고 생각했습니다.

우리 넷은 택시를 타고 파르테논으로 향했습니다. 삼십 분 쯤 지난 후에, 스티븐이 숨이 막힌 듯이 헉하며 큰 소리로 말했습니다, "오, 와우!"

"뭐에요?" 제가 물었습니다. 제 눈에는 아무 것도 보이지 않았습니다. 그러자 택시가 굽은 길을 돌았습니다. 그리고 저는 스티븐이 말한 것과 똑같이 말했습니다. "오, 와우!"

바로 우리 앞에 파르테논이 있었습니다. 수도 없이 많은 사진과 비디오를 보았지만 실제로 그것을 보는 것은 숨이 막힐 듯이 아름다운 일이었습니다. 태양은 기둥에 금빛을 비추고 있었고, 가까이 다가가면서 저는 천사들이 노래하는 것을 정말로 들었습니다. 우리는 모두 배가 고팠지만 너무도 흥분해서 배가 고프다는 생각도 까맣게 잊었습니다.

영능력 역사학자

스티븐이 관광을 하는 동안 간식으로 그래놀라 바를 가져왔을 때, 저는 문 근처에 사람들이 모여 있는 것을 보았습니다. 하리티니와 조지가 우리를 관광가이드에게 소개시키려고 거기에 있었지만 소개가 필요 없었습니다. 저는 사람들로 가득 찬 스타디

움 안에서도 그를 알아 볼 수 있었습니다. 왜냐하면 그의 오라가 너무도 밝게 빛나고 있었기 때문이었습니다. 그는 "나는 뉴에이저야!"라고 소리치고 있는 자줏빛 셔츠를 입고 있었습니다.

그는 먼저 제가 그의 진짜 이름을 어떤 문서에도 사용하지 않겠다고 맹세하게 했습니다. 그리고 저는 약속을 지켜 그를 니콜라스라고 부르기로 했습니다. 언젠가는 공식적으로 그 이름을 자기로 알아듣기를 기대하면서 말이지요. 니콜라스는 자기가 저에게 알려주려고 하는 정보가 자신을 개인적으로나 직업적으로 위험에 빠뜨릴 것을 두려워했습니다.

니콜라스는 〈택시〉라는 티비 쇼에서 '라트카'역으로 나온 앤디 카우프만을 상기시키는 높은 음의 콧소리로 말하는 활기 넘치는 사람이었습니다. 고대 그리스의 정신과 역사에 대한 그의 풍부한 지식이 제가 종이에 따라 적는 속도보다 더 빠르게 쏟아져 나왔습니다. 가끔씩 제가 그의 영어를 이해하지 못할 때면, 저에게서 수첩을 가져다가 다시 한 번 발음을 하여 강조하면서 글로 적어주었습니다.

파르테논 근처에 살고 있는 니콜라스는 그곳을 걸어 다니면서 명상을 하고 영적인 메시지를 받으면서 몇 년을 보냈습니다. 그는 또한 그곳의 역사와 전설에 관련된 고대의 문서를 연구했습니다. 게다가 고대 그리스의 인물에 대한 몇 권의 책을 저술했습니다. 그 중의 하나는 자신의 과거 생이었는데, 역사적인 사실만을 적었습니다.

니콜라스는 여신 아테나에 대해서 열정적이었습니다. 그녀의 이름을 따서 도시 이름이 만들어졌습니다. 저는 제 책 〈대천사와 승천한 마스터〉를 쓰면서부터 아테나와 함께 작업을 했지만 그날 그녀와 더 깊이 관계를 맺기 시작했습니다.

파르테논 밑에 있는 플랫폼 주위를 걸으면서 니콜라스가 말했습니다, "파르테논이란 '처녀의 사원'을 뜻하는데, 아테나의 사원입니다." 그가 설명했습니다. "대부분의 사람들이 아테나의 이름을 '틴theen' 소리를 강조하면서 잘못 말하고 있습니다. 올바른 발음은 마지막 '아ah' 음절을 강조해서 '아텐-아'입니다."

저는 니콜라스로부터 많은 것을 배우려고 했습니다. 저는 그의 걸음 속도에 맞추려고 노력하면서 그의 말을 빨리 옮겨 적었습니다. 스티븐, 제리, 스타브는 뒤에서 우리들의 가르침 세션 중간에 끼어들어야 할지 아니면 더 여유롭게 걸음을 즐겨야 할지 결정하지 못한 채, 뒤에서 느릿느릿 따라왔습니다.

니콜라스가 말했습니다, "스테익 주스 보이죠?"

"스테이크 주스요?" 제가 물었습니다.

"아니오, 스테이크 주스가 아니라!" 그가 말했습니다. "스테익 주스요!"

몇 번 더 말하다가, 스타브가 끼어들어 니콜라스가 조각상statues을 말하고 있다고 말해주었습니다. 그의 강한 그리스 억양 때문에 저는 주의를 더 기울여야 했습니다. 저는 제 천사들에게 그의 말을 정확하게 들을 수 있게 도와달라고 했습니다. 그러자 곧 그의 말이 저에게 정상으로 들렸습니다.

니콜라스가 말했습니다, "아테나는 지혜의 여신입니다. 그녀의 상징은 올리브나무와 검은 비둘기입니다. 대부분의 사람들이 그녀의 동물을 올빼미라고 생각합니다. 그것이 지혜와 동일시되기 때문입니다. 하지만 그것은 검은 비둘기입니다.” 니콜라스는 파르테논 주변에 많이 있는 검은 비둘기를 가리켰습니다. “흰 비둘기는 평화를 뜻합니다. 그러나 검은 비둘기는 지혜의 상징입니다.” 그가 덧붙였습니다.

그는 파르테논 아래의 벽에 새겨진 검은 비둘기의 조각품을 보여주었습니다. 그 조각품을 건드리자, 저는 다른 시간대로 이동되었습니다. 파르테논의 주변은 갈색의 흙더미에서 무성하고 색깔이 화려한 정원으로 변했습니다. 마치 과거와 현재의 다리를 놓듯이 나비 한 마리가 가볍게 제 손 위에 앉았습니다.

그러자 니콜라스가 파르테논의 꼭대기를 가리키며 말했습니다. “고대인들은 새들이 내려앉지 못하게 파르테논 위에 천상의 피라미드를 세웠습니다. 새들은 에너지 격자망을 마치 그것이 단단한 구조인 것처럼 감지합니다. 그들은 그 피라미드를 아오르노스 페트라 또는 ‘새를 방지하는 돌’이라고 불렀습니다. 그것은 새들이 날지 못하는 곳을 의미합니다. 제가 그 곳에서 12마리의 비둘기를 보았지만 그 비둘기 중의 어느 것도 파르테논 근처에 있지 않았고, 단 한 마리도 파르테논의 지붕 꼭대기에 있지 않았습니다. 낡아가는 건축물을 보존하게 도움을 주는 것이지요.

우주의 뱀

니콜라스는 아름다운 여인의 조각상 쪽으로 옮겨갔습니다. “이 여인들은 여신의 불꽃이 꺼지지 않도록 지키고 있는 아테네의 여인들입니다. 그들은 에렉테이온 사원에서 일하는 사람들이었습니다. 에렉테이온은 아테나와 교미를 하려고 했던 뱀이었습니다. 그는 교접도 하지 않은 채 아테나를 임신시켰고 아테나는 처녀의 몸으로 금속의 신을 낳았습니다.”

동정녀 출산과 뱀 이야기가 익숙하게 들렸습니다. 니콜라스는 자신의 이론을 이렇게 설명했습니다. “원래의 아테네인들은 플레이아데스 출신의 뱀 인간들이었습니다. B.C 6세기에 올림푸스의 신들은 자신들의 DNA를 바꾸어 직립 인간을 만들었습니다. 이 과정은 B.C 5세기에 완료되었습니다.”

그의 말은 스티븐과 제가 최근에 읽었던 제레미 나르비의 〈우주 뱀The Cosmic Serpent〉을 상기시켰습니다. 인류학자 나르비는 모든 토착민들에게 인류의 근원이 뱀으로부터 왔다는 것을 묘사한 신화와 그림이 있다는 것을 발견했습니다. 나르비는 이러한 고대의 믿음이 뱀의 DNA를 말하고 있으며, 그것이 어쩌면 외계인으로부터 왔을지도 모른다고 생각했습니다. 그래서 그는 지구의 인간들은 뱀 같았을지도 모르며, 그들의 몸이 오늘날의 DNA를 갖고 있을지도 모른다는 이론을 만들었습니다. 다시 말하면, 우리의 조상이 우리의 DNA 안에 존재한다는 것입니다.

공예품 박물관을 지나가면서 우리는 뱀 인간의 조각상이 많은 것을 보았습니다. "뱀들은 성경이나 다른 문헌에서 악마로 되어 있습니다." 니콜라스가 말했습니다. "하지만 저는 그들이 우리의 원조라고 믿습니다."

우리는 또한 뱀의 몸을 한 인어 같은 사람들의 조각상이 있는 것을 보았습니다. 인어의 꼬리를 하고, 인간의 상체, 팔, 머리를 한 인어였습니다. "신 포세이돈은 DNA 실험에 참여하여 이무기, 인어, 뱀, 반인반마의 괴물, 바다 괴물과 같은 많은 변종들을 창조했습니다. 그러자 제우스가 이 일을 중단시켰습니다." 니콜라스가 말했습니다. 그 인어들이 그리스어로 고르고나스Gorgonas라고 불린다는 말을 했을 때, 저는 산토리니에서 본 적이 있는 많은 인어 조각상들을 기억해냈습니다.

"삼십만 년 전에." 그가 계속 말을 이었습니다, "플레이아데스 사람들은 다른 말로 '아누나키스Anunakis'라고도 알려졌는데, 그 말은 하늘에서 지상으로 내려온 사람이라는 뜻입니다. 그 뱀, 또는 플레이아데스의 원래 형태는 지금 우리의 나선형 기둥, 즉 DNA이며 쿤달리니 에너지입니다. 인간의 몸은 신과 천사들의 형상입니다. 따라서 인간은 천사와 뱀의 결혼, 또는 저급 자아와 고차원의 자아가 결합된 것입니다.

우리 인간들은 12개의 DNA 가닥을 갖고 있고, 또는 6개의 DNA 쌍이 있다고 합니다. 그런데 적대적이고 지배적인 침입자들이 우리가 고차원의 권위자들과 소통하지 못하도록 유전공학을 이용하여 지금의 2중 나선형 DNA만 남겨두었습니다." 니콜라스가 설명했습니다. "침입자들이 우리의 DNA에 퍼부은 저주가 30

만년 후에 사라질 것인데, 그것이 2012년 12월 21일입니다. 그 때가 되면 나머지 5쌍의 DNA가 다시 우리에게 연결될 것입니다."

저는 2012년 말에 끝나는 마야의 달력을 생각했습니다. 많은 사람들은 이것이 다가오는 세상의 종말을 의미한다고 믿고 있습니다. 그러나 천사들은 저에게 항상 2012년은 시간의 끝이 아니라, 시간을 측정하는 단위가 끝나는 것이라고 확인해 주었습니다. 천사들은 손목시계를 차고 달력을 이용하는 것이 우리를 시간의 삼차원적인 환상에 가둬놓았다고 말했습니다. 우리가 시간을 기계적으로 측정하기를 그만둘 때, 모든 한계로 보이는 것들이 사라져 버릴 것입니다. 우리는 우리의 타고난 기적적인 힘에 다시 접근할 수 있게 될 것입니다.

니콜라스가 계속 했습니다, "우리가 우리의 다른 DNA와 다시 연결되기 위해 2012년까지 기다릴 필요는 없습니다. 우리는 그 제 1 창조주를 무엇이라고 부르든, 신, 영, 우주, 사랑에게 기도할 수 있습니다. 단지 당신이 제 1 창조주에게 기도를 하고 있다는 사실만 확실히 하세요. 왜냐하면 인류의 우월성을 인정하지 않는 다른 열등한 창조주들이 있기 때문입니다. 빛의 사역자들이 지구에 내려온 이유가 바로 그것입니다. 인간들이 자신의 영적인 재능과 다시 연결되도록 도와주기 위해서입니다.

단지 제 1 창조주와 연결되겠다는 의도를 붙들고만 계세요. 그러면 다 된 것입니다. 그리고 DNA의 12가닥 모두를 다시 얻게 해달라고 요구하세요. 그러면 석 달 안에 완전히 다시 얻게 될 것입니다."

아테나의 무덤

니콜라스의 말에 심취하고 있는 동안, 우리는 파르테논을 따라 길을 걸어갔습니다. 그때 니콜라스가 걸음을 멈췄습니다. "아테나의 무덤은 아테네 여인들의 조각상 아래에 있어요." 그가 말했습니다. 그의 말이 저를 깜짝 놀라게 했습니다. 대부분의 사람들처럼, 저는 아테나가 육신이 없었다고 생각했습니다. 제 생각을 읽고는 니콜라스가 말했습니다, "아테나는 육신을 가진 초인이었습니다."

저는 궁금했습니다. 이그나시우스 도넬리가 맞았을까요? 도넬리는 1882년도에 저술한 책에서 아틀란티스의 왕들과 여왕들과 고위 사제들과 여사제들이 아틀란티스가 파멸되기 전에 아틀란티스를 떠나 그리스, 로마, 켈트섬과 이집트로 가서 그들의 신성한 재능으로 신격화되었다는 이론을 만들었습니다. 도넬리는 그 문명의 신과 여신들이 실제로는 아틀란티스의 고위 계층의 사람들이었다고 믿었습니다.

저는 아주 흥미로웠습니다. 그리고 니콜라스가 저를 아테나의 무덤으로 안내했을 때, 그곳에는 철조망이 쳐져 있었고 건설 작업자들이 그 주위를 둘러싸고 있었습니다. "그들은 올림픽을 위해 파르테논을 다시 재개발하고 있어요." 그가 설명했습니다.

니콜라스는 저를 아테나의 무덤이라고 말한 곳으로 데리고 갔습니다. 그가 철조망을 들어 올려 주어 저는 스티븐과 스타브와 제리가 지켜보는 가운데 밑으로 내려갔습니다. 저의 긴 치마가 철조망에 걸렸지만 저는 개의치 않았습니다. 왜냐하면 그곳의 에너지가 저를 상자처럼 생긴 그 구조물로 끌어 당겼기 때문이었습니다.

"이봐요, 여기에 들어오면 안돼요!" 작업자 두 명이 저를 향해 소리쳤습니다. 하지만 에너지에 이끌려 저조차도 어떻게 할 수가 없었습니다.

"아무 것도 건드리지 않을게요. 잠깐이면 돼요." 저는 제가 발휘할 수 있는 최대한의 여성스러움으로 약속했습니다.

그 사람들이 머리를 절레절레 흔들며 눈길을 돌리자, 저는 마음속으로 메시지를 달라고 아테나를 불렀습니다. 그녀의 메시지가 나오자, 저는 재빨리 적었습니다.

"여자들은 감정을 통제하는 법을 배워야 한다." 그녀는 현자의 지혜가 담긴 부드럽고 사랑스런 목소리로 말했습니다. "감정은 아름다운 에너지다. 그렇기는 하지만 이 지구와 그 안에 사는 신성한 사람들이 최대한 효율적으로 조화를 이루게 하기 위해서는 적절히 자제되고 표현되어야 한다.

신성의 여성적인 본질은 남자와 여자를 둘 다 똑같이 조화롭게 하고 균형을 이루게 하는 것이다. 여자의 힘은 다정함과 보살핌에 있으며, 이것은 자신의 신성한 자아로부터 시작되어야 한다."

다른 말로 하자면, 우리 여자들은 남들에게 하듯이 자신에게 베풀어줄 필요가 있다는 것입니다.

갑자기 크고 날카로운 소리에 저는 무아지경에서 정신이 번뜩 들었습니다. 붉은 얼굴에 제복을 입은 남자가 화가 난 듯이 호각을 불면서 저에게 소리를 질렀습니다. "잡아가기 전에 얼른 나가세요!"

저는 철조망 밑으로 재빨리 빠져나와, 서둘러 그 곳을 떠났습니다. 제리가 우스갯소리를 했습니다. "해리 포터의 투명 망토를 걸칠 시간이군요!"

제6장

피타고라스와 헤르메스

박물관에서 걸어 나오면서 앞에 펼쳐진 광경에 취해 있을 때, 니콜라스가 저에게 물었습니다. "이 돌들을 이 산 위에 어떻게 올려놓았는지 알고 싶지 않으세요?" 제가 고개를 끄덕이자 그가 말했습니다. "고대인들은 음악의 힘으로 중력을 소멸시켰습니다. 사제들은 음악의 진동을 이용해서 돌을 가볍게 만들었지요.

그리스와 페르시아 사이의 전쟁에서 그리스는 수적으로 열악했습니다. 수 천 명의 페르시아 병사들이 그들을 덮쳤을 때, 그리스는 장병의 수도 아주 적었고 배도 아주 적었습니다. 그런데 그리스가 그 전쟁에서 이겼지요. 어떻게 그것이 가능했을까요?" 니콜라스가 약간 과장되게 물었습니다. "그리스인들은 음악을 이용해서 돌을 가볍게 했습니다. 그리고 피리와 마법의 주문으로 불을 만드는 법을 알고 있었지요. 그 불이 페르시아 함대로 날아가 그들을 물리쳤지요."

"그건 피타고라스의 음악 이론과 관련이 있는 건가요?" 제가 물었습니다. 바로 그때, 마치 우주가 저에게 답을 주듯이 세 마리의 나비가 날아와 앞에서 뒤얽히고 있었습니다. 저는 이것을 하나의 신호라고 받아들였습니다. 왜냐하면 고대의 그리스어에서 나비는 영혼과 같은 말이기 때문입니다. 그것이 프시케psyche입니다. 고대의 지혜는 우리의 영혼이 새로운 환생을 찾을 때 나비의 형상을 취한다고 믿었습니다.

"피타고라스는 엘로힘이었습니다." 니콜라스가 말했습니다, "인간의 형상을 한, 아틀란티스에서 온 신이었지요."

그리스 철학자 피타고라스는 직각삼각형의 빗변을 구하는 수학적 공식으로 유명하지만 그는 세상에 그 이상으로 훨씬 더 많은 것을 가져왔습니다. 철학자이자 영적인 스승이었던 피타고라스는 서기전 580년경에 사모스섬에서 태어났습니다. 그의 이름은 피톤python을 따서 지어졌는데, 그것은 태고의 뱀과 연관된 말입니다.

전설에서는 피타고라스가 아버지와 함께 이집트와 인도를 여행하면서 광범위하게 두루 배웠다고 말합니다. 그의 도덕적 규율에 배반되는 정치적인 폭동이 있은 후에, 그는 그리스를 떠나 남부 이태리로 갔습니다. 거기에서 그는 철학적이고 영적인 신비학교를 창설했습니다. 그 학교에 입학하려는 학생들은 입학이 허락되기 전에 3년 동안 검증을 받아야 했습니다. 신입생들은 침묵을 맹세하고 정치를 멀리할 것을 맹세한 채식주의자들이었습니다. (그의 규칙 "콩을 멀리하라."는 그 당시에는 사람들이 콩으로 투표를 한 것과 연관이 있습니다.) 그 학교는 외부로부터 공격을 당했고 많은 학생들이 그들의 믿음 때문에 처형당했습니다. 이 비극적인 사건의 결과 피타고라스는 스스로 목숨을 끊은 것으로 전해지고 있습니다.

몇 년 전에, 저는 아주 뚜렷하게 기억에 남는 꿈을 꾼 적이 있었습니다. 그 꿈속에서 저희 할머니 펄이 저에게 "피타고라스를 공부해라."라고 분명하게 말했습니다. 저는 할머니의 충고를 따랐고, 그리스 철학자들이 우주에 있는 모든 것은 수학적으로 정확하다고 믿었다는 것을 알게 되었습니다. 그 모든 것에는 음악도 포함되어 있었습니다. 그리고 특정한 화음과 음은 특정한 질병의 치유와 연관되어 있다는 피타고라스의 발견이 초기 그리스 병원에 음악테라피를 도입시켰습니다. 그 병원의 이름은 그리스 치유의 신 아스클레피아스의 이름을 땄습니다. 피타고라스 연구에 영감을 받아 저는 신성한 숫자 점술학을 탐구하게 되었고, 그로 인해 타로를 연구하고 사용하게 되었습니다. 저의 타로 고객들이 타로 카드의 그림을 무서워하는 것을 발견하고, 저는 무서운 이미지가 없는 천사 카드를 만들어야 할 필요성을 느꼈습니다. 그렇게 해서, 〈천사와 함께 하는 오라클 카드Healing with the Angels Oracle Cards〉가 태어나게 되었습니다.

그것으로 충분치 않았는지, 저는 소크라테스 이전의 철학자에 대한 두 권의 책을 발견하게 되었습니다. 그 책들은 모두 옥스퍼드 대학교 출판부에서 발간되었는데 피타고라스에 대한 설명이 저를 깜짝 놀라게 했습니다. "폰투스의 헤라클리데스는 피타고라스가 평소에 자신을 말할 때 한 번은 에탈리데스로 태어났었고 헤르메스의 아들로 여겨졌다고 말하곤 했다고 한다." 헤르메스는 에탈리데스에게 자기는 불사를 제외하고는 무엇이든 선택할 수 있다고 말했습니다. 에탈리데스는 살아 있을 때나 죽었을 때나, 전에 일어난 일에 대한 기억을 간직할 수 있게 되기를 요구했습니다. 그래서 그는 평생 동안 모든 것을 기억했고, 죽은 다음에는 아직도 그와 똑같은 기억을 간직하고 있었습니다. 나중에 그는 유포르부스로 태어났습니다.

〈첫 번째 철학자들The First Philosophers〉과 〈소크라테스 이전의 철학자들The Pre-Socratic Philosophers〉에는 이런 말이 있습니다.

> 유포르부스는 그가 이전에 에탈리데스로 태어났었으며 헤르메스로부터 재능을 받았다고 말하곤 했다. 그리고 그의 영혼이 여기저기 옮겨 다니며 여행한 여정과 그곳의 식물과 모든 피조물을 이야기하고, 그가 하데스에서 경험한 모든 것과 그곳에서 다른 영혼들이 겪은 경험을 모두 서술했다. 유포르부스가 죽었을 때, 그의 영혼은 헤르모티무스에게로 옮겨 갔고, 그 또한 그것을 증명하고 싶어 해서 브란키대로 가서 아폴로의 성역에 들어가 메네라우스가 거기에서 바친 방패를 지적했다.
>
> 헤르모티무스가 죽자, 그는 델로스의 어부 피루스가 되었고, 다시 어떻게 그가 이전에 에탈리데스였고, 그 다음에 에포르부스였고, 그 다음에 헤르모티무스였고, 그 다음에 피루스가 되었는지 모든 것을 기억했다. 그리고 피루스가 죽

자, 그는 피타고라스가 되어 이 모든 것을 기억해냈다.

거기에도 헤르메스가 또다시 연결되어 있었습니다!

아스클레피아스로 돌아오다

"아스클레피아스 병원과 힐링 사원이 있는 쪽으로 가보고 싶으세요?" 니콜라스가 물었습니다.

"그게 여기에 있다는 말씀이에요?" 저는 흥분이 되어 물었습니다.

"바로 저쪽에 있지요." 니콜라스가 파르테논의 언덕 뒤쪽을 가리키며 말했습니다.

니콜라스가 여유롭게 빙 돌아 우리를 안내하는 동안, 저는 힐링 사원 쪽으로 가고 싶어 안달이 났습니다. 그는 흙과 돌이 죽은 잡초와 뒤섞여 있는 언덕 쪽의 정면에서 우리를 멈추게 한 다음 "여기서 무엇이 보이시죠?" 라고 물었습니다.

저는 눈을 감았습니다. "아테네시의 아래에 두 번째 도시가 노랗고 백색빛으로 빛나고 있는 것이 보여요. 그 도시는 너무 깨끗하고 밝아요!"

"바로 맞았습니다!" 니콜라스가 말했습니다. "파르테논 밑에는 도시 밑의 도시로 이어지는 터널이 있습니다. 그것에 대해 말하는 것은 금지되어 있습니다. 왜냐하면 이 두 번째 도시의 힘은 파괴를 위해 사용될 수도 있기 때문이지요."

저는 '지구공동설'에 대해서 읽고 들은 적이 있었습니다. 그것은 영적으로 강력한 존재가 지구 밑 깊은 곳에 살고 있다고 합니다. 저는 항상 그것을 공상 과학소설로 생각해 왔었습니다. 그런데 두 번째 도시의 환영이 아주 실재적이고 완벽하게 자연스럽게 나왔기 때문에 저는 그 주제에 대해서 마음을 열어야겠다고 맹세했습니다.

"제가 비밀의 입구를 보여드리지요." 니콜라스가 소곤대는 목소리로 말했습니다, "하지만 절대로 그 위치를 공개하지 않겠다고 맹세해야 합니다."

어디로 가는지도 모른 채, 마치 스파이 소설의 등장인물인 것처럼 느끼면서, 저는 니콜라스를 따라 언덕 옆의 작은 터널로 들어갔습니다. "공동 지구는 입구가 많이 있습니다. 그리고 이곳은 그 많은 입구 중의 하나입니다. 아테네 주변에 작은 교회들이 불규칙적으로 세워져 있는 것을 보았을 거예요. 이런 교회들은 화장실보다도 작은 규모여서 세 사람이 어깨를 맞대고 서 있기도 힘들 정도이지요. 이 교회들이 사람들이 발견하지 못하게 공동 지구 입구 위에 교묘하게 지어진 것입니다."

그의 말이 마치 어떤 음모론처럼 들렸지만 저는 니콜라스가 계속하는 동안 마음을 연 채로 들었습니다. 기독교와 가톨릭이 지금 부활절이 된 오스타라와 크리스마스가 된 동지와 같은 고대 이단의 믿음과 의식을 채택한 것은 역사적인 사실입니다. 따라서 니콜라스의 말은 충분히 고려할 만한 것이었습니다.

"공동 지구에는 난쟁이, 요정, 고도의 기술지식을 갖고 있는 아틀란티스인, 플레이아데스인이 아닌 외계인 등을 포함해서 다섯 내지 여섯 종족이 살고 있습니다." 저는 니콜라스의 말에 거부감이 들면서 '이건 마치 〈반지의 제왕〉에서 나오는 말처럼 들리는데?' 라고 생각했습니다. 그런데, 다시 생각을 해보니 어쩌면 〈반지의 제왕〉이 역사적인 근거를 갖고 있을지도 모른다는 생각이 들었습니다. 또 다시, 저는 이런 개념에 그저 마음을 열고 있기로 맹세했습니다.

"공동 지구에 대해 알고 있는 사람들은 그곳에 살고 있는 존재들에 대한 존경심의 표시로 매년 칼리칸짜로이라고 불리는 봄 축제를 열고 있습니다. 그 의식은 요정이나 다른 존재를 공경합니다. 칼리칸짜로이는 죽은 자에 대한 존경을 표하는 작은 할로윈과 같다고 말할 수도 있습니다."

우리가 터널 앞에 서자, 니콜라스는 누구든 여기에 들어온 사람은 3차원적인 존재에서 4차원적인 존재로 변형된다고 설명했습니다. 그는 터널이 지구를 가로지르고 있는 에너지선인 소용돌이와 레이라인(ley lines 역자주: 선사 시대나 고대의 길을 따라 나 있다고 믿어지는 가상의 선. 초자연적인 힘이 있는 것으로 여겨짐) 에 연결되어 있다고 말했습니다.

스타브가 터널을 바라보고는 숨이 턱하고 막히듯이 말했습니다, "어제 명상하는 동안, 이것과 똑같은 터널 속으로 들어가는 형상을 보았어요!"

결국 니콜라스의 안내를 따라 몇 겁처럼 보이는 시간 동안 서다 가다를 반복한 후에 우리는 힐링 사원에 도착했습니다.

"신을 벗으세요." 니콜라스가 말했습니다. 고대 아틀란티스의 돌 위에 맨발로 서자, 제 발을 통해서 에너지가 올라오는 것이 느껴졌습니다. 그리고 쿤달리니 에너지가 뿌리 차크라로부터 크라운 차크라까지 통하는 것이 느껴졌습니다.

힐링 사원이 있던 곳을 이리저리 걸어가는데 눈물이 나기 시작했습니다. 돌벽과 기초의 유적이 있는 곳에 서있으면서, 저는 과거로 시간 이동을 했습니다. 정원이 포도 넝쿨과 색색의 노래하는 새들과 아침의 찬란함으로 넘치고 있었습니다. 힐링 사원은 제가 스카로스에서 퇴행을 했을 때 보았던 것과 아주 똑같이 산의 밑 부분에 있었습니다.

"이곳이 아틀란티스의 힐링 사원이 있던 곳 중의 하나입니다." 니콜라스가 말했습니다. "아스클레피아스 병원은 나중에 그 위에 지어졌지요. 아틀란티스의 시절에는 결혼을 하지 않은 여사제들이 제의의식과 피라미드, 빛, 색깔, 그리고 올리브오일을 사용하여 힐링을 했습니다."

니콜라스가 제가 아틀란티스 시절로 전생퇴행을 했을 때와 정확하게 똑같이 설명하는 것을 듣고, 저는 소름이 돋았습니다. "그것을 어떻게 아셨죠?" 너무도 궁금해서 제가 물었습니다.

"제가 그 힐링 사원의 고위 사제였거든요." 그가 침착하게 대답했습니다. 저는 그를 뚫어지게 바라보았습니다. 제가 그를 즉시 알아본 것도 놀랄 일이 아니었습니다. 그리고 그의 행동 몇 가지가 사랑스러웠던 것도, 그리고 일부가 저를 짜증나게 했던 것도 놀랄 일이 아니었습니다 – 결국 그가 바로 그 영혼이었습니다!

"아틀란티스 이후에, 저는 서사시인 오미로스였습니다." 니콜라스가 말했습니다. "제가 쓴 글에서 성스런 비밀을 누설한 죄로 저는 사제들로부터 눈이 멀게 되는 처벌을 받았습니다." 오미로스는 〈일리아드 오딧세이The Iliad and The Odyssey〉를 쓴 시인 호머의 고대 그리스식 이름이었습니다. 이 책은 그리스 철학은 물론 신과 여신들에 대한 정보로 이뤄져 있습니다. 이제 니콜라스가 비의의 정보를 말해주면서 익명으로 남기를 원하는 이유가 이해되었습니다. 그의 영혼은 영적인 비밀을 가르친 벌로 눈이 멀게 된 그 고통을 기억했고, 깊은 내면에서 그런 일이 다시 일어나지 않을까 두려워했던 것입니다.

저는 니콜라스와 저희 그룹의 다른 멤버들에게 혼자 있을 시간이 필요하다고 말하고는 힐링 사원의 정원 구석으로 가서 메모지를 들고 앉았습니다. 그 뒤로 제가 알게 된 것은 제가 시간의 과거로 이동되었고, 다음과 같은 글을 썼다는 것입니다.

저는 깊은 사랑이 솟구쳐 올라오는 것을 느끼면서 힐링 사원 안에 있습니다. 힐링의 진수는 다른 사람의 고통과 불행에 대한 연민과 은총입니다. 아픈 사람의 고통을 느끼면서 그 사람과 연결되세요. 그리고 그를 북돋아 주세요. 당신이 먼저 그 사람의 실재 속에서 그와 연결되지 않으면 당신은 그를 북돋아 줄 수 없습니다. 그가 잠시 자신의 실재 속에 있도록 하세요. 그런 다음 어머니가 우는 아이를 안아주고 북돋아주고 얼러주는 것처럼 그 사람의 마음에 용기를 북돋아 주세요.

이렇게 쓰면서, 저는 생각했습니다. '여기에 내 과거의 기억들이 너무도 많이 있어!' 그리고는 오래 전의 그 아름다웠던 곳이 색 바랜 나무와 갈색의 풀과 죽음으로 채워진 것을 깨닫고는 슬퍼졌습니다. 하지만 힐링 사원의 기도가 흙 안에 아주 깊이 스며들어 있어 그 진정한 아름다움은 결코 없어질 수 없었습니다. 아틀란티스의 돌에 가득 채워진 사랑은 허구가 아니었고 깊고 또 영원했습니다.

저는 용과 거대한 수인이 아틀란티스를 이리저리 다니는 환영을 보았습니다. 그리고는 이집트의 스핑크스가 그 모습을 본 딴 것이라는 것을 깨달았습니다. 아틀란티스의 문화는 그리스, 인도, 이집트, 그리고 어쩌면 인도네시아, 남아메리카, 멕시코까지 포함하여 광범위하게 퍼져나갔습니다. 아틀란티스가 침몰하자, 사람들은 이런 나라들로 이주를 했고 그들의 지혜와 전설과 지식을 퍼뜨렸습니다.

저는 전설 속의 미노타우루스(고대 그리스 신화에서 나오는 사람의 몸에 소의 머리를 한 괴물)를 보았습니다. 그것은 사실이었습니다! 저는 아크로티리 유적지에서 건물에 소뿔이 조각되어 있는 것을 기억해냈습니다. 그리고 아틀란티스의 거리에 있는 소에 대해서, 그리고 그 소들이 신을 기쁘게 하고 달래기 위해 어떻게 희생되었는지 플라톤이 한 말을 떠올렸습니다.

빛 속에서

저의 환상이 현실로 다시 돌아온 후, 스타브, 제리, 니콜라스, 조지, 하리티나와 저는 힐링 사원을 빙 둘러 손을 잡고 둥근 원을 만들었습니다. 그리고 친구들에게 제가 전생퇴행에서 보았던 의식을 함께 해달라고 부탁했습니다. 우리는 전에 크리스탈 피라미드가 서 있었던 곳에서 원을 그리고 서서 그 빛 속에 우리의 손을 내놓았습니다. 그리고는 그 빛을 손에 쥐고 우리 가슴에 손을 얹었습니다.

피라미드 가운데에 있는 눈은 사랑으로 넘치는 소용돌이였습니다. 그것은 더 높은 자아가 신과 하나가 되는 다차원적인 표현이었습니다. 저는 전생퇴행을 회상하면서 그 빛이 헤르메스로부터 오는 것을 기억해냈습니다. 저는 이 헤르메스의 빛이 지하 에너지의 소용돌이로부터 솟아오르는 것을 보았습니다. 땅 밑의 레이라인이 피라미드의 바닥에 빛을 쏘아주고 있었고, 위에서는 햇빛이 피라미드를 향해 밑으로 빛을 쏘아주었습니다. 이 빛이 중간에서 만나 푸른 눈이 사방으로 홀로그램의 형태로 쳐다보았습니다.

우리가 본 것을 서로 비교해 보니, 공통분모는 우리 모두가 피라미드 안에 우유 색깔의 백색빛이 있는 것을 보았다는 것이었습니다. 이것은 우리가 산토리니에 있을 때 안드레스가 말했던 것을 생각나게 했습니다. 백색빛은 우주의 젖이라는 것이죠. 저 자신의 경험상 백색빛은 지적이고 사랑이 넘치고 살아있는 실재였습니다. 우리가 우리 자신이나 사랑하는 사람, 또는 소유물을 백색빛으로 둘러쌀 때, 우리는 정말로 천사들을 부르고 있었던 것입니다. 백색빛이 우리 자신의 진정한 본질이고 실체였기 때문에 백색빛과 사랑은 모든 삶의 기본이었습니다.

그때, 이런 생각이 떠올랐습니다. '만일 뱀이 천사들과 하나가 된다는 니콜라스의 이론이 옳다면, 천사들은 사랑을 상징하고, 뱀들은 빛을 상징할 수 있는 것이 아닐까?' 어찌 되었든, 뱀은 생존을 위해 햇빛과 열이 필요한 진동하는 존재였습니다. 그리고 천사들은 사랑의 순수한 존재가 아니었나요? 어쩌면 빛 더하기 사랑이라는 우리의 본질이 이 공식과 힐링을 일치시킨 이유였을지도 모릅니다. 빛 더하기 사랑이 우리의 원래 모습이었습니다. 그리고 우리의 본질은 이미 치유되었고, 전체이며 모든 면에서 완벽합니다. 빛과 사랑을 부를 때, 우리는 실제로 우리의 상위 자아가 내려와서 모든 질병과 어둠의 환상을 물리쳐달라고 부르고 있는 것입니다.

니콜라스가 걸어와 스티븐과 제 옆에 앉았습니다. 제가 미노타우루스가 힐링 사원 주변을 걷고 있었던 환상에 대해서 이야기해주었습니다. 니콜라스가 말했습니다. "미노스 왕이 지배했던 크레타섬에는 미노타우루스라고 알려진 피조물이 있었습니다. 미노스 사람들은 소를 달의 여신의 상징으로 숭배했습니다. 왜냐하면 소뿔이 초승달의 모습이기 때문입니다. 이집트의 여신 이시스는 머리 장식에 소뿔을 하고 있었습니다. 그녀 역시 반달과 연결되어 있었기 때문입니다."

저는 반달에 보름달과 초승달 이상의, 제가 알아야 할 어떤 신비로운 힘이 있을까 궁금했습니다. 특히 제가 소와 관련이 있는 황소자리 여인이라는 사실을 전제하고 말이지요. 저는 나중에 U자 모양의 소뿔 속에 있는 반달이 힘의 표시라는 것을 발견했습니다. 그것은 소처럼 목표에 두려움 없이 도달하기 위해 앞으로 나아가는 황소자리의 표시입니다. 소뿔과 초승달은 물건을 들어 올리는 지게차와 유사하게 물질화 현상의 결과들을 모아들입니다.

니콜라스의 말은 여신의 상징들이 어떻게 악마로 만들어지고 박해를 받았는지 상기시켜 주었습니다. 예를 들어, 일 년에 13번의 달 주기는 13이라는 숫자가 불행의 상징으로 여겨지게 만들었습니다. 여자들은 일 년에 13번의 생리를 합니다. 달과 여신의 상징인 소들이 아틀란티스에서 희생물이 되었던 이유가 그것이 아닐까요? 그토록 진화된 사회조차도 여자의 힘을 두려워했을까요?

제 느낌을 니콜라스에게 설명하자 그가 말했습니다, "아틀란티스는 13이라는 숫자를 근본으로 하는 숫자 체계가 있었습니다. 13은 당신도 알다시피 여성의 숫자입니다. 우주는 13개가 있고 아틀란티스의 컴퓨터는 13이라는 숫자의 작용에 기초했었습니다." 그래서 아틀란티스는 호텔에서 13층을 제외시킨 우리의 현재 시스템보다 더 여성에게 진보적이었습니다!

니콜라스는 계속했습니다, "힐링 사원에서, 여사제들은 소용돌이가 더 강력하게 열리도록 노래를 부르곤 했지요." 그리고는 제가 전생퇴행에서 아틀란티스에서 불렀던 것과 똑 같은 노래를 부르기 시작했습니다! 스티븐과 저는 제 전생퇴행이 사실이었다는 것을 말해주는 또 하나의 확실한 증거에 놀라 서로를 쳐다보았습니다.

"그 노래는 혹시라도 악용할 수 있는 사람에게는 가르치지 말아야 합니다." 니콜라스가 경고했습니다. "만일 그들이 그 노래를 알게 된다면, 그들은 여러 차원에서 많은 존재에 해를 끼칠 수 있는 힘을 발견하게 될지도 모릅니다." 그는 미소를 지으며 또 말을 이었습니다, "그러나 일반적으로 노래를 부르는 것은 우리 모두에게 치유의 효과를 가져다줍니다. 그리고 우리의 치유 능력을 확실하게 증가시켜 줍니다."

그날 밤, 스티븐과 제가 호텔 방에서 해가 지는 것을 지켜보고 있을 때, 천사들이 말했습니다. "일몰을 바라보는 것은 그 아름다운 색깔로 즐거운 느낌을 불러일으키기만 하는 것이 아니다. 일몰은 당신을 색깔 있는 빛으로 감싸 당신의 낮은 차크라를 활성화시켜, 당신이 접지할 수 있게 도와준다. 저녁에 사람들이 자신을 이완시키기 위해 음식, 음료, 섹스와 같은 낮은 차원의 차크라를 이용하는 이유가 바로 그것이다. 일몰의 빛 속에 휩싸임으로써, 당신은 당신 자신을 접지시키는 방법으로 더 자연스럽게 활성화될 수 있다. 일몰을 바라보고 밖에 나가 그 빛 속에 휩싸여 있는 것, 아니면 최소한 유리를 거치지 않고 일몰의 빛 속에서 머물 수 있게 열린 문이나 창문 옆에 있는 것은 매우 중요한 일이다.

달빛과 별빛은 제3의 눈과 목 차크라를 포함하여 오라장의 늦은 밤 차크라를 활성화시킨다. 그 차크라들은 이 오라장의 일부이며 꿈을 꾸는 동안 치유에 사용될 수 있다. 이 과정은 꿈을 꾸는 동안 영의 지시를 받는 것을 포함한다. 일출의 빛은 낮 동안의 영적인 직관의 감각과 에너지 수준을 깨우기 위해 가슴 차크라를 활성화시킨다. 대낮의 햇빛은 당신의 상위 차크라와 하위 차크라가 서로 동시에 소통하도록 유지시켜준다."

천사들의 말을 들으면서 저는 마음속으로 햇빛의 치유 효과를 더 철저히 조사해야겠다고 다짐했습니다. 저는 햇빛에 대한 건강의 두려움이 우리의 힘을 억누르는 것이 아닌지 궁금해졌습니다.

저는 섬 생활에 대해 생각해 보았습니다. 스티븐과 저는 하와이의 섬에서 많은 시간을 보내면서, 그 작은 섬들이 모든 사람들에게 일출과 일몰이 바닷물에서 반사되어 올라오는 것을 볼 수 있는 경험을 제공해주고 있다는 사실을 발견했습니다. 물이 비춰주는 반사가 명료하고 밝은 오렌지, 빨강, 핑크, 자주, 노란색깔로 휘황찬란한 일몰을 만들어냈습니다.

어린 '크리스탈 아이들'이 달과 해와 별에 그렇게 매료되는 이유가 바로 그것입니다. 제가 〈크리스탈 아이들〉을 쓰기 위해 조사를 하는 동안, 수도 없이 많은 부모들이 자기들 아이들이 어떻게 달을 뚫어지게 쳐다보면서 시간을 보내는지 알려주는 편지를 보내왔습니다. 한 여인은 보름달이 떴을 때 딸아이를 데리고 밖에 나오자 자기 딸이 생전 처음으로 한 말이 달이었다고 말했습니다.

자연광으로부터 멀어져 실내에만 있는 것이 아이들이 학교를 싫어하는 또 하나의 이유가 아닐까요? 연구결과에 의하면 평균적인 교실의 형광등이 대부분의 학생들에게 낮은 수준의 불안과 집중력 문제를 야기하는 속도로 깜박거린다고 합니다.

저는 새 교실에서 제가 최근에 가르친 영매의 능력과 멘토의 역할에 대해서 생각해 보았습니다. 제가 전에 자연광이 제한되어 있는 호텔 볼룸에서 가르쳤던 일이 있었는데, 그 이후로는 캘리포니아의 라구나 해변에 있는 호텔로 옮겼습니다. 그곳은 교실이 마루에서 천장까지 바다를 내려다 볼 수 있는 유리로 완전히 둘러싸여 있었습니다. 우리는 대부분 신선한 공기가 들어오도록 문을 열어 놓았고, 햇빛이 충분히 방 안을 비추었기 때문에 불은 항상 끈 상태로 놔두었습니다.

그 방에서 가르치고 난 뒤에 제 에너지 수준의 차이는 엄청났습니다. 전에는 하루가 끝날 즈음에 보통 피곤을 느끼곤 했지만 지금은 자연광과 신선한 공기로 가득 찬 환경 속에 있음으로써 생기를 되찾고 에너지가 넘치는 것을 느끼고 있습니다.

빛의 터널

스티븐과 저는 그날 밤 잠을 푹 잤습니다. 아침에 일어나자 우리 둘 모두가 날아다니는 꿈을 꾼 것을 알게 되었습니다. 그런데 저는 그 꿈 이외에도 생각을 해볼 만한 다른 꿈도 꾸었습니다.

꿈속에서 저는 어릴 적에 가장 친한 친구였던 아니타와 누군지 잘 생각이 나지 않는 사람들과 함께 있었습니다. 우리는 모두 어쩔 줄 모르고 있었는데, 이유는 우리 집과 도시의 하수도관이 막혔기 때문이었습니다. 그런데 아니타가 용감하게도 하수도관에 들어가 막힌 곳을 뚫어보겠다고 나섰습니다.

아니타가 위험을 무릅쓰고 밑으로 내려갔을 때, 우리는 모두 그녀를 걱정했습니다. 다행히도 아니타는 몇 분 후에 얼굴에 활짝 미소를 지은 채 올라왔습니다. 그녀는 전혀 물에 젖지도 않았고 흙을 묻히지도 않았습니다. 오히려 이렇게 소리쳤습니다, "와, 밑에 도시 하나가 있어! 내가 여태껏 본 것 중에서 가장 아름다웠어!" 그 꿈은 니콜라스가 저에게 보여준 터널의 상징성에 주의를 기울일 필요가 있다는 것을 보여주었습니다. 저는 우리가 뱀에 대해 대화한 내용과 그 터널 사이의 유사성을 생각해 보았습니다. 왜냐하면 터널이 뱀처럼 생겼기 때문이었습니다.

저의 생각은 제가 1996년도에 보았던 한 환영으로 돌아왔습니다. 제가 영능력 개발을 가르치고 있었고 학생들이 서로 리딩을 해주고 있는 동안, 저는 눈을 감고 과거로 이동한 적이 있었습니다. 저는 그 때 인류가 살기 이전의 지구를 보았습니다. 사방이 온통 물이었습니다. 그리고 저는 물 표면에 떠있었습니다. 저는 제가 관처럼 생긴, 외발달린 곤충이라는 것을 깨달았습니다.

"괜찮으세요?" 한 학생의 목소리가 저를 환상에서 깨어나게 했습니다.

"그래, 난 전생 기억을 하고 있었어." 제가 대답했습니다.

“그렇군요, 그런데 아주 유쾌한 것은 아니었나 봐요.” 그 학생이 말했습니다. “마치 고통스러운 듯한 표정이었어요.”

저는 그 광경과 그 환상에 연관된 느낌을 결코 잊지 못할 것입니다. 아테네 호텔의 발코니에 앉아 바다를 바라보면서 저는 생각했습니다. ‘어쩌면 뱀이나 벌레가 지구에 살았던 첫 번째 생물이 아니었을지도 몰라. 어쩌면 임사체험에서 경험하는 터널 같은, 에테르 관이었을지도 몰라. 이 터널은 물질세계와 정신세계를 이어주고 있어.’

어차피, 우리는 질의 관을 통과해서 태어나지 않나요? 출생 시 탯줄은 잘려지고 대신 육체적인 몸에 연결된 영혼을 잡아주는 실버관으로 대체됩니다. 그리고 제가 하는 영적인 힐링 작업의 많은 부분이 두려움의 사념체인 에테르 코드를 자르는 것을 포함하고 있습니다.

이 에테르 터널은 억겁의 오랜 세월 이전에 굳어져서 지금의 척추와 나무줄기의 본질을 형성했을지도 모릅니다. 어쩌면 꿈속에서 보았던 하수도관이 생명의 근원을 표현한 것이었을지도 모릅니다. 아테네의 공동 지구로 난 터널이 그것을 표현한 것처럼 말이지요.

저는 이렇게 생각해보았습니다. ‘척추가 우리의 내면에 있는 빛의 도시로 가는 터널일까? 내면에 있는 왕국, 천국으로 가는 다리일까? 우리 중의 많은 사람들이 명상하는 동안에 등에서 쿤달리니 에너지라고 알려져 있는 치솟는 듯한 감각을 경험하는 것이 이 이유 때문인가?’

등의 질환이 영적인 막힘을 표현한다는 뜻일까요? 저는 척추를 통해서 빛을 보내는 것을 심상하기 시작했습니다. 그리고 이 수련을 계속하기로 결심했습니다. 전에는 빛을 제 몸의 중심에만 통과하도록 보내곤 했었습니다.

척추가 뱀의 몸이고, 머리가 연수라고도 알려진 파충류의 뇌일 수 있을까요? 파충류의 뇌가 아직도, 포식자를 공격하여 우리의 몸을 보호하려는 본능을 포함해서, 우리의 오래된 본능으로서 작용할 수 있을까요? 그리고 만일 우리의 뱀 본질이 상위의 천사 본질과 합쳐진 것이 사실이라면, 방어를 위해 주먹을 휘두르는 오래된 본능이 아직도 필요할까요? 저는 예전에 공격적인 행동을 하고는 그 뒤에 후회한 적이 있는 것을 떠올렸습니다. 이것이 신화에서 묘사했듯이 저의 악마와 천사가 투쟁한 것이었을까요? '뱀'이나 '벌레'라고 불리면 치욕스러워 하는 것이 이런 이유 때문일까요?

저는 우리가 위험을 느꼈을 때 습관적으로 천사를 찾는 본능을 계속 유지할 수 있을지 궁금했습니다. 저는 불교 승려들이 스트레스 상황에 있을 때 생리적인 생명의 징후가 흔들리지 않는다는 과학적 연구를 생각해냈습니다. 과학자들은 승려들의 명상 수행이 흔들리지 않는 심리상태를 만들어냈다고 결론을 내렸습니다. 어쩌면 우리 모두는 규칙적인 명상을 통해서 그와 유사한 평화로운 상태를 얻을 수 있을지도 모릅니다.

시간 걱정 없이

산토리니에 있는 동안 저는 그리스 사람들이 일정이나 시간에 대해서 느긋하다는 것을 알게 되었습니다. 천사들의 말에 따르면 이것은 건강한 태도입니다. 왜냐하면 시간을 측정하는 습관은 우리를 삼차원의 한계 속에 묶어두기 때문입니다.

토요일 아침의 아테네 워크샵은 15분 떨어진 곳에서 9시 30분에 시작되는 일정이었습니다. 그래서 조지가 "차가 9시 30분에 와서 당신들을 태우고 워크샵 장소로 갈 것입니다."라고 말했을 때, 스티븐과 저는 놀랐습니다.

"그리스의 워크샵은 절대로 제 시간에 시작하지 않지요." 제가 할 말을 잃고 물어보지도 못하고 있자 조지가 대답했습니다.

다음 날 아침, 스타브, 제리, 스티븐과 저는 호텔 입구에서 차를 기다렸습니다. 차는 9시 35분에 도착했습니다. 스티븐은 우리가 지각하게 된 것에 약간 긴장하고 있었습니다. 왜냐하면 시간 약속을 지키는 것이 그에게는 중요한 일이기 때문이었습니다. 저는 언제나 그의 성실성에 감탄하고 있었습니다. 하지만 저는 다른 곳과 비교되는 그리스의 문화 차이를 즐기면서 더 느긋해하고 있었습니다.

가는 길에, 저는 네스카페 커피와 여러 종류의 담배를 광고하는 광고판을 수도 없이 보았습니다. 대부분의 유럽인들처럼 그리스인들도 줄담배를 피우는 것 같았습니다. 우리가 워크샵 장소에 도착했을 때, 강당은 비어 있었고, 300명 정도 되는 참가자들이 카페테리아에서 담배를 피우며 커피를 마시고 있었습니다.

'저들이 이렇게 기호품을 즐기며 들떠있는데 어떻게 영능력 개발을 가르치지?' 저는 걱정이 되었습니다. 하지만 곧 대천사 미카엘에게 그 두려움을 처리해 달라고 맡겨 버렸습니다.

조지는 워크샵이 곧 시작된다고 방송으로 알렸고 제가 잠시 쉴 수 있고 개인 물품을 놓아 둘 수 있는 사무실로 안내했습니다. 그때가 이미 10시 10분이었습니다. 그러나 아무도 이벤트가 늦게 시작되는 것에 대해 얼굴을 찡그리지 않았습니다.

강당 위쪽에 있는 부스에서 한 남자와 한 여자가 제 말을 통역했습니다. 그들의 통역은 영어를 이해하지 못하는 약 4분의 3정도 되는 사람들에게 이어폰으로 전달되었습니다. 통역은 제가 말하는 것과 거의 동시에 이루어졌습니다. 그래서 저는 평소보다 약간 느리게, 하지만 끊어지지 않게 말을 해야 했습니다. 이것은 작년에 안젤리카라고 하는 통역자와 함께 여행하면서 독일에서 한 강의와 상반되었습니다. 그때 우리는 번갈아가며 말을 했습니다. 제가 영어로 말을 하고 멈추면 안젤리카가 제 말을 독일어로 통역했습니다. 이런 통역 방식은 두 배나 시간이 걸리게 했습니다. 특히 청중 중에 영어를 이해하는 사람들이 안젤리카의 단어 선택에 대해서 시비를 걸었기 때문입니다!

참가자들은 사랑스런 사람들이었습니다. 그들은 천사들의 메시지를 보고 들으려고 진정으로 가슴을 열었습니다. 그들이 짝을 이뤄 엔젤 리딩을 하고 있는 동안, 저는 계단으로 그들 사이를 지나다니면서 그들 가슴 속의 기쁨과 믿음과 사랑이 성공적인 리딩을 북돋아주고 있는 것을 보았습니다.

스타브와 제리는 질문이 있는 사람들을 도와주었고, 스타브는 워크샵이 끝난 뒤에 약간의 비용을 받고 개인적인 리딩을 해주기로 했습니다. 그러자 그녀의 일정이 순식간에 꽉 찼고, 아직도 열 명이 넘는 사람들이 리딩을 받고 싶어 했습니다. 그러자 그리스어를 못하는 제리가 통역을 써서 그 사람들에게 엔젤 리딩을 해주었습니다. 스타브와 제리는 3일 동안이나 엔젤 리딩이 예약되었습니다! 그것은 힘든 일이었고 많은 헌신이 필요했습니다. 하지만 저는 이런 방식으로 자신의 고국에 무엇인가 돌려주는 것이 스타브에게는 중요한 일이었다고 느꼈습니다. 무엇인가 깊은 것이 그녀를 위해 치유를 하고 있었습니다.

스티븐과 저는 제 시간에 호텔로 돌아와 해가 질 무렵 그리스에서의 마지막 저녁을 즐겼습니다. 다음 날 아침, 우리는 런던으로 갔습니다. 거기에서 스티븐과 저는 워크샵을 하고, 서점 행사에 출연하기로 되어 있었습니다. 스티븐은 여행 내내 디제리두(아주 긴 피리같이 생긴, 호주 원주민의 목관악기)를 가지고 다녔습니다. 그것은 나무 가지 속을 파내어 만든 호주의 목관악기입니다.

스티븐은 그것을 까만 천으로 된 케이스에 넣고 다녔는데, 항상 공항 경비로부터 그 케이스 안에 무엇이 들었는지 질문을 받았습니다. 아테네 공항도 다르지 않았습니다. "이게 뭐지요?" 라고 안전요원이 물었을 때, 저는 평소에 하던 대로 "피리에요."

라고 대답했습니다. 그 대답은 그 악기에 친숙하지 않는 사람들에게 그 생소한 악기를 설명하는 지름길 같은 것이었습니다. 그러면 스티븐은 언제나 이렇게 말하면서 제 말을 정정했습니다, "아니에요, 그건 디제리두에요." 그는 다양한 문화의 원주민 악기를 소개하는 것을 즐기는 듯이 보였습니다. 어떤 공항에서는 경비원이 그에게 그것이 악기라는 것을 증명할 수 있게 디제리두를 연주해 보라고 요청한 적도 있었습니다. 그것은 스티븐이 기꺼이 복종하는 유일한 일이었습니다.

제7장

마법의 나라

히드로 공항에 내리면서, 저는 영국에서 시간을 보낸다는 생각에 흥분되었습니다. 왜냐하면 영국은 항상 저에게 마술 같고 마법에 걸린 나라처럼 보였기 때문입니다. 이 나라는 성과 백조, 수양버들, 완만한 초원, 화려한 건축물, 야생화로 가득 찬 아름다운 정원 그림이 있는 동화책을 연상하게 합니다.

헤이 하우스 영국의 사장 메간 슬라이필드와 마케팅 임원 조 랄이 공항에서 우리를 반겼습니다. 그것은 일요일 아침 대부분의 사람들이 잠을 자고 있을 시간이라서 두 사람은 직무의 범위를 훨씬 넘어선 일을 하고 있는 것으로 보였습니다. 그렇게 그곳에 머무는 동안, 메간과 조는 그들이 함께 일하고 있는 작가들에게 얼마나 열성적으로 헌신하고 있는지를 보여주었습니다.

워크샵 첫째 날 저녁에 우리는 메간과 조, 그리고 헤이 하우스 영국 편집장 미셸 필레이와 출판 보조 엠마 콜린스를 만났습니다. 미셸은 오래 전부터 뉴에이지를 배우고 있는 학생이자 탐구자입니다. 저는 이렇게 생각했습니다. '내가 영국에 있으면 모든 것이 항상 옳게 느껴진다.' 그때 저는 궁금해졌습니다. '왜 어떤 장소에서는 그렇게 느껴지고 다른 곳에서는 그렇지 않을까?'

그날 밤 저는 성 제임스 성당에서 강연을 했습니다. 그곳은 파이프 오르간과 발코니가 완벽하게 갖춰진 아름답고 오래된 빅토리아 시대의 건축물이었습니다. 그 이벤트는 스티브, 톰, 그리고 리차드라는 자비심 많은 세명의 사람들이 운영하는 비영리 영적 조직인 얼터너티브스의 후원을 받고 있었습니다.

제 강연은 정확히 7시에 시작하게 되어 있었습니다. 그리고 얼터너티브스가 그 성당을 8시 반까지 쓸 수 있었기 때문에 워크샵은 빨리 시작할 필요가 있었습니다. 시작하기 2분 전, 톰은 자기 손목시계를 쳐다보며 청중들에게 저를 소개하기로 한 시간이 될 때까지 초를 세기 시작했습니다. 시작 시간에 느긋했던 그리스인들의 태도와 얼마나 대조가 되던지요!

저는 그리스가 햇빛이 많은 곳에 위치하고 있다는 것이 영국의 상대적으로 구름이 많은 하늘과 비교할 때 시간을 엄수하는 태도에서 차이를 만드는 것인지 궁금했습니다. 저는 하와이에서 어떻게 시간 약속이 '섬시간'에 따라서 느긋하게 지켜지는지 생각해 보았습니다. 섬시간이란 말하자면 3시 약속이 4시 반까지도 지켜지지 않을 수도 있다는 뜻입니다. 햇빛과 따뜻한 기후가 시간에 대해서 더 이완된 태도를 만들었을까요? 그리고 천사들이 시간 측정이 한계를 만들어냈다고 말했는데, 이것이 천사들이 저와 논의했던 것처럼 햇빛의 좋은 점을 지칭하는 것일까요? 워크샵은 정시에 시작해서 정시에 끝났고, 사람들은 모두 기뻐했습니다.

둘째 주에 스티븐과 저는 미셸과 메간과 함께 글래스턴베리라는 신비로운 영국의 남쪽에 있는 도시로 가기로 했습니다. 미셸은 글래스턴베리의 구전과 영적인 경향을 아주 잘 알고 있었습니다. 그래서 그날 저희를 안내했습니다. 그 곳으로 가는 도중에 영국 밑으로 흐르는 레이라인에 대해서 말했습니다. 일전에 소개를 했듯이 레이라인은 땅 속의 영적인 힘줄 같이 작용을 하는 지하의 에너지 라인 또는 에너지 격자판입니다.

"우리는 오늘 글래스턴베리 바위산을 오를 거예요." 미셸이 말했습니다. 바위산은 산 모양을 한 봉분입니다. "콘월에 있는 땅끝 반도의 성 미카엘 봉에서부터 시작해서 글래스턴베리 바위산 꼭대기에 있는 성 미카엘 성당까지 강력한 레이라인이 있습니다. 대천사 미카엘에게 바쳐진 모든 성스런 장소들이 직선으로 연결되어 있는데, 우리는 그것을 '엔젤라인Angel Line'이라고 부르지요. 바위산 밑에는 미카엘의 레이라인과 교차하는 마리아 레이라인으로 불리는 레이라인이 있는데, 그것이 에너지를 더해줍니다." 미셸이 설명했습니다. 그녀는 계속 엔젤라인이 직선인 반면에 마리아라인은 꼬불꼬불 구부러져 있어 '뱀 레이라인'으로 불린다고 말했습니다.

저는 또 다시 천사와 뱀이 연결되는 이야기를 듣고 놀랐습니다! 그리고 천사들은 남성 에너지로 분류되고 뱀은 여성에너지로 분류된다는 사실이 가장 흥미로웠습니다. 그것은 이브를 유혹했고 인간의 타락에 최종적인 책임이 있는 에덴동산의 뱀을 상기시켰습니다.

제가 이런 생각을 미셸, 메간, 스티븐과 논의하고 있을 때, 미셸이 덧붙였습니다, "사실 글래스턴베리 바위산에 있는 성 미카엘 성당으로 가는 길은 두 가지가 있어요. 하나는 직선이면서 더 빠른 길이고, 다른 하나는 뱀 같이 바위산 주위를 빙 둘러 있는데, 더 오래 걸리고 오직 여자들에게만 허용되는 길이지요. 바위산을 오르면서 걷기 명상을 하는 데에 아주 멋진 길입니다."

자동차 사고가 있어 차들이 서서히 가더니 이제는 아주 기어가고 있었습니다. 앰뷸런스와 견인트럭이 도착하자 교통은 완전히 막혔습니다. "봐요!" 스티븐이 말했습니다, "저기에 스톤헨지가 있어요!" 다른 길로 우회하여 서서히 운전하는 바람에 우리는 고대의 입석 앞에 오게 되었습니다. 우리가 교통 때문에 이리로 오게 되었고, 그래서 스톤헨지의 아름다움에 빠져있을 수 있게 된 데에는 이유가 있었다는 생각에 우리 모두가 동의했습니다.

"스톤헨지는 미카엘 레이라인 위에 있습니다." 미셸이 설명했습니다. 저는 이 말을 제가 산토리니에서부터 쭉 갖고 다니던 잡지에 적었습니다. 저는 그녀가 나눠주고 있는 정보에 매우 감사했습니다.

아발론 섬

글래스턴베리로 가는 도중, 저의 호흡이 빨라졌습니다. 이것을 알아차리고는 미셸이 말했습니다, "글래스턴베리는 세상의 '가슴 차크라'라고 불립니다. 여기에는 그럴만한 이유가 있지요. 그렇게 생각하지 않으세요?" 그곳은 확실히 마법의 땅이었습니다. 스티븐과 제가 매년 그곳으로 오는 이유 중의 하나이지요. 대수도원이라고 알려진 부분적으로 폐허가 된 오래된 성당에는 아더 왕과 기네비어 왕비가 나란히 묻혀 있다고 표시된 비석이 있습니다.

글래스턴베리의 낭만적이고 신비로운 특성과 매력적인 상점들 그리고 자연의 경이로움은 아더 왕, 마법사 멀린과 대천사 미카엘을 상상하기 쉽게 만들어 주었습니다. 전설은 아더 왕 이야기와 〈아발론의 안개〉로 유명해진 아발론 섬이 글래스턴베리에, 애비 바로 뒤에 위치해 있다고 말합니다.

"그래요, 글래스턴베리에 있으면 가슴이 열려요." 천연의 힐링 샘이 있는 식물원 찰리스 웰스 주차장에 들어가면서 제가 동의의 뜻을 표시했습니다. 예수의 삼촌 아리마대의 요셉이 성배를 아발론 섬에 가져왔습니다. 글래스턴베리에 도착했을 때, 그는 땅 속에 나무로 만든 지팡이를 묻었습니다. 그 지팡이가 찰리스 웰스에 뿌리를 내려 매년 크리스마스 즈음에 꽃을 피우는 가시나무로 자랐습니다. 그 나무의 품종은 정상적으로는 오직 중동에서만 발견되었습니다. 그 신성한 가시나무 옆에 샘이 두 개가 있습니다.

하나는 붉은 철분이 가득한 샘이고 다른 하나는 맑은 물로만 된 샘입니다. 그곳을 방문하는 여행객들이 그 샘에서 물을 마시고 병이 나아, 그 샘은 치유력이 있는 것으로 명성이 났습니다.

우리는 찰리스 웰스에 저희만 있는 것을 알고 놀랐습니다. 그곳은 평소에 여행객들과 그 지방 사람들로 북적거리는 곳이기 때문입니다. 우리는 명상을 하고 샘과 꽃과 에너지의 아름다움을 즐기며 시간을 보냈습니다. 우리는 기념으로 양쪽 샘에서 치유의 샘물을 마셨습니다.

하늘이 협박하는 듯한 구름으로 어두워지기 시작했습니다. 그래서 우리는 밤이 오기 전에, 그리고 비가 쏟아지기 전에 바위산을 오르기로 했습니다. 조금씩 비가 내리기 시작했기 때문에 우리는 언덕에 오르는 똑바른 길을 선택했습니다. 건축 작업자들이 성 미카엘 성당을 청소하고 수리하면서 성당을 버팀목으로 뒤덮었습니다. 그 버팀목이 성당의 경관을 망쳐놓았습니다. 하지만 우리가 등산을 하는 동안에도 성당의 에너지는 아직도 엄청나게 느껴졌습니다.

바위산 꼭대기에 오르자 차가운 바람에 우리는 다시 성당으로 밀려 내려왔습니다. 유일한 여자 작업자가 안에 있는 버팀목 높은 곳에서 일하고 있었습니다. 미셸과 제가 안을 들여다보았습니다. "죄송하지만 여기는 아무도 들어올 수 없습니다." 그 여자가 말했습니다. 그녀의 단단한 모자와 작업복 밑으로 그녀의 여성스런 얼굴과 곱슬머리가 보였습니다.

"이 여자분이 잠깐만 안을 구경하면 안 될까요?" 미셸이 저를 대신해서 물었습니다. "이분은 새로운 책을 쓰기 위해 바위산을 조사하는 미국 작가이십니다."

미셸의 에너지와 진심이 그 여자의 마음을 녹였습니다. 그녀가 저를 안으로 들어오라고 몸짓을 했습니다. "잠깐만이에요." 그녀가 주의를 줬습니다.

제가 처음 본 것은 대천사 미카엘과 켈트 여신 브리젯의 조각상이었습니다. 저는 아일랜드에 처음 방문하여 그 여신을 만난 이후로 그녀와 작업을 하곤 했습니다. 브리젯은 가톨릭교회에서 일시적으로 시성된 강하고 열정적인 보호의 여신이었습니다. 저는 항상 사람들에게 브리젯은 여성이지만 미카엘과 동등하다고 말했습니다. 그녀의 에너지는 너무도 뜨거워 그녀가 주변에 있으면 사람들이 땀을 흘리게 됩니다. 브리젯은 또한 자신과 용기를 북돋워 주고 자기를 부르는 사람을 보호해주는 능력에 있어서 미카엘과 똑같습니다.

저는 항상 브리젯을 아일랜드와 연관시키곤 했는데, 여기 미카엘과 마리아 레이라인의 교차점에서는 신성의 여성적이고 남성적인 면 모두를 인정하는 것이 타당했습니다.

저는 잠시 뒤에 그 건축 작업자를 존경하는 마음으로 성당을 나왔습니다. 그녀의 에너지는 확실하게 여신 같았습니다. 단단한 안전모와 작업복 밑으로 그 사원의 수호 여신이 있었습니다.

밖으로 걸어 나오자, 바람이 불어 제 머리와 일기장이 날렸습니다. 저는 대천사 미카엘의 강하고 사랑스런 현존을 제 주변에서 느꼈습니다. 그래서 바람이 막힌 성당 구석으로 가서 그의 말을 적기 시작했습니다.

"나의 이름을 딴 이 성당은 아발론의 에너지 위에, 예전에 아발론의 치유궁전이었던 곳 위에 지어졌다. 나는 두 세계를 연결한다. 고대의 치유 전통을 기독교와 다른 조직화된 종교에 가져와 – 조직화된 종교의 기초 바로 밑에 있는 고대의 차원 속에 한 발을 담근 채 – 판단하지 않고 인내력을 갖고 그것을 후원한다. 하나의 교량으로서 한 발은 옛 세상에, 그리고 다른 한 발은 새 세상에 걸쳐 놓았다.

너희의 아발론 힐링 서클 에너지는 아직도 여기 땅 속에 스며있다. 그리고 그 에너지는 아베베리와 스톤헨지로 불리는 힐링스톤 서클로 옮겨졌다. 이 돌들은 아발론의 파동 차원에서 지금의 장소로 옮겨졌다. 돌의 분자들은 높은 진동의 사념을 통해서 옮겨졌다.

그리스의 교회들이 아틀란티스의 소용돌이를 덮고 있듯이 바위산 성당도 고대의 에너지를 이용한다. 그것은 음모가 아니다. 우리를 위해 그 장소 위에서 기도가 영속하는 것을 확실히 하기 위해서 성당을 지은 대천사의 지시이다. 그것은 땅의 혈관 속으로 들어갔다.

레이라인은 쿤달리니 뱀이 너희 몸의 차크라를 연결하는 것처럼 땅의 차크라 동맥을 연결하고 있다."

비가 내리기 시작했기 때문에 저는 미카엘의 말을 모두 받아들일 시간이 없었습니다. 우리는 서둘러 언덕 밑으로 내려갔습니다. 저는 일기장이 비에 젖지 않게 자켓 안에 꼭 안고 있었습니다.

에너지 파동

그 다음 주에 스티븐과 저는 개인적으로 스톤헨지 관광을 준비했습니다. 우리는 그 돌을 만질 수도 있었고, 그 옆에 앉을 수도 있었습니다. 스티븐은 일몰의식 음악을 연주하기 위해서 디제리두를 가져왔습니다. 저는 메시지를 적기 위해 일기장과 펜 몇 개를 가져왔습니다.

우리의 스톤헨지 가이드 필립은 정통과 비의의 정보에 관해 아는 것이 매우 많았습니다. 그는 스톤헨지에는 원래 돌 주변으로 56개의 나무 기둥이 있었다고 설명했습니다. 이 숫자는 중요했습니다. 왜냐하면 그것은 달 주기 28일을 의미하는 28이라는 수의 두 배이기 때문입니다. 필립이 말했습니다, "역사학자들은 그 기둥이 참나무로 만들어졌고 높이가 30피트였으며, 농사를 위한 달의 주기를 측정하기 위해 사용되었다고 추정합니다."

이 말이 천문학자이자 사제였던 저의 바빌론 시절의 전생을 생각나게 했습니다. 거기에서 우리는 사원의 기둥에 별의 움직임을 기록해 놓았었습니다. 가이드가 계속 말을 이었습니다, "13개의 다른 레이라인이 스톤헨지에서 교차합니다. 그것은 중요한 의미를 갖고 있는데, 일 년에는 13번의 보름달이 있기 때문이지요." 또 다시, 여신의 달 에너지가 모습을 드러냈습니다!

필립은 어떻게 커다란 힐 스톤이 하지의 천문 위치를 표시했는지, 그리고 두 개의 작은 돌이 어떻게 춘분과 추분을 표시했는지 보여주었습니다.

"어떻게 이 돌이 스톤헨지에 왔는지에 대해서 너무도 많은 의견이 있습니다." 필립이 말했습니다. "어떤 전설은 멀린이 아일랜드로부터 이 돌을 날려서 보냈다고 말합니다. 스톤헨지에 있는 파란색의 돌은 최소한 250 마일 떨어진 웨일즈와 아일랜드에서만 발견되는 돌입니다. 그 돌을 스톤헨지로 끌어올 수 있는 평탄한 길도 없습니다. 웨일즈와 스톤헨지가 있는 솔즈베리 사이에는 산과 강이 많이 있기 때문이지요."

스톤헨지 입구에 있는 벽에는 수백 명의 사람들이 로프로 커다란 돌을 끌어오느라고 애를 쓰고 있는 모습이 그려져 있었습니다. 스톤헨지와 이집트의 피라미드에 대한 모든 의견들은 물질에 대한 인간의 지식에 기초하는 것으로 보입니다. 과학자들은 땅의 물리적인 법칙을 초월하는 형이상학적 지식은 고려하지 않는 것으로 보입니다.

저는 글래스턴베리 바위산에서 그 돌의 위치에 대해 말해준 대천사 미카엘의 메시지를 생각했습니다. '이 돌들은 아발론의 파동 차원에서 지금의 장소로 옮겨졌다. 돌의 분자들은 높은 진동의 사념을 통해서 옮겨졌다.'

그 말이 마치 스타 트렉에서 나온 것처럼 들리겠지만 우리의 생각이 물질에 영향을 주는 것이 가능하지 않았을까요? 결국 과학적 연구는 염력이 – 생각이 물질에 영향을 미친다는 것 – 사실이라고 보여주었습니다.

저는 생각이 핀볼 기계, 컴퓨터, 무작위 숫자 생성기 등등의 것에 영향을 미쳤다는 수도 없이 많은 연구결과를 읽어보았습니다. 왜 형이상학을 연구한 사람들 – 현대의 TV나 사무실에서 하는 일 같은 방해요인 없이 – 그리고 그 방향으로 모든 노력을 쏟았던 사람들이 돌의 물질적인 성질을 없애고 다시 물질적인 성질을 살리는 능력으로 이 힘을 쏟을 수 없었을까요?

저는 또 니콜라스가 그리스에서 한 말을 기억했습니다. "고대인들은 음악의 힘으로 중력을 무력화시켰습니다." 음악이 고밀도의 돌보다 더 높은 진동으로 진동했다는 것은 일리가 있는 말이었습니다. 그리고 만일 과학자들이 모든 물질이 원자 레벨에서 에너지로 되어 있다는 것을 동의한다면, 왜 음악이나 생각 같은 진동을 통해서 원자를 재배열할 수 없을까요?

〈크리스탈 아이들〉을 쓰는 동안, 두 가족이 자기 아이들이 자기 장난감을 성공적으로 공중부양 시켰다고 말했습니다. 새로운 크리스탈 아이들은 고도로 민감하고 영능력이 있어 자기들의 순수 믿음이 공중부양이나, 영적인 능력으로 사랑하는 사람들을 순간적으로 낫게 하거나, 높은 곳에서 아무 상처 없이 떨어지거나 하는 기적을 일으킬 수 있다는 확고한 믿음을 갖고 있습니다.

이 아이들의 아주 분명한 의도와 흔들리지 않는 믿음이 이런 기적을 의심의 여지없이 만들어냅니다. 이 고대의 지혜는 마스터 교사인 예수가 반복적으로 "너희의 믿음처럼 되리라."라고 말한 것과 일치합니다. 새로운 크리스탈 아이들은 무엇이 가능한지를 보여주면서 아틀란티스와 아발론의 시절에 우리가 갖고 있었던 능력을 기억해낼 수 있게 도와줍니다.

스톤헨지의 힐링 메시지

스톤헨지의 서클 중앙에 서서, 저는 신발을 벗고 발가락을 꼼지락꼼지락 움직여 그 축축한 땅 속에 집어넣었습니다. 해는 지기 시작했고, 저는 수천 명의 천사들과 고대의 현자들이 엄청난 사랑으로 저를 둘러싸고 있는 것을 느낄 수 있었습니다. 서클로부터 행복한 소용돌이 에너지가 퍼져 나왔고, 돌들이 저음역의 만트라 노래를 부르고 있는 것이 들렸습니다.

돌들은 스톤헨지에서 견뎌내고 있는 많은 고통에 대해서 저에게 말했습니다. 그 돌들이 이 고통을 빨아들였습니다. 저는 돌 안에서 수많은 눈과 귀와 입과 사람들의 형상을 뚜렷하게 보았습니다. 그것은 그곳에 와서 자기들의 문제를 이야기한 사제와 여사제들의 절친한 친구였습니다.

돌들은 별의 움직임을 돌의 수직 형판에 기록해 놓은 고대의 천문학자들에 대해서 노래했습니다. 그 천문학자들 또한 사람들의 어려운 처지를 텔레파시로 알고 있었습니다. 그들은 빈곤과 구걸, 히스테리에 대해서, 그리고 인간들이 귀중한 천연 자원을 낭비하고 있는 것에 대해서 잘 알고 있었습니다.

스톤헨지의 비밀은 스톤 서클을 돌보았던 작업자들을 통해 여러 세대에 걸쳐 전달되었습니다. 거기에는 이교사상으로 인해 이교도라 불렸던 드루이드 사제들의 대량 학살도 있었습니다. 하지만 이렇게 고도로 진화된 사제들의 영혼은 소유가 아닌 자유의지에 근본을 둔 영혼 교환 프로그램을 통해 다른 사람의 육신에 들어감으로써 즉시 지상의 삶으로 돌아 올 수 있었습니다.

스티븐의 디제리두 음악이 석양을 받은 돌을 통해 메아리치는 동안, 저는 바닥에 앉아 돌들에게 물었습니다.

"스톤헨지와 치유의 관계가 무엇이지요?"

돌들은 즉시 대답했습니다, "고대인들에 의해 발산된 힐링 에너지가 이 땅 영국을 계속 덮고 있어 이 땅을 치유의 성지로 만들고 있다. 당신과 많은 사람들이, 자식을 키우는 어머니의 에너지를 가진 영국을 사랑하고 동경하는 이유가 바로 그것이다.

대천사 하니엘이 이곳에 있었고 아직도 존재의 몇 개 층에 존재하고 있다. 그녀는 다이아나와 데메테르라는 이름으로 여기에서 숭배 받았던 달빛 천사이다. 당신 또한 우리 역사 속에서 여러 번이나 하니엘과 그녀의 여신으로서의 모습에 관련되어 있었다."

그들의 말은 저를 멈추게 만들었고 바빌론의 전생기억을 회상하게 했습니다. 사원에 있었던 여신상 중의 하나가 꼭 다이아나처럼 생겼었습니다. 그리고 제가 조사한 바로는 대천사 하니엘이 바빌론과 우리가 사용했던 아스트랄 빛의 분말에 연결되어 있었습니다. 이제 이 서있는 돌들이 하니엘과 다이아나가 하나였다는 것을 말해주고 있었습니다! 당연히 그들은 둘 다 달의 여신이었습니다! 그리고 풍족한 곡물의 그리스 여신 데메테르와의 연결 또한 하니엘의 한 모습이었습니다. 저는 하니엘이 풍요를 나타내도록 우리를 도왔다는 것을 알았습니다. 그러니 이 또한 이해가 되었습니다.

저는 궁금했습니다. '대천사들이 아틀란티스에 존재해 있었고,

그들이 세상의 문화와 종교의 신, 여신, 신성의 모습으로 나타난 것이었을까?'

그 질문을 곰곰이 생각하면서 저는 돌들에게 그들의 기원과, 어떻게 솔즈베리로 오게 되었는지 물었습니다.

그들이 대답했습니다, "당신이 글래스턴베리에 있을 때 이미 그 대답을 받았다. 우리 돌들은 아발론과 아틀란티스의 입구를 지나 완벽하게 건드려지지 않은 채 이곳에 도착했다. 아발론과 아틀란티스는 동시대의 문명이었고, 인류가 무기와 다른 파괴 수단을 발견하고 만들어내기 시작하자 진화하는 인류의 생각 패턴을 억제했다.

우리 돌들은 사념 형태의 분자로 분해되었고 글래스턴베리와 예루살렘을 통해 흐르는 소용돌이의 이 교차점에서 재조립되었다."

제가 물었습니다, "어떻게 아틀란티스와 아발론이 동시에 존재할 수 있었지요? 아틀란티스는 예수 이전이었고 아발론은 예수 이후가 아닌가요?"

돌들이 대답했습니다. "이것은 동시성의 가르침이다. 평행과 중첩이 많이 있기 때문이다. 아발론은 지리적으로나 시간의 틀 속에서 아틀란티스와 경계가 명백히 일치하는 고대의 땅이다. 아틀란티스가 가라앉은 후, 아발론의 지형은 현저하게 변형되었다. 그러나 그것의 본질은 당신이 아더 왕의 시대라고 여기는 시대까지 지속되었다. 그리고 아발론의 고대 에너지는 그것의 영속성을 위해 우리 돌들 속으로 옮겨졌다. 우리는 우리와 항상 함께 있었던 파괴할 수 없는 빛의 전달자이다. 그 빛은 우리 안에 응축되고 농축되어 있다."

제가 물었습니다, "그렇다면 당신들은 영원한 불꽃이 유한한 물질 안에 담겨있는 언약궤와 유사한 것입니까?

돌들이 대답했습니다, "유한하다는 말은 언약궤나 우리의 구조를 설명하는 데 적절한 용어가 아니다. 하지만 어떤 속성이나 유사성은 틀림없이 공유하고 있다."

바로 그때, 스티븐이 와서 우리의 가이드 필립이 돌 중의 하나에 그리스식의 표시가 있는 단검 조각물을 보여주었다고 말했습니다. 그가 말했습니다. "그 단검 자체가 그리스와 연관되어 있어."

너무 흥미로웠습니다! 제가 돌들에게 물었습니다, "스톤헨지는 아테네와도 연결되어 있나요?"

그들이 대답했습니다, "치유샘물의 등장은 아스클레피아스 병원에서 물을 축복하고 그것을 아픈 환자에 붓는 것과 동시에 일어났다."

제가 다음 질문을 했습니다, "그러면 빛, 크리스탈, 색채로 하는 힐링은 어떤가요?"

"우리는 자연의 힘을 기념하는 물건이다." 돌들이 대답했습니다. "그것은 크리스탈의 치유력를 분명히 포함한다. 크리스탈은 자연의 일부이며 우리 돌 왕국의 일부이기 때문이다. 우리가 당신과 똑같은 에너지라는 것을 모르겠는가? 우리는 빛이고 사랑이다. 비록 당신보다 밀도가 높아 움직임이 없는 형태이지만 말이다. 우리는 최대한의 햇빛과 달빛을 받는 위치에 있다. 그 빛은 어떤 존재 속에 들어가게 되면 치유의 속성을 풀어낼 수 있다. 태양과 달빛으로 충전되어 있는 우리는 이 에너지들을 너무 오랫동안 실내에만 있었던 사람에게 풀어놓을 수 있다.

아픈 사람들은 우리가 하는 것처럼 침묵 속에서 자연과 교감해야 한다. 햇빛과 달빛과 별빛과 신선한 공기의 힘을 무시하지 마라! 물은 정지된 공기를 너무 많이 흡입함으로써 몸 안에 축적된 곰팡이를 씻어내는, 반드시 있어야 하는 귀중한 것이다. 크리스탈은 태양과 달과 별과 공기와 물이 갖고 있는 자연의 치유력을 확실하게 증폭시킬 수 있다. 하지만 그것이 반드시 필요한 것은 아니다. 사실, 치유의 도구를 너무 강조하면, 단지 실외에 있기만 해도 받을 수 있는 희망과 믿음의 흐름을 방해한다.

고대의 힐링 사원과 경배의 장소는 항상 밖에 있었다. 당신을 해로운 존재들로부터 보호한다는 명목으로, 지붕이 있는 어두운 사원을 만들어낸 것은 고대의 가톨릭 교회였다."

"고대의 불교도들도 실내에서 경배하지 않았나요?"

"그들은 경배하면서 더 많은 시간을 정원에서 보냈다. 그리고 오래 전이든 요즘이든, 서양 종교에서 하는 것보다 더 자연의 신성함에 동조하고 있었다. 당신의 과거를 조금만 거슬러가 보면 스테인드글라스 창문이 세워진다. 그것은 유리의 힐링 색깔을 통해서 햇빛을 걸러낸다. 하지만 훨씬 좋은 것은 자연의 햇빛이 – 일출과 일몰을 포함해서 – 주는 모든 스펙트럼의 색깔을 받는 것이다."

그리스를 여행하는 동안 자연광의 치유력에 대해 들었던 똑같은 메시지가 거기에도 있었습니다. 다시 한 번 저는 햇빛이 건강에 미치는 영향에 대한 과학적인 연구를 조사해보겠다고 다짐했습니다. 어찌 되었든, 대부분의 사람들이 햇빛을 건강에 이로운 것이 아니라 해로운 것이라고 여기고 있습니다.

저는 다시 돌들에게 물었습니다, "저와 당신의 말을 읽는 다른 이들에게 당신은 어떤 메시지를 주고 싶습니까?"

그들의 즉각적인 답변은 이랬다, "당신이 물질화시킬 수 있는 능력과 치유할 수 있는 능력을 즉시 되찾아라! 종교가 이교와 반역의 라벨을 붙여 개인들이 힘을 찾는 것을 좌절시켜왔다. 죄의식과 공포심이 아직도 잠재의식 속 깊은 곳에 퍼져 있다. 이것은 앞에 나서거나, 독특해지거나, 두각을 드러내는 것에 대한 두려움을 포함한다. 당신은 이런 것에 대한 관심을 연약한 것과 연관을 지어놓아, 당신이 보고 있는 진리와 문제를 공개적으로 표현하지 못함으로써 당신 자신을 반복적으로 파괴하고 있다. 당신은 당신 자신의 고삐를 쥐고 있으면서 보호복 속으로 숨기 전에 그 많은 관심을 당신 쪽으로만 돌리고 있다.

이 말을 전해라. 힐링 에너지는 누구에게든 열려있다고. 어느 누구에게 특별히 선물된 것이 아니라고. 세상에는 두 사람만이 존재한다. 자유롭게 자신의 내면의 힘을 이용하기로 선택한 사람, 또는 그것으로부터 움츠려든 사람.

한 개인이 큰 소리로 자기 의견을 말하려는 생각을 두려워할 때마다 세상은 더 춥고 더 어두워진다. 당신의 메시지가 잘 받아들여지지 않는다고 해도, 그 메시지에 담긴 속성은 에너지가 되어 온 사방으로 영원히 퍼지게 된다.

당신 각자 각자에게 전한다. 당신의 말, 당신의 생각, 당신의 느낌은 순수한 시다. 그것을 서둘러 감추거나 가벼이 보지 마라. 대신 그것이 서로를 더 강하게 만들도록 그것을 이용해라. 생각과 아이디어를 나누고 교환하는 것을 통해 당신은 훨씬 빠른 속도로 강력하게 진화하게 될 것이다. 그러니 공개적으로 편안하게 말을 해라. 당신의 이야기를 하고 가르침을 주는 곳에서 대중 앞에 나서는 것을 부끄러워하지 마라.

당신이 보는 모든 사람을, 그들이 당신을 어떻게 대우하든 상관하지 말고 축복해라. 당신의 영적인 비타민이 매일 이런 수련을 통해서 온다. 축복이 당신의 혈관을 따라 순환하고, 당신의 몸을 정화시키고 활기를 준다는 심상을 하라. 규칙적으로 당신의 마음, 폐, 존재 전체를 햇빛으로 채워라."

그들의 말이 저를 멈추게 했습니다. 아직도, 저는 너무도 많은 질문이 있었습니다. "과학의 발전은 어떻습니까? 박테리아를 제거하기 위해 비누를 사용하는 것과 인간의 기대 수명이 오늘날 훨씬 길어진 것을 포함해서요."

"그것은 당신의 추측일 뿐이다." 그들이 대답했습니다. "사실, 햇빛을 받는 세상에 살았던 고대의 사람들은 3백년에서 4백년, 또는 그 이상으로 잘 살았다. 그들은 평생 행복하고 활기찼다. 당신네들 과학자들이 인간의 육체가 이만큼 오래 살 수 있도록 만들어졌다고 말하고 있다는 것을 당신도 잘 알고 있지 않은가.

산업화의 시대, 정확히 말하자면 '실내의 시대'는 당신들의 현대병을 태어나게 했다. 그리고 사고사는 자동차나 총기와 같은 산업화의 발명품에서 온 것이다.”

“흑사병도요?” 제가 물었습니다.

“역사책을 확인해봐라 – 그것은 ‘실내의 시대’ 동안에 나온 것이다. 바빌론에서 당신은 평생을 벽도 없고 지붕도 없는 밖에서 지냈다. 이번 생에서 당신이 일정을 짤 때, 밖에서 시간을 보내는 시간과 공간의 자유를 만들어야 한다. 아니면 최소한 그 바깥을, 항상 열린 문과 열린 창을 만들어 당신 안으로 들여 와라!”

그 돌의 말은 밖에서 시간 보내기를 갈망하는 새로운 크리스탈 아이들을 생각나게 했습니다. 사실, 이런 아이들이 짜증을 내는 유일한 시간은 그들이 실내에서 너무 오래 있을 때입니다. 자연 속에 있으면, 아이들은 나무와 식물과 곤충과 동물을 보면서 몇 시간 동안이나 자연에 매료됩니다.

레인보우 아이들

우리가 글래스턴베리에 돌아왔을 때, 아틀란티스의 천사들이 빛의 중요성에 대해서 긴급하게 말했습니다. 그들은 햇빛이 뇌 호르몬 ‘세로토닌’의 생성에 중요한 매개체라는 것을 상기시켜 주었습니다. 세로토닌은 기분, 식욕, 에너지 레벨을 조율해주는, 뇌의 전기적 신호에 속하는 화합물입니다.

매일 밤 우리가 자고 있을 때, 우리의 뇌는 다음 날 사용하기 위해 세로토닌을 만들어냅니다. 화합물은 저장될 수 없기 때문입니다. 밤 동안에 충분한 세로토닌을 만들면, 우리는 힘이 솟고 상쾌해집니다. 그러나 세로토닌이 너무 적게 만들어지면 짜증이 나고 기분이 언짢아집니다. 세로토닌 수치가 낮으면 생리전증후군, 야뇨증, 기분의 두드러진 변화, 탄수화물에 대한 탐닉, 우울증 등과도 연관됩니다.

운동을 하지 않고, 밤에 음주를 하거나 다른 진정제를 먹는 것은 모두 세로토닌의 생성을 방해할 수 있습니다. 건강하지 못한 생활 습관 중의 하나는, 우리가 아침에 억지로 일어나 카페인과 설탕을 섭취한다는 것입니다. 종일 에너지를 얻기 위해 인공적인 각성제를 사용한 다음, 우리는 밤에 잠을 자기 위해 약이나 알코올을 사용합니다. 이 화합물 의존의 악순환이 지금 너무도 일상화되어 있습니다.

이 순환이 우울증과 불안증을 야기할 수 있다는 것을 많은 사람들이 깨닫지 못하고 있습니다. 그래서 그들은 부작용 없이 훨씬 더 나은 결과를 얻을 수 있는 자연의 수단을 사용할 수 있음에도 불구하고, 리탈린Ritalin과 프로작Prozac 같은 향정신성 약품을 먹습니다.

당신의 뇌가 충분한 양의 세로토닌을 만들어낸다는 것을 확인할 수 있는 한 가지 방법은 햇빛을 충분히 쏘이고 운동을 하는 것입니다. 햇빛이 피부 속의 멜라토닌을 뇌 속의 세로토닌으로 전환시켜주기 때문입니다.

아틀란티스의 천사들이 말했습니다, "많은 사람들이 천사들이 자기들을 통제하거나 즐거움을 망친다고 생각하기 때문에 천사들의 안내를 따르지 않는다. 그들은 식습관을 개선하거나 몸을 더 잘 관리해주려는 천사들의 충고를 듣고 싶어 하지 않는다.

그러나 수호천사들은 세로토닌의 흐름과 조절을 증가시킬 수 있게 안내해준다. 그들이 건강에 좋은 음식을 먹고, 자연과 연결되고, 운동하라고 요구할 때, 그것은 당신의 기분과 에너지 등급을 자연스럽게 향상시키는 방법이다."

그런 뒤 아틀란티스의 천사들은 무지개 에너지에 대해서 말해주었습니다. 그들은 이렇게 말했습니다, "자연의 햇빛은 빨강, 주황, 노랑, 녹색, 파랑, 남색, 보라색으로 구성되어 있다. 당신은 이런 색깔을 물방울이나 백수정을 통해 프리즘으로 이미 보아왔다. 무지개는 미소와 행복에 연관이 있다. 인간의 신체는 햇빛을 통해서 무지개 에너지를 흡수하고 받아들이도록 디자인 되어 있다. 당신들 각자가 당신 안에 무지개를 갖고 있다. 그것을 당신들은 차크라라고 부른다. 차크라는 신성한 빛, 그리고 물리적인 햇빛과 자연스럽게 연결되는 곳이다. 충분히 햇빛과 무지개를 받아들이면 당신은 자연스럽게 행복하고 기운이 나는 것을 느끼게 된다.

그러나 공기가 오염으로 더러워지고 인간들이 실내에서 더 많은 시간을 보내기 시작하면서, 무지개 에너지의 흡수가 줄어들었다. 이것이 인간들을 공격적이 되게 하고 고통에 빠지게 만들었다. 실외로 나가는 간단한 해결책을 깨닫는 대신에, 인간들은 점점 더 많은 인공적인 방법을 통해 행복을 찾으려고 했다.

행복을 구하는 당신의 기도에 대한 우리의 응답 중의 일부는 당신에게 필요하고 당신이 그렇게 갈구하는 무지개 에너지를 새로운 방식으로 보내주는 것이었다. 첫째로, 우리는 돌고래들에게 당신들의 해변 가까이 헤엄쳐 가서 당신들과 좀 더 자주 놀고 헤엄치도록 부탁했다. 돌고래들은 인간들이 한때 그랬던 것과 아주 비슷하게 무지개 에너지를 발산한다. 돌고래들이 주기적으로 도시의 오염에 걸러지지 않은 햇빛을 받고 계속 운동을 하는 이유가 바로 그것이다. 이 두 가지 요인이 당신들이 항상 보듯이 돌고래에게 즐거워하는 성향을 만들어준다.

우리가 당신에게 준 두 번째 대답은 우리가 집중을 통해서 에너지 힐링을 불러오는 것이다. 무지개 에너지는 레이끼, 기공, 프라나, 그리고 당신의 손과 가슴을 통해 무지개 에너지를 채널링하는 것에 붙여진 다른 이름들에 집약되어 있다. 크리스탈 또한 빛을 모아 색깔이 있는 대역으로 빛을 이끌어줌으로써 당신에게 무지개 프리즘을 준다." 그들의 말은 아틀란티스 힐링 사원의 빛의 피라미드를 상기시켰습니다. 우리 여사제들은 피라미드의 무지개 프리즘으로부터 색깔을 끌어내어 환자들의 차크라로 보냈습니다. 분명히, 무지개 색깔의 치유력은 강력했습니다.

천사들은 계속했습니다, "이제 우리는 새로운 '레인보우 아이들'의 출생을 통해서 당신에게 더 많은 에너지가 도달하도록 방안으로 무지개 에너지를 가져오고 있다. 당신들 중의 많은 사람들이 이제 막 지구에 도착하고 있는 이런 새로운 아이들의 탄생을 직감했다."

천사들은 레인보우 아이들이 크리스탈 아이들 다음으로 오는 세대라고 설명했습니다. 레인보우 아이들은 크리스탈 아이들처럼 고도로 민감하고 사랑과 용서로 가득 차있으며 마법과 같습니다. 차이는 레인보우 아이들은 지구에 온 적이 없다는 것입니다. 그래서 그들은 균형을 맞춰야 할 카르마가 없습니다. 따라서 레인보우 아이들은 완전히 평화롭고 균형 잡힌 가정을 선택합니다. 그들은 카르마의 균형을 맞추거나 성장해야 할 도전도, 혼란도 필요가 없습니다.

이런 이유에서, 레인보우 아이들은 이전의 크리스탈 아이들(1980년대에 처음으로 지구에 온 정찰대)에게 태어나고 있습니다. 크리스탈 아이들이 나이가 듦에 따라 그들은 새로운 레인보우 아이들을 낳는, 평화를 사랑하는 부모가 될 것입니다.

레인보우 아이들은 절대적으로 열린 가슴을 갖고 있으며, 무조건적으로 사랑을 나눕니다. 믿음을 보장해주는 사람들에게만 애정을 표시하는 크리스탈 아이들과 달리 무지개 아이들은 보편적으로 다정합니다. 그들은 거대한 가슴 차크라로 우리를 치유하고 우리가 몹시도 필요로 하는 무지개 색깔의 에너지 층 속으로 우리를 감싸줍니다. 그들은 글자 그대로 지상으로 내려온 화신입니다.

스코틀랜드와 아일랜드에서의 힐링

영국 일주 여행에는 스코틀랜드의 에딘버러로 가는 일정이 있었습니다. 거기서 저는 '천사와 함께 하는 힐링'이라 불리는 종일 과정을 수행했습니다. 강당을 꽉 채운 워크샵 참가자들은 질병을 다루고 고객들에게 도움을 주는 새로운 방식에 관심이 있는 많은 힐러들을 포함하고 있었습니다.

그 세미나는 저의 책 〈천사와 함께 하는 힐링〉에 기초하고 있었습니다. 그것은 천사들에 대한 사례 연구 모음은 물론, 영적인 힐링에 대한 저의 경험을 포함하는 것이었습니다. 저는 리딩의 결과로 치유를 경험한 독자들로부터 수 천 통의 편지를 받았습니다. (그들의 이야기는 이 책의 2부에 있습니다.) 그래서 저는 그 방법을 가르치면 도움이 될 수 있다는 것을 알고 있었습니다. 저는 또한 전에 출판한 책에 포함시키지 않은 기법을 가르칠 계획이었습니다.

저는 우선 엔젤 힐링을 통해서 청중들을 이끌어 그들이 스스로 그 방법을 경험할 수 있게 하였습니다. 다음에, 그들이 그 단계들을 노트북에 적을 수 있게 기법을 설명했습니다. 천사들이 가르쳐준 방법 중의 하나는 심령의 공격으로부터 받은 고통을 치유하는 것이었습니다. 그 공격은 누군가가 우리에게 분노를 느끼고 우리를 저주하거나 고통과 질병이 우리에게 오도록 소원할 때 일어납니다. '저주와 비수 없애기' (제3부에서 다룹니다.)라 불리는 이 방법을 통해서 참가자들을 안내할 때, 저는 몇 몇 사람들이 우는 것을 들었고 그들의 표정이 변하는 것을 지켜보았습니다.

'저주와 비수 없애기' 경험 후에, 많은 참가자들이 만성 요통과 만성 두통으로부터 즉시 고통이 경감되었다고 보고했습니다. 그것은 제가 그 기법을 가르친 다른 참가자들에게서 때때로 듣는 것이었습니다. 그런데 이 그룹에서는 거의 모든 사람들이 이 방법으로 더 기분이 가볍고 적극적이 되는 느낌이었다고 말했습니다. 영적인 힐러로서, 이전에는 심리치료사로서 사람들이 더 행복하고 건강하게 느끼도록 도와주는 것이 저의 일이었기 때문에, 이 방법은 가장 효과적인 기법으로 보였습니다.

그 후 우리는 아일랜드로 갔습니다. 뉴타운마운트케네디Newtownmountkennedy라 불리는 더블린의 교외에서 저는 엔젤테라피 시술자 코스를 가르쳤습니다. 뉴 타운 마운트 케네디라고 부르지 않고 쭉 이어서 쓰는 그 이름은 아일랜드 도시 중에서 가장 긴 이름이라고 합니다. 우리는 드루이드의 글렌이라고 불리는 매력적인 곳에서 이벤트를 열었습니다.

스티븐과 저는 남쪽으로 한 시간 정도 더 내려가 카운티 웩스포드의 해변에 있는 아름다운 이층집에 머물렀습니다. 그 집을 이용하게 된 것은 부인은 힐러이고 남편은 성공한 사업가인 멋진 아일랜드 부부의 선물이었습니다.

호텔이 아닌 가정집에 머물렀기 때문에 저는 스티븐과 저 자신을 위해 건강에 좋은 비건(vegan, 절대 채식주의자)음식을 요리할 수 있었습니다. 비건은 아니지만 제 남편은 풍미 있는 채식 음식을 즐깁니다. 음식을 준비하기 위해 재료가 필요해서 우리는 근처의 식료품가게 테스코로 갔습니다.

우리는 몇 가지의 유기농 식품, 두유, 그리고 다른 음식 재료를 찾았습니다. 한 가지만 더 있으면 되는데, 그것은 두부였습니다. 그런데 가게 종업원에게 두부가 어디 있느냐고 물었더니, 그런 단어는 들어본 적이 없다고 했습니다. 결국 스티븐이 테스코의 매니저에게 두부를 살 수 있는 곳을 아는지 물었더니, 이웃 도시에 있는 새로 생긴 건강식품 상점을 알려 주었습니다.

어쩔 줄 모르고

고리 마을에 있는 비 여사Mrs. Bee's의 건강식품 가게로 들어가면서 저는 제대로 찾아왔다는 것을 알았습니다. 조그마하고, 깨끗하고, 효율적으로 되어 있는 가게의 에너지가 마치 마술 같았습니다. 여러 곳을 여행하는 중에, 스티븐과 저는 건강식품 가게란 일반적으로 식료품은 거의 없는 비타민 가게를 의미한다는 것을 알게 되었습니다. 그러나 비 여사의 가게는 견과류, 콩, 주스, 마른 음식 등이 잘 갖춰져 있었습니다. 그리고 냉장고에 두부가 있었습니다! 그녀는 또한 생태학적으로 안전한 세척제도 팔았는데, 저는 그것을 기쁜 마음으로 장바구니에 담았습니다. 아일랜드의 아름다운 수로가 화학 세제로 오염되고 있다는 생각이 저를 많이 괴롭혔습니다. 저는 또한 올리브오일로 만든 스킨로션도 골랐습니다. 그리스에 있으면서 오일의 마술 같은 치유와 정화 속성을 배웠기 때문이었습니다.

시장바구니를 다 채운 후, 우리는 천사 제품이 가득 차 있는 선반 옆을 지나갔습니다. 천사 조각상, 벽걸이, 그리고 – 저는 놀라 숨이 막혔습니다 – 제 오라클 카드와 책이 있었습니다! 저는 재빨리 저를 비 여사에게 소개할 생각을 했습니다. 저는 일반적으로 근무 이외의 시간에, 가르치거나 강연을 하지 않을 때에는 저를 밝히지 않습니다. 왜냐하면 사람들이 저에게 몰려와 소란을 피우는 것을 좋아하지 않기 때문입니다. 특히 쇼핑이나 외식을 할 때, 또는 운동을 할 때와 같이 일상적인 일을 할 때는 더 그렇습니다. 그런데 어떤 이유에선지 그날 저는 비 여사에게 제 자신을 활짝 열기로 마음을 먹었습니다. 어쩌면 그녀가 저의 어머니와 꼭 닮았기 때문일 수도 있었고, 아니면 그녀의 사랑이 넘치는 오라 때문이었을 수도 있었습니다. 아무튼 비 여사에게는 제가 신뢰할 수 있는 무엇인가가 있었습니다.

그래서 계산대에 제가 산 식품을 올려놓고 이렇게 말했습니다. "제 엔젤 카드와 책을 진열해 주셔서 너무도 감사드려요."

그녀는 저를 바라보더니 얼굴에 홍조를 띠며 물었습니다. "당신이 도린 버츄씨인가요?"

저는 잠시 머뭇거리다가 대답했습니다, "네, 저예요."

비 여사가 큰 소리로 비명을 지르고는 저를 너무도 세게 껴안아 저는 잠시 저 자신을 소개한 것을 후회했습니다. 하지만 그녀의 반응은 순수하고 어린아이 같은 사랑에서 온 것이었습니다.

"오, 저는 어쩔 줄 모르겠어요." 그녀가 소리쳤습니다. 그런 뒤 그녀는 자기가 흥분하는 이유를 이야기해주었습니다. "오늘 아침 가게에 손님이 아무도 없었어요. 전혀 없었지요. 그래서 저는 벽에 걸린 대천사 우리엘을 바라보고 말했답니다, '우리엘, 가게에 손님을 보내주세요.' 그것이 바로 30분 전이었어요. 그런데 당신이 여기에 왔어요!" 그녀는 저를 다시 껴안았습니다. "당신의 책이 천사들에게 도움을 요청하도록 가르쳤어요. 그런데 무슨 일이 일어났는지 보시라구요!"

비 여사와 스티븐과 제가 이야기를 나누는 동안 가게는 다른 손님들로 채워지기 시작했습니다. 비 여사는 제 책과 카드에 사인을 해달라고 부탁했습니다. 저는 그처럼 사랑스런 사람을 위해 사인을 해준다는 것이 행복했습니다. 우리가 그곳을 나설 때에 비 여사의 가게는 쇼핑 손님들로 가득 찼습니다.

엔젤 어스Angel Earth

저는 아틀란티스와 치유사원에 대해 새로 발견한 지식을 가져다 워크샵의 제 학생들이 치유하고 배우는 데에 도움을 주고 싶은 마음이 간절했습니다. 디트로이트의 밴드 엔젤 어스의 마크 왓슨과 샤운 와이즈가 우리 엔젤테라피 시술자 과정에서 음악을 연주하러 아일랜드에 왔습니다. 학생들은 모두 바닥의 담요에 누웠고 마크가 키보드를 연주하는 동안, 저는 아틀란티스의 크리스탈 힐링 침대에 대한 저의 기억을 기초로 명상을 안내했습니다.

저는 모든 사람들의 몸에서 심령의 잔해들이 빠져나와 천장 바로 밑에서 떠다니는 것을 지켜보았습니다. 그런데 어둡고 끈적거리는 것이 방을 떠나지 않고 있었습니다! 그때 저는 진행요원들이 밖으로부터 에너지의 침입을 막기 위해 방을 영적으로 봉인했다는 것을 깨달았습니다. 그 봉인이 심령의 잔해들이 방을 나가는 것을 막고 있었던 것이었습니다. 진행요원들은 학생들이 만든 둥근 원 안에 있었습니다. 저는 그들에게 에너지를 천정으로 들어 올리라고 신호를 보냈습니다. 그들이 그렇게 하자, 봉인이 열렸고 방이 밝아졌습니다.

아틀란티스의 힐링 사원 명상이 아주 강력했기 때문에 모든 사람들이 그 복사본을 테이프나 CD로 만들어달라고 요청했습니다. 마크 왓슨의 음악을 배경으로 한 그 명상은 이제 준비가 되어 있습니다. 그것은 〈엔젤메디신: 힐링 명상 CD〉 라고 불립니다.

엔젤 어스 밴드는 3년 동안 저와 함께 정기적으로 일을 했습니다. 우리는 북아메리카 전역을 함께 여행하면서 가까운 친구가 되었습니다. 원래 엔젤 어스에는 세 번째 멤버 미카엘 와이스가 있었는데, 저는 그를 1998년경에 피츠버그에서 처음 만났습니다.

미카엘은 디트로이트에 있는 공장에서 일을 했었는데, 음악과 영적인 공부에 헌신하고 싶은 마음이 간절하여 천사들에게 신호를 달라고 요청했습니다. 그날 그는 자동차 번호판에서 자기 생일과 이니셜을 보았고, 그래서 천사들이 그에게 계속 가라는 신호를 보내고 있다는 것을 알았습니다. 미카엘은 다음 날 직장을 그만 두고 전적으로 음악가가 되었습니다.

미카엘과 그의 아들 샤운, 그리고 어릴 적 제일 친한 친구 마크는 스티븐과 저와 함께 캐나다에 있는 우리 워크샵과 미국 전역을 여행했습니다. 미카엘은 파라마한사 요가난다의 신자였고 예수와 대천사 미카엘과 긴밀히 일을 했습니다. 그는 밴드의 노래 가사를 대부분 작사했는데, 그 모든 것이 영적이고 정신을 고양시키는 내용이었습니다.

달콤하면서도 평정심을 잃지 않는 미카엘은 항상 영적으로 선했습니다. 그는 부정적인 말 한 마디도 없이 끝없이 먼 길을 도맡아 운전했고, 밴드의 장비를 준비했고, 청중들과 어울렸습니다.

그런데 2002년 8월, 스티븐과 제가 코나에서 하와이 힐링 치료를 하고 있는 중에, '심히 유감스럽게도'라는 제목의 이메일을 받았습니다. 저는 급히 이메일을 열어보고는 미카엘이 그날 아침에 세상을 떠났다는 글을 읽고 충격을 받았습니다. 그는 그의 집 뜰에서 외계인에 대한 책을 읽고 있었고 '교차'라는 장까지 읽었는데, 그때 그냥 축 늘어져서는, 그의 아내와 고등학교에 다니는 샌디를 남기고 그대로 세상을 떠났습니다. 그는 48세 밖에 되지 않았고 건강에 아무런 문제도 없었습니다. 그는 담배를 피우지도, 술을 마시지도, 마약을 하지도 않았습니다. 두 번이나 검시를 했지만 죽음의 원인을 찾을 수가 없었습니다.

미카엘은 몇 번이나 아주 또렷한 꿈속에서 저를 찾아와 자기가 영계에서 아주 행복하다는 것을 알려 주었습니다. 그는 그가 사랑하는 요가난다와 예수와 함께 있었습니다. 그가 말했습니다.
"그때가 내가 떠날 때였어요."

엔젤 어스의 남은 멤버들이 연주를 할 때마다, 저는 미카엘이 거기에 너무도 선명하게 서서 기타를 연주하고 가슴에서 나오는 노래를 하고 있는 것을 보았습니다. (엔젤 어스 밴드의 웹사이트 www.AngelEarth.org에서 미카엘의 사진과 그에 대한 더 많은 것을 볼 수 있습니다.)

수업이 끝난 후 밤중에, 저는 비 여사의 가게에서 산 바다 소금을 푼 목욕 물에 몸을 담그곤 했습니다. (바다소금 물에 몸을 담그는 것은 일과 후에 당신 자신을 정화하고 접지시키는 빠른 방법입니다.) 바다 소금은 영적인 잔해와 다른 독소를 빨아들였고, 바다에서 수영하면서 경험했던 평온함으로 인도해 주었습니다.

제가 소금물에 가까이 있을 때 저의 리딩은 항상 가장 명쾌했습니다. 예를 들어, 하와이에서 워크샵을 할 때, 저는 바다 바로 옆에서 햇빛을 받으며 모든 참가자들에게 개별적인 리딩을 해주었습니다. 저의 리딩은 너무도 상세하고 선명해서 저조차도 크게 놀랐습니다. 저는 그 명료함이 매일 바다에서 수영하는 것과 바다와 가까이에 있었기 때문이라고 생각합니다. 결국 소금은 크리스탈이었고, 따라서 소금물에 몸을 담그는 것은 사실 수정수 속에서 목욕하는 것과 같았습니다!

비 여사의 가게에서 저는 광을 낸 작은 장미수정 크리스탈 세 개와 자수정 하나를 샀습니다. 사실 비 여사가 선물로 주겠다고 우겨 그 에너지가 훨씬 더 특별하게 되었습니다. 천사들은 저에게 스트레스 에너지를 이겨내는 용도로 여행 중에 그 수정들을 마시는 물병 속에 놓아두라고 했습니다. 저는 여행 중에 그 수정들을 물병에 놓아두었고, 물을 갈을 때 수정도 같이 갈아주었습니다. 아일랜드에 있는 동안 일정이 매우 빡빡했지만 제 건강과 에너지의 수준은 높은 상태로 유지되어, 저는 그 공의 일부를 크리스탈 원석에게 돌리고 있습니다. 저는 아일랜드에 있는 동안 몇 번 더 비 여사의 가게를 찾아갔고 우리 엔젤테라피 시술자 과정을 이수한 몇 사람이 그녀의 가게에서 리딩을 해주는 것을 발견하고 기뻤습니다.

제8장

햇빛 보고서

스티븐과 제가 남 캘리포니아에 돌아온 후, 저는 햇빛에 관한 과학적인 연구 조사에 몰두했습니다. 저는 천사들이 저에게 무엇이라고 말을 했든 편견을 갖지 않겠다고 결심했습니다. 결국 저는 확실한 자료로 입증되지 않은 의견을 전달하는 것이 아니라, 그 주제에 대해서 책임감을 가지고 글을 쓰고 싶었습니다.

그런데 그 주제를 조사하는 동안, 제가 그 주제를 더 진지하게 다루도록 만든 개인적인 상황이 발생했습니다. 저의 어머니가 얼굴에 가벼운 피부암이 있다는 진단을 받았습니다.

부모님이 50번째 결혼기념일을 기념하기 위해 일 주일 전에 저희 집에 왔을 때, 어머니는 이미 첫 번째 검사를 마친 뒤였습니다. 그녀는 집에 돌아가면 추가로 검사를 하기로 예정되어 있었습니다. 어머니는 대부분의 캘리포니아 소녀들처럼 항상 태양 숭배자였습니다. 그녀는 햇빛에 피부를 태우면서 십대를 보냈습니다. 이제는 그렇게 한 것을 후회하고 햇빛을 완전히 피하기로 맹세했습니다.

어머니가 저와 스티븐을 방문하는 동안 날씨는 온화하고 맑았습니다. 어머니는 내내 선글라스를 쓰고, 선크림을 바르고, 긴 팔 셔츠를 입고, 긴 바지를 입고, 챙이 넓은 모자를 썼습니다. 아버지는 사랑하는 아내가 햇볕에 노출되어 행여나 피부암이 재발하지 않을까 어머니보다 더 야단법석이었습니다. 그들의 결혼기념일을 기념하기 위해 다음 달에 하와이로 휴가를 가기로 되어 있었기 때문에 저는 부모님이 좋은 날씨의 즐거움을 놓치지 않을까 걱정했습니다.

우리가 발코니에 앉아 있을 때 – 부모님은 파라솔의 그늘 속에 있었고, 저는 햇빛 속에 앉아서 – 아버지는 저에게 자외선 차단을 위해 무엇을 사용하는지 물으셨습니다. 제가 아무 것도 쓰지 않는다고 하자, 아버지는 걱정스러운 듯 보였습니다. 그때 저는 아버지에게 제가 조사한 것을 말해 주었습니다.

"햇빛은 피부암과 백내장에 관련이 있기 때문에 악마로 치부되었지요." 제가 말했습니다. "일부 과학자들은 오존층 파괴가 이런 상황의 주요 요인이라고 믿고는 사람들에게 햇빛을 쏘이지 말라고 경고하면서 선크림을 듬뿍 바르고 선글라스를 쓰라고 하지요. 하지만 저는 햇빛이 제 영혼을 따뜻하게 하고, 기분을 좋게 해준다는 것을 항상 느껴요."

어머니가 미소를 지으며 말했습니다, "그래, 나도 그래!"

"그리고 햇빛이 줄어들면 계절성 정서 장애와 우울증이 유발

된다는 것을 모든 사람들이 알고 있지요." 제가 덧붙였습니다.

저는 부모님들께 태양의 치유 속성은 물론, 그것의 건강을 해치는 측면도 지적하는 과학적이고 역사적인 연구에 대해서 말해주었습니다. 그 조사결과를 검토한 후에, 저는 우리가 햇빛을 피하는 것이 구더기 무서워 장 못 담그는 것 같다는 느낌을 받았습니다. 결국 〈뉴잉글랜드 의학저널〉과 〈미국 의학협회 저널〉같은 명망 있는 학술지에 게재된 논문들은 야외에서 일하는 사람들이 항상 실내에 있는 사람들 (그리고 가끔씩 햇볕에 나가 살을 태우는 사람들) 보다 피부암에 현저하게 덜 걸린다고 보고합니다. 대기권 중에서 가장 큰 오존 구멍으로 고통받고 있다고 보고되고 있는 호주의 웨스턴 오스트레일리아 대학교에서도 그런 연구 결과가 나왔습니다.

저는 부모님들께 북쪽 위도에 사는 여인들이 햇빛이 더 많은 남쪽 지역의 여인들보다 자궁암과 유방암에 더 많이 걸린다는 것을 보여주는 조사 결과에 대해 말해주었습니다. 비슷한 연구에서, 야외에서 일하는 여성들이 유방암이나 대장암에 현저하게 적게 진행되는 것으로 나왔습니다. 햇빛이 부족하면 자궁암, 유방암, 대장암에 관련이 있는 비타민 D 결핍을 유발한다고 과학자들은 알고 있습니다. 비타민 D가 이런 종류의 암으로부터 우리를 보호하는 것입니다. 비타민 D 결핍은 또한 뼈의 손실과 골절에도 연관되어 있습니다.

제가 이렇게 말하고 있을 때, 부모님들은 열심히 집중하며 들었습니다, "과학자들은 또한 매일 권장되는 비타민 D 섭취량이 매일 햇빛에 노출되지 않는 사람들에게는 불충분하다는 것도 발견했어요. 사실, 햇빛이 많은 중동에 살고 있는 여인에 대한 두 개의 연구에서는 그들의 겉옷이 햇빛이 비타민 D로 변환되는 것을 방해했기 때문에 비타민 D 결핍으로 고통을 받고 있었다는 것을 발견했어요."

약간은 가두연설 같았지만 저는 계속 이어갔습니다. 저의 열정이 부모님의 관심을 붙들고 있었습니다. "피부암과 햇빛에 대한 대부분의 연구는 하얀 피부를 가진 사람들을 대상으로 행해졌고, 암 발병률이 더 높은 검은 피부를 가진 종족들은 햇빛에 추가적으로 노출될 필요가 있어요. 햇빛과 흑색종 사이의 연관성에 대한 연구는 일관된 디자인이나 표준화된 측정방법이 없어요. 그것이 왜 그 연구들이 상반되는 결과를 보여주는지를 설명할 수 있지요. 많은 연구에서는 선크림이 심각하지 않은 타입의 피부암에 대해서만 방어 기능이 있고 치명적인 피부암인 흑색종에 대해서는 의미 있는 방어를 하지 못한다는 것을 보여줘요. 다른 말로 하면, 배심원들은 아직도 햇빛이 흑색종을 감염시키는지 아닌지, 또는 얼마나 영향력을 발휘하는지 판결을 내리지 못하고 있어요."

"그렇다면, 너는 모든 사람들이 햇빛 속에서 더 많은 시간을 보내야 한다고 말하는 거니?" 어머니가 물었습니다.

"제가 말하고 있는 것은 햇빛이 양날의 칼이어서 절제를 하면 건강에 필요한 것이고, 과도하면 건강에 해롭다는 것을 연구 조사가 보여준다는 거예요. 특히 하얀 피부를 가진 사람들에게는 더 그렇다고 해요. 햇볕에 타는 것은 반드시 피해야 하지만 매일 최소한 한 시간 동안은 신선한 공기를 마시고 햇빛에 직접 노출시켜야 한다는 거예요.

모든 조사를 검토한 후에, 저는 아침이나 늦은 오후에 선글라스나 선크림을 하지 않은 채 밖에 나가 햇볕을 쬐는 것이 가장 건강한 방법이라는 것을 진정으로 믿게 되었어요. 결국 모든 건강한 태양광선은 눈을 통해서 몸 안으로 들어와요. 피부가 하얀 사람들은 매일 한 시간 이내로 노출을 제한하고, 그러면서 멜라닌을 기초로 하는 선탠을 만드는 거지요.

저는 또 우리가 일출과 일몰에 밖에 나가야 할 필요성이 있고, 밤에도 역시 야외에서 달빛과 별빛을 받아들일 필요가 있다고 생각해요."

저는 리차드 홉데이Richard Hobday가 쓴 〈치유하는 태양The Healing Sun〉을 부모님께 드렸습니다. 그 책은 햇빛의 건강과 질병에 대한 연관성에 대해 최근의 과학적 연구를 인용한 영국 기계공학 박사가 쓴 것이라, 저는 아버지가 그 책의 내용을 존중할 것이라고 생각했습니다.

부모님이 하와이로 휴가를 떠나기로 예정한 날 일주일 전에, 어머니에게 햇볕에 노출시키는 것에 관대해졌는지 물었습니다.

그녀가 대답했습니다, "우린 아직도 그 책을 읽고 있는 중인데, 태양에 대해서 훨씬 좋은 느낌을 갖게 되었단다. 나는 아직도 얼굴에 관해서라면 조심을 해야 하고, 수술 자국이 있는 얼굴 옆 부분이 타지 않도록 해야 한다고 생각해. 하지만 우린 태양을 즐길 것이고, '모든 일에 중용을' 이라는 조언을 따를 생각이야. 그 책은 아주 일리가 있더구나. 그것을 〈기적수업〉과 연관시키면서, 난 태양에 대한 모든 부정적인 평가가 죄의식을 조장하고 있고, 바로 그것이 나에게 일어난 일의 배후에 있는 진짜 장본인일 수도 있다고 생각해!"

저는 또, 만일 우리가 햇빛 속에서 많은 시간을 보내지 않는다면, 우리는 반드시 비타민 B12 보충제를 먹어야 한다는 사실에 대해서 생각해 보았습니다. B12가 모자라면 우리의 귀는 울리기 시작합니다 - 그것은 천사들이 우리에게 메시지를 주고 있거나 소리를 통해서 우리를 고양시킬 때 나오는 소리입니다.

정전 중에 빛을 찾다

우리는 토론토로 가는 길이었습니다. 거기서 제가 저녁 워크샵을 진행하고 스티븐이 다음날 워크샵을 진행하기로 되어 있었습니다. 승무원은 영화가 더 잘 보일 수 있도록 모두 창문 가리개를 내려줄 것을 요구했습니다. 하지만 저는 햇빛과 구름의 아름다운 모습을 완전히 차단하는 것이 참기 어려웠습니다. 결국 캘리포니아에서 토론토까지는 하루 종일이 걸릴 것이고 시간대가 변경되어 우리는 밤에 도착하게 될 예정이었습니다. 그래서 저는 햇빛을 최소한 일부라도 즐기기 위해 가리개를 반쯤 열어 놓았습니다.

"기장께서 앞으로 심한 요동이 있을 것이라고 알려왔습니다. 그래서 안전벨트 사인에 불이 들어와 있습니다. 안전벨트를 단단히 착용하신 채로 좌석에 앉아 계시기 바랍니다."

저는 한 숨을 내쉬고 천사들을 불러 우리 비행기가 안전하게 운항하도록 부탁했습니다. 저는 12명의 천사들이 비행기 중간 부분에서 등으로 비행기를 받치고 있는 것을 보았습니다. 저는 여러 해 동안 비행기가 흔들리지 않도록 도와달라고 천사들을 부르곤 했습니다. 그리고 그것은 항상 성공했습니다. (저의 청중들 중의 많은 분들이 이와 비슷한 이야기를 들려주었습니다.) 이번에도 예외는 없었습니다. 곧 승무원이 자유롭게 움직여도 된다는 안내방송을 했습니다.

토론토에서의 워크샵은 잘 진행되었습니다. 그리고 저는 캐나다에서의 시간을 즐기고 있었습니다. 러닝 아넥스Learning Annex(일반 성인을 대상으로 자기 계발, 경력 관리, 비즈니스 등의 강좌를 여는 사회교육원)가 스티븐과 저를 위해 비건 음식과 훌륭한 체육시설을 제공하는 멋진 호텔을 잡아 주었습니다 – 그 두 가지는 여행을 더 쾌적하게 해주었습니다. 다음 날 저녁, 2003년 8월 14일에 스티븐은 다섯 번째 책 〈성스런 의식Sacred Ceremony〉에 대한 워크샵을 진행할 준비가 되어 있었습니다. 이벤트 동안, 참가자들은 제단을 짓고, 북을 치고, 춤을 추고, 몸을 움직여 기도와 명상을 하는 동적인 방법에 몰두하는 것을 포함하는 그룹 의식을 하게 되어 있었습니다.

오후 4시 11분, 스티븐이 워크샵 전에 휴식을 취하고 있을 때 호텔 방에 전기와 음악이 꺼졌습니다. 우리는 호텔의 전기가 나갔다고 생각했습니다. 그때 끼익 하는 큰 소리가 나더니 방 안의 스피커에서 도시 전체가 정전이라고 알려주는 여자의 목소리가 들렸습니다. 몇 분이 지난 뒤에 다시 끼익하는 소리가 나면서 다음과 같은 안내방송이 들렸습니다. "이번 정전은 대부분의 북 캐나다는 물론 뉴욕, 뉴저지, 코네티컷, 오하이오, 미시간까지도 영향을 미친 광범위한 정전입니다."

그녀는 뉴욕의 버팔로에 있는 발전소에 문제가 발생했다고 설명했습니다. 전기가 언제 다시 들어올 것이라는 말은 없었습니다. 엘리베이터도 작동하지 않았고 호텔 방에 전기로 배수를 해주는 물도 끊겼습니다.

북쪽 하늘에는 태양이 아직도 높이 솟아 있었습니다. 그래서 스티븐과 저는 밖에 나가 살펴보려고 계단을 걸어 내려갔습니다. 우리는 근처의 스타벅스 커피숍에 들어갔습니다. 따뜻한 음료는 없었지만 병 주스와 물은 있었습니다. 커피숍 안에 있는 사람들은 모두 정전이 앞으로 어떻게 될 것인지 생각하면서 서로 초조하게 이야기를 나눴습니다. 스티븐과 저는 비극이 어떻게 낯선 사람들을 하나로 뭉치게 하는지를 보았습니다. 그런 뒤 우리는 물을 갖고 밖으로 나왔습니다.

도시는 으스스하게 조용했습니다. 시내로 물건을 사러 나온 사람들은 어떻게 집에 갈 것인지 생각하면서 길가에 앉아 있었습니다. 택시, 버스, 리무진은 본사의 컴퓨터 지시가 없이는 움직일 수가 없었습니다. 그래서 모든 대중 교통수단이 마비되었습니다. 그리고 약탈자들이 시내로 들어와 이 상황을 악용할 것을 방지하기 위해서 어떤 자동차도 시내로 들어오는 것이 허용되지 않았습니다.

우리 호텔은 규정을 지키기 위해서 등록된 호텔 투숙객에게만 제한적으로 음식을 제공하고 있었습니다. 음식재료가 새로 들어올 수 없었기 때문입니다. 식사는 조리가 필요하지 않은 샌드위치나 샐러드 같은 것에만 한정되었습니다. 해가 지자, 스티븐과 저는 촛불이 켜진 식당에서 샐러드를 먹고 천사에게 기도했습니다.

비상구를 통해 십 층을 걸어 올라가면서, 저는 우리 둘이 모두 신체적으로 건강한 것을 조용히 감사했습니다. 많은 투숙객들이 격한 움직임에 익숙하지 않아 계단에서 헐떡거리고 있었습니다. 천사들은 저와 스티븐에게 스태미나와 힘이 필요하게 될 앞으로의 상황에 최상의 조건을 갖추는 것이 얼마나 중요한지를 말해준 적이 있었습니다. 우리는 마지막 계단을 오르면서 천사들의 말을 들은 것을 감사했습니다.

스티븐은 〈성스런 의식〉 수업을 위해 초를 가져왔는데, 정전으로 그 수업이 취소되어 우리는 그 초를 감사한 마음으로 켰습니다.

"전구가 발명되기 이전에는 우리의 삶이 이런 식이었지요." 제가 스티븐에게 말했습니다.

"맞아요. 전구가 이른 밤까지 낮 시간을 인공적으로 연장하기 전까지는 그랬지요." 그가 동의했습니다. 우리는 인간의 자연스런 생물학적 주기의 리듬이 어떻게 새벽에 깨어나고 해가 진 다음에 잠을 자는 데에 맞춰졌는지에 대해 이야기했습니다. 저는 나중에 당뇨병, 암, 심장병 같은 현대의 질병이 1920년도에 전구가 가정에서나 직장에서 광범위하게 사용된 바로 그 때부터 시작되었다는 것을 발견했습니다.

저는 이전의 연구에서 중요한 뇌 화합물, 특히 세로토닌이 우리가 자는 동안 생성된다는 것을 배웠습니다. 만일 우리가 인공조명 때문에 집단적으로 잠을 약탈당한다면, 그것은 또한 세로토닌을 집단적으로 약탈당하는 것입니다. 세로토닌이 기분과 에너지 수준, 그리고 식욕 촉진 (특히 단것과 빵 같은 탄수화물에 대한) 을 관장하기 때문에 인공조명은 비만, 우울증, 그리고 생명을 위협하는 질병의 배후에 있는 진범일 수 있습니다.

토론토 호텔의 낮은 조명 속에 앉아 어두워진 바깥풍경을 내려다보면서 사람들이 일찍 잠을 잤던 옛날을 상상하는 것은 쉬운 일이었습니다. 그 시대에는 TV나 이메일 같이 사람들을 계속 깨어있게 만드는 전자 각성제가 없었지요. 저녁 식사 후에 어쩌면 불 옆에서 이야기를 나누다가 8시나 9시에 잠이 드는 것은 지극히 자연스런 일이었을 것입니다.

저는 주의력 결핍 과잉 행동장애(ADHD)에 사용되는 리탈린이나 우울증에 사용되는 프로작 같은 인공 세로토닌 또는 유사 세로토닌을 만들어낸 현대의 약에 대해서 생각해 봤습니다. 세로토닌 부족은 생리전증후군, 야뇨증, 비만과도 관련이 있습니다. 저는 이런 생각이 들었습니다. '우리 모두가 밤에 잠을 더 잘 필요가 있는 것처럼 들려!' 그때 제게 아이디어가 하나 떠올랐습니다.

"여보, 밖에 나가서 달과 별을 봐요." 제가 스티븐에게 말했습니다. "정전을 틈타서 밤하늘을 봐요."

자연광신자인 스티븐에게 두 번 물어볼 필요도 없었습니다. 우리는 계단을 쏜살같이 내려가 텅 빈 거리로 나갔습니다. 벨벳 캔버스 같이 깜깜한 하늘을 배경으로 다이아몬드 별들이 반짝이고 있었습니다. 모퉁이를 돌아서자 보름달처럼 거의 꽉 찬 달이 우리를 밝게 맞이했습니다. 우리는 하늘에서 튀어나온 달과 별들이 평상시 가로등이 있을 때보다 훨씬 가까이서 움직이는 모습을 놀란 눈으로 바라보았습니다. 조금 있으려니 다른 사람들이 우리가 달을 보는 것을 눈치 채고는 주변에 몰려들었습니다. 우리는 모두 함께 어머니 자연의 빛 쇼를 감탄의 눈으로 지켜보았습니다.

방으로 돌아온 후 스티븐과 저는 천사들에게 우리가 다음 목적지로 갈 수 있게 도와달라고 기도했습니다. 우리는 아틀란타에서 토요일 아침에 2천명 앞에서 강의를 하기로 예정되어 있었습니다. 그래서 만일의 경우를 대비해 안전하게 다음날 금요일에 토론토를 떠나야 했습니다. 그런데 토론토 공항은 물론 주변의 다른 공항도 모두 폐쇄되었습니다. 그 뿐만 아니라, 택시나 버스나 리무진이나 어떤 교통수단도 이용할 수 없었습니다. 제가 강의를 하기 위해서는 기적이 필요했습니다.

저는 우리의 전기 의존에 대해서 생각해 보았습니다. 모든 것이 연결되어 있는 것처럼 보였습니다. 만일 전기가 없다면 우리의 세상이 어떻게 될 것인지 경험하고 있었습니다. 저는 정전이 시운전이었고 신호였다는 것을 깨닫게 되었습니다. 우리는 태양의 힘과 달의 힘의 사용을 강화하든지, 아니면 전기에 대한 의존을 완전히 줄이든지 해야 할 필요성이 있습니다.

그날 밤 10시 45분에 토론토의 거리 일부에 전기가 복구되었습니다. 그 거리에는 우리 호텔도 포함되어 있었습니다. 빛이 돌아온 것입니다! 기적적으로 우리는 이착륙을 재개한 뉴욕의 버팔로 공항으로 데려다 줄 택시회사를 발견했습니다. 공항 안 대기소에서 저는 제 옆자리에 깃털이 있는 것을 발견했습니다. "천사들이 우리를 도와주려고 여기에 있어요!" 저는 그 신호를 보여주면서 스티븐에게 말했습니다. 그리고 아틀란타 호텔에 들어왔을 때, 두 번째 깃털이 우리 방 안에 있는 것을 발견했습니다. 우리의 기도가 응답받았다는 것은 의심의 여지가 없었습니다.

며칠이 지나지 않아 나머지 동부해안에 전기가 복구되었습니다. 5천만 명에게 피해를 준 사상 최대의 정전은 이렇게 끝이 났습니다. 하지만 런던과 이태리에서 그 후로 두 달 동안 거대한 정전을 경험하게 되면서 대체에너지를 찾아보라고 경고하는 신호는 계속되었습니다.

제9장

아틀란티스의 마법사

9월이었습니다. 우리가 매년 마법의 땅 호주를 방문할 때입니다. 우리 여행의 첫 번째 일정을 위해서 저는 세 명의 영능력자, 즉 고든 스미스(별칭 스코틀랜드의 초능력이발사), 존 홀랜드, 소냐 초케트와 함께 여행했습니다. 저는 우리의 행사를 '영능력자들의 퍼레이드'라고 불렀지만 우리의 출판사이자 후원사인 헤이 하우스는 공식적으로 '직관의 메신저'라고 불렀습니다. 우리 네 명은 하루 종일하는 워크샵을 위해 무대를 나누어 썼습니다. 거기서 우리는 무작위로 청중에게 리딩을 해주고 간단한 강의를 해주었습니다.

세 명의 연사가 각자 자기 나라로 돌아가고 난 뒤에, 스티븐과 저는 브리스베인에 남아 제가 가르치는 3일간의 인증과정을 준비했습니다. 엔젤테라피 시술자 훈련의 고도로 농축된 과정인 '엔젤 직관Angel Intuitive' 과정은 브리스베인, 멜버른 그리고 시드니에서 개최되고 있었습니다.

동시에 저는 이 책을 마쳐가고 있었습니다. 저는 때때로 불안했습니다. 그러면 앉아서 타이핑을 해야겠다고 생각하면서도 가끔씩 게으름을 피우곤 합니다. 결국 천사들과 기도로 대화를 한 후, 저는 이 불안이 전생과 연관이 있다는 결론을 내렸습니다. 전생에서 저는 이 책에서 제시하고 있는 정보를 누설했다는 이유로 죽임을 당했었습니다.

스티븐이 저와 전생 작업을 했고, 우리는 결국 제가 이런 종류의 작업을 한 교사였다는 이유로 한 생에서는 목이 잘리고, 다른 생에서는 교수형을 당한 것을 발견했습니다. 그가 이 사실을 밝혀주자 마자 제 목 주위에 마른 살갗 위로 깊고 울퉁불퉁한 빨간 선이 나타났습니다. 그것이 사라질 때까지 일 주일이나 걸렸습니다. 그것과 함께 그 불안은 치유되었습니다.

브리스베인에 머무는 동안, 저는 아틀란티스로의 전생퇴행과 아틀란티스의 천사들로부터 받은 몇 개의 메시지를 조사했습니다. 저는 전생퇴행 중에 헤르메스가 힐링 사원의 피라미드를 빛으로 채운 것을 기억해 낸 것에 흥미를 느꼈습니다. '헤르메스가 누구였을까?' 저는 궁금했습니다. 그는 아틀란티스에 살았고 아틀란티스를 자비롭게 통치했던 불멸의 강력한 남자인 것으로 보였습니다. 그렇습니다, 그는 그리스의 신으로도 알려져 있었고, 이집트의 신 '토트'로 여겨지기도 했습니다. 그는 심상화와 연금술을 통해 물질화하는 하는 기술인 '헤르메스 과학'을 창조한 것으로 알려졌고, 그의 작업은 프리메이슨과 장미십

자회 같은 비전 그룹의 기초였다고 말해집니다. 미국 화폐 배경에 있는 눈달린 피라미드는 프리메이슨 창시자가 만들었다고 합니다. 이 눈과 피라미드가 제가 아틀란티스의 힐링 사원에서 보았던 것과 똑 같다는 것이 얼마나 흥미로운지, 저는 숨이 턱 막혔습니다.

저는 그리스에서 만난 영능력이 있는 역사학자 니콜라스에게 헤르메스와 아틀란티스 사이의 관계에 대해서 묻는 이메일을 보냈습니다. 그러나 니콜라스는 제 이메일에 답장을 하지 않았습니다. 저의 천사들은 니콜라스가 문장을 남기는 것을 두려워하고 있다고 말해주었습니다. 전생에서 비전의 비밀을 발설함으로써 엄청난 고통을 받았었기 때문입니다.

그래서 저는 명상을 하면서 헤르메스에게 빈 공란을 채워달라고 부탁했습니다. 저는 즉시로 아틀란티스가 차원상승했다고 말하는 묵직한 남자의 목소리를 들었습니다. "그곳이 당신이 영혼 여행의 꿈을 꾸던 중에 방문했던 크리스탈라인 성이 있던 곳이다." 헤르메스는 자기가 유명한 구절 "위에서 이루어진 것 같이 아래에서도 이루어지리라."를 만들었다는 사실을 상기시켜주었습니다. 그것은 아틀란티스가 천국을 지상에 가져오려는 시도였다는 사실을 말하고 있습니다. 그런데 천국은 고밀도의 에너지 속에서 머물 수가 없어 차원상승할 수밖에 없었습니다.

다음 날, 저는 지난해 엔젤 직관 과정을 졸업한 분들을 위해 브리스베인에서 강의를 했습니다. 저는 그 반을 아틀란티스의 크리스탈 침대 힐링 명상으로 인도하기로 마음먹었습니다. 그렇게 하고 있는 동안, 저는 차크라 위에서 크리스탈 포인트를 통해 색깔 있는 빛의 방사를 맡은 일곱 명의 고위 여사제들을 보았습니다. 그때 저는 한 고위 남성사제가 들어오는 것을 보았습니다. 처음에는 그가 명상을 하는 학생들을 불편하게 만들지도 모르겠다는 걱정을 했습니다. 왜냐하면 아틀란티스 사제들에 대한 저의 과거 경험은 그리 긍정적이지 않았기 때문이었습니다. 그런데 그 고위사제의 얼굴을 자세히 보는 순간, 저는 깜짝 놀랐습니다. 그는 틀림없이 멀린이었습니다! 저는 그와 몇 년 동안 같이 작업을 해서 그를 잘 알고 있었습니다. 그는 마법사의 모습을 하고 있었습니다. 그리고 그 모습으로 크리스탈 힐링 침상에 있는 사람들에게 손을 뻗쳤습니다. 멀린은 그 사람에게서 오래된 심령의 상처와 독소의 잔재를 풀어냈습니다.

그런 뒤 그가 제 눈앞에서 헤르메스의 모습으로 변신한 것입니다! 저는 제가 보고 있는 것을 그 반에 설명해주면서 또 다시 소스라치게 놀랐습니다. 멀린과 헤르메스가 같은 사람이었습니다!

그 수업이 끝난 뒤, 호텔 방에 들어오자마자 저는 곧바로 채널링 세션에 들어가 멀린이자 헤르메스에게 설명해달라고 부탁했습니다.

"어떻게 헤르메스가 멀린과 관련되어 있지요?" 제가 물었습니다.

"당신이 오늘 아침에 아틀란티스로 되돌아갔을 때 우리를 알아차리지 않았소! 내 변신이 당신을 놀라게 할 정도로 빨리 일어나지는 못했지만. 농담이오, 친구. 그것은 당신 청중들을 즐겁게 해준 것이었을 뿐이오. 우리가 아발론과 아틀란티스가 동시에 있었다고 말한 것을 기억하시오? 나는 두 전통을 내려다보고 있었소. 복도의 양 면을 다 지켜보고 있는 것이라 할 수 있소.

이집트의 파라오 람세스도 나를 부르고 있었소. 그리고 나는 내 꿈에서 그를 방문하고 있었다오. 바로 그때가 그가 나를 토트 또는 라다라는 이름으로 부른 때였소. 그래서 나는 전설 속의 인물이 되었소. 왜냐하면 나는 물리적인 형태로 나타나는 것이 아니라, 신비로운 꿈의 형태로 나타나기 때문이오. 많은 '신들'과 '여신들'은 유령 같은 모양이오. 왜냐하면 그들은 신비가들에게 꿈이나 명상 속에서 나타나는 고도로 진화된 살아있는 사람들이기 때문이오."

"아틀란티스 힐링 사원 안에 있는 피라미드에서 본 황금빛은 어떤 것이지요?" 제가 물었습니다.

"그렇소, 그것은 신-진리의 영원한 불꽃이오. 나는 그것을 거꾸로 집어 들고 미래에 수억 겁 동안 지속되도록 지구의 핵과 지각 속에 불어넣었소. 그것은 경배와 기도의 여러 센터에 보내졌소. 그것을 당신들은 이제 파워스팟이라고 알고 있소. 그것에서 뻗어나오는 선 – 당신들이 레이라인이라고 부르는 – 이 각각의 지점으로 인도해 주는 이유가 바로 그것이오. 그것은 우리 모두가 집단적으로 하나 된 정신으로 손을 잡는 방법이오. 그 불꽃은 어느 누구에 의해서든, 그리고 언제든 부를 수 있소. 그리고 당신들이 모든 사람 안에 있는 황금빛을 내려 보내려는 의도를 가

짐으로써 그 불꽃을 지구의 내적인 환경으로 확산시키는 일에 관심을 갖는 것을 환영하오.

그리고 또, 사원 지붕에 있는 구멍이 크리스탈 피라미드 속으로 황금빛의 햇빛을 보냈다는 것을 기억하시오. 위에서 이루어진 것 같이 아래에서도 이루어지리라! 태양의 황금빛 치유의 빛은 당신들이 찾는 신-사랑의 거울이오. 햇볕을 쪼여 온기를 받고, 그 안에서 치유되도록 하시오. 그리고 다른 사람들에게 햇빛을 피하지도 말고, 그들이 찾고 있는 사랑도 피하지 말라고 가르쳐 주시오."

"아틀란티스가 지금 산토리니가 있는 곳이었나요?" 제가 물었습니다.

"아틀란티스는 지구 전체에 걸쳐 여러 장소에 널리 퍼져 있었소. 그곳은 인도네시아 해변에서 발리까지 지금 당신들이 샴발라Shambala라고 부르는 곳에 더 가깝소. 그것은 호주와도 연결이 되어 있었다오. 그리스에서 이집트로 연결된 반도라고 생각하는 게 옳을 것이오. 그리고 그곳은 여러 억 겁 동안 선조들을 위한 곳이었고 또한 아틀란티스의 계승자를 위한 곳이었소. 그것은 인간기능의 과도기에 있었고, 그리스인들은 인류를 여러 방향으로 나아가게 한 이상주의자들이었소.

피타고라스는 에테르적으로나 물리적으로나 내 학생이었소. 당신은 고대 이집트 시대에 그를 잘 알았소. 거기서 당신은 한때 그와 같이 공부했었지. 당신은 여러 방법으로, 그리고 여러 생 동안 그의 학생이었소. 피타고라스는 항상 가르침들을 잘 받아들였고, 이 지혜를 실행에 옮기는 데에 두려움이 없었소.

아틀란티스가 가라앉은 후 이집트에서의 내 삶은 좋았었소. 그때 나는 거기서 토트로서 물리적인 역할에 뛰어들 수 있었다오. 그것이 이전에 나를 꿈속에서 지켜보기만 했던 많은 사람들을 놀라게 했소. 나는 우리가 아틀란티스에서 축적한 치유의 지혜와 지적인 지혜 모두를 이집트로 가져왔소."

천사와 뱀

브리스베인 호텔은 오리 연못, 고대의 무화과나무, 수많은 새와 주머니쥐를 자랑하는 식물원 근처에 있었습니다. 스티븐과 저는 매일 햇빛과 신선한 공기를 즐기면서 공원을 가로질러 조깅을 했습니다.

헤르메스, 아틀란티스의 천사들, 스톤헨지의 돌들이 태양과 별과 달빛의 중요성에 대해 가르쳐줬기 때문에 저는 더 자주 야외로 나가곤 했습니다. 스티븐과 저는 매일 선글라스 없이 최소한 한 시간 동안 밖에서 시간을 보내기로 했습니다. 실내에 있을 때는 신선한 공기와 걸러지지 않은 태양과 달빛이 들어오도록 창문을 열고 발코니 문을 열어 두었습니다. 우리는 우리가 묵을 호텔의 위치를 바깥과 연결될 수 있는 발코니와 함께 창문을 열 수 있는 곳으로 제한하기 시작했습니다.

제가 조깅을 할 때, 들여 마시는 산소의 양이 늘어나면서 천사의 영역과 저 사이에 더 강한 연결이 만들어진다는 것을 늘 알게 되었습니다. 천사들은 말하기를 지구에서는 그들의 메시지가 산소의 분자 위에 얹어져서 전달된다고 했습니다. 우리가 더 많은 공기를 호흡하면 할수록, 그 연결은 더욱 더 강해집니다. 그래서 어느 날, 브리스베인 공원에서 조깅을 하는 동안 천사의 메시지가 내려오는 것은 놀라운 일이 아니었습니다.

"인간의 육체는 뱀과 천사로 구성되어 있다." 그들이 말했습니다. 이것은 제가 거의 일 년 내내 받고 있었던 한결같은 메시지였습니다. "뱀의 머리는 '파충류 뇌'로 알려진 당신의 뇌이다. 뱀의 몸이 당신의 척추이고, 그것은 또한 차크라 시스템이 일렬로 늘어선 것이다. 뱀은 당신의 본능적인 본성이다. 그것은 당신을 잘 섬기며 생존의 의도에 따라 정렬된다. 뱀은 생존하기 위해 햇빛과 따뜻함이 필요하다. 그러니 잘 돌봐주어라. 그것은 당신의 빛 육체를 나타낸다. 그것은 순수한 빛으로 구성되어 있다.

인간의 천사 같은 면은 모든 사람의 순수한 사랑, 바로 그 부분이다. 어떤 사람이 어떻게 행동을 하든, 그들 안에는 천사가 있다는 것을 기억하라. 이 부분이 영혼이고 정신이다. 그것은 서로 주고받으면서 사랑 위에서 성장한다. 이상적인 건강은 당신이 안에 있는 뱀과 천사 둘 다에 주의를 기울일 때 얻어진다. 어느 한쪽도 무시하지 마라. 대신 그들 모두에게 풍부한 빛과 사랑을 공급해라.

아틀란티스의 고대인들은 뱀과 천사를 결합하는 지혜를 알고 있었고, 그것을 천사와 뱀이 합쳐 있는 헤르메스의 지팡이 즉, '카두세우스the caduceus' 라고 불리는 힐링 메달로 상징화했다."

저는 헤르메스의 지팡이가 어떻게 생겼는지를 정확히 기억해 낼 수 없었습니다. 제가 알고 있는 것은 뱀이 어떤 기둥을 두르고 있다는 것뿐이었습니다. 저는 달리기를 마칠 때까지 기다릴 수가 없어 인터넷에 접속하여 그 상징을 찾아보았습니다. 땀을 뚝뚝 떨어뜨리며 구글의 이미지 란으로 들어가서 caduceus라는 단어를 입력했습니다.

수백 개의 이미지가 나타나자, 저는 숨이 턱 막혔습니다. 헤르메스의 지팡이, 카두세우스는 기둥의 머리 부분에 천사의 날개가 있고 그 주위를 두 마리의 뱀이 두르고 있습니다! 제가 달리고 있는 동안 천사들이 말해준 것과 똑같이 그것은 뱀과 천사가 합쳐진 완벽한 상징이었습니다.

의학계에서 이 상징을 건강의 표시로 채택했다는 것이 얼마나 완벽한가요! 그것은 낮은 자아와 높은 자아, 지상의 자아와 천상의 자아 둘 다를 돌보고, 신체적인 요구와 정신적인 요구의 균형을 맞추는 고대의 지혜를 보여주고 있습니다. 그것은 또한 인간의 어두운 그늘을 받아들이는 것을 보여주고 있습니다. 진정한 건강은 우리의 그늘진 면을 부정하려 하거나 그것을 부끄러워하는 것이 아니라, 우리 정신의 어두운 면을 받아들이는 것을 뜻합니다. 이런 그늘이 자연에서는 어찌 되었든 본질적인 것입니다.

두 마리의 뱀은 또한 이중 나선구조의 DNA를 나타냈습니다.

저는 제 친구 그렉 브레이든Gregg Braden의 책 〈신 코드The God Code〉를 생각했습니다. 그 책에서 그는 DNA의 코드를 고대 히브리어와 연결시켰습니다. 그렉은 모든 사람들의 DNA가 독특하고 개별적이라고 해도, 각 쌍은 신을 말하는 히브리어에 수리학적으로 일치하는 값으로 부호화되어 있다는 것을 발견했습니다. 다시 말하자면, 신이 모든 사람의 유전자에 부호화되어 있다는 것입니다.

그리고 저는 헤르메스 지팡이의 역사를 살펴보고, 그것이 헤르메스가 아틀란티스와 고대 이집트에서 가지고 다녔던 힐링 지팡이였다는 것을 발견했습니다! 모든 것이 빙 돌아서 제자리에

왔습니다. 아틀란티스 치유사원의 고대 비밀들이 다시 표면으로 드러났습니다. 그리고 그것은 크로니스 박사가 산토리니 섬에서 저에게 말해준 간단하고 상식적인 말로 구체화되었습니다.

"빛 더하기 사랑은 치유입니다."

(제 이야기는 제 책 <여신들과 천사들 Goddesses & Angels>에서 계속됩니다.)

제2부

천사치유의 단계와 이야기

제10장

천사치유의 원칙에 대한 소개

이 장에서는 "빛 더하기 사랑이 치유"라는 것을 실제적으로 적용하는 법을 이야기할 것입니다. 엔젤메디신이란 우리 자신의 신체적인 면과 영적, 정서적인 면 둘 다에, 또는 우리가 치유하려고 하는 사람에게 주의를 기울이는 것을 의미합니다. 이 두 요소는 매우 실제적이고, 사람의 신체적, 정서적, 지적, 영적인 건강에 균형과 조화와 건강을 가져다주는 데에 똑같이 중요합니다. 이 방법은 또한 이 장에서 읽게 되겠지만 사람의 물질적인 삶에도 치유를 가져다주며, 돈이나 소위 무생물이라고 불리는 것도 치유할 수 있습니다.

빛과 사랑으로 작업하는 데에는 많은 방법이 있고, 치유의 방식을 선택할 때 그 많은 방법 중에서 선택할 수 있습니다. 2장에 나오는 많은 치유의 이야기 속에서 빛과 관련된 여러 요소가 사랑에 관련된 다른 요소들과 혼합될 때, 드라마틱하고 아주 빠른 치유가 일어나는 것을 보게 될 것입니다. 이런 요소를 더 많이 이용하면 할수록 더 좋은 결과를 보게 됩니다.

빛 치유의 요소

빛은 지상의 삶과 연결된 우리의 일부입니다. 그것은 우리의 본능, 육체, 건강, 차크라 시스템으로 구성되어 있습니다. 빛은 진동으로 구성되어 있어 레이끼나 촉수요법 같은 에너지 힐링을 포함합니다. 빛은 또한 색깔로 구성되어 있어 치유나 보호를 위해 색깔을 심상하거나 의도하는 것도 이 범주 안에 속합니다. 빛은 우리의 신체적인 에너지체인 것입니다.

당신 스스로나 다른 사람을 위한 치유를 행할 때, 그 상황에 빛을 더 많이 끌어들이는 방법이 여기에 있습니다.

- 소망하는 결과에 대해 아주 분명한 의도를 갖는 것
- 크리스탈을 사용하는 것
- 여과되지 않은 햇빛 또는 일출이나 일몰, 별, 달에서 나오는 빛을 흡수하는 것
- 레이끼, 프라닉pranic, 기공, 촉수요법 등의 치유 에너지를 보내는 것
- 에테르 코드 자르기, 영을 풀어주거나 비워주는 것을 포함하는 차크라 정화 수련

- 빛과 색깔로 당신 스스로나 다른 사람을 둘러싸는 것을 심상하는 것

사랑 치유의 요소

사랑은 우리의 감정체 (우리의 육체적인 자아와 정신적인 자아 사이를 연결하는 다리)는 물론 영과 혼으로 구성됩니다. 사랑과 함께 작업하는 몇 가지 예는 다음과 같은 것을 포함합니다.

- 믿음과 신앙을 갖는 것
- 두려움을 놓아버리는 것
- 연민을 느끼는 것
- 감사를 느끼는 것
- 기도와 명상
- 당신 자신과 다른 사람들에게 친절하게 행동하는 것

천사: 사랑과 빛

치유에 있어서 천사들을 부르는 것이 그렇게 효과적인 이유 중의 하나는 천사들이 어떤 상황이나 사람에게 빛과 사랑을 모두 가져다주기 때문입니다. 당신이나 다른 사람이나 누구든 곤경에 처한 사람 옆에 있어달라고 천사들에게 부탁하면, 그들은 무조

건적인 사랑과, 고요하고 믿음으로 가득 찬 본성과 연결된 내면의 따뜻하고 밝은 빛으로 찾아옵니다.

긴급한 상황이 경계경보를 울릴 때, 제일 먼저 뛰쳐나오는 것이 믿음입니다. 우리의 확신을 굳건히 하고 모든 것이 잘 될 것이라고 스스로를 안심시키기 위해 우리는 천사들에게 기댈 수 있습니다. 우리는 신성의 법칙을 믿는 그들의 신앙을 이용할 수 있습니다. 천사들은 우리가 공포로부터 해방되어 믿음으로 가득 찰 수 있게 도와줄 수 있습니다. 치유의 마스터이자 스승으로써 예수는 평생 이렇게 가르쳤습니다. "너희가 믿음대로 될지어다."

다음 몇 개의 장에서는 치유를 위해 어떻게 빛과 사랑을 이용하는지를 보게 될 것입니다. 또한 빛과 사랑을 부름으로써 건강과 삶이 치유된 사람들에 대한 이야기도 읽게 될 것입니다.

제11장

빛 보기 – 순수한 의도의 힘

현실화시키려고 하는 것이 무엇이 되었든, 당신이 무엇을 원하는지를 확실히 하는 것이 중요합니다. 천사치유는 즉시 일어날 수 있고, 당신은 바로 치유될 수 있습니다. 그 비결은 당신이 아주 뚜렷하게 즉각적인 치유를 요구하는 것입니다. 당신은 이것이 옳은 것인지 의심하거나 두려워하는 마음에서 벗어날 필요가 있습니다. 어떤 이는 하늘에 요구하는 것이 불경스럽다고 걱정할지도 모릅니다. 그리고 이 두려움이 즉각적인 치유를 방해할 수 있습니다. 결과는 당신의 욕구가 얼마나 명백한가에 따라 달리 나타납니다.

우리 내면의 빛은 바로 그런 우리의 일부에서 나오는 것이고, 그것은 본능입니다. 동물과 새는 생존을 위해 본능을 이용합니다. 뱀이 그의 먹잇감에 시선을 고정시킬 때, 그는 먹고자 하는 아주 분명한 의도를 갖고 있습니다. 그는 이렇게 생각하면서 주저하지 않습니다. '내가 먹을 자격이 없으면 어떻게 하지?' 또는 '이것이 신의 뜻이 아니면 어떻게 하지?' 명백한 의도가 없다면 그 뱀은 굶어 죽을 것입니다. 우리가 생존을 위해 산 짐승을 쫓을 필요는 없겠지만 우리의 세속적인 욕구를 현실화시키기 위해서는 똑같이 명백한 의도가 있어야 합니다. 우리는 아직도 우리 안에 존경과 주목을 바라는 본능이 있습니다.

이것은 결과가 일어나게끔 압박하거나 강압하는 것과 똑같은 것은 아닙니다. 우리가 어떤 일이 일어나게 노력할 때, 우리는 욕망하는 목적지에 도달하기까지 방해를 받게 됩니다. 강압과 압박과 관련된 부정성이 우리가 두려워하는 바로 그것을 끌어들이는 이유가 바로 그것입니다. 이러한 두려움은 당신이 어떤 결과를 얻을 수 있게 될 것인지, 당신이 그것을 얻을 자격이 있는지, 미래에 그 요구된 결과를 계속 유지할 수 있게 될 것인지, 그리고 당신의 성공에 대해 다른 사람들이 어떻게 생각할 것인지에 대한 걱정을 포함합니다.

아주 분명한 의도를 갖는다는 것은 느긋하게 확신하는 마음가짐을 갖는 것을 의미합니다. 당신이 치유됨에 따라서 당신이 사랑하는 사람과 사회를 도울 수 있는 더 나은 위치에 있게 된다는 것을 항상 마음속에 간직하고 계십시오. 강한 사람, 치유된 사람, 안정감 있는 사람으로서, 당신은 더 자유롭게 기쁨과 열정으로 나눠줄 수 있는 더 많은 자원을 얻은 것입니다.

치유의 두려움 극복하기

만일 당신의 일부가 건강해지기를 원하면서 다른 부분은 그것을 두려워한다면, 바로 그것이 당신이 현실화시키고자 하는 것을 방해할 것입니다. 치유되기 위해서는 당신이 건강에 대한 아주 분명한 의도를 갖고 있어야 합니다. 명백한 의도가 있으면 즉각적인 치유 같은 기적이 가능해집니다.

기적수업은 즉각적인 치유가 정상적인 것이라고 말합니다. 하지만 많은 사람들이 질병으로부터 즉각적으로 치유되는 것을 너무 기괴한 일이라고 생각합니다. 서양 의학이 치유는 정기적으로 의사를 찾아가 몇 주 동안 또는 몇 달 동안 약을 먹은 후에 서서히 일어나는 것이라고 믿고 있는 이유가 바로 그것입니다. 우리가 즉각적인 치유를 원하는 것은 마치 유령을 보는 것처럼 우리를 두려워하게 만듭니다. 따라서 우리는 치유를 기도하면서 한 발은 액셀레이터에 놓고 다른 발은 브레이크에 놓고 있는 것입니다. 즉, 치유를 기도하면서 무의식적으로는 그런 일이 일어나지 않기를 기도하고 있습니다. 그런 일이 우리를 두려워하게 만들기 때문입니다.

제 고객들 중에도 자기들이 즉각적인 치유를 받을 자격이 없다는, 그래서 치유가 일어났을 때에도 그것을 받아들일 수 없었다는, 깊이 뿌리박힌 두려움을 표현하는 분들이 있습니다. 귀에 난 종기를 치료해 달라고 부탁한 한 여인이 생각납니다. 나는 그녀의 귓불에 손을 얹고 그녀의 귀가 나았다고 확신하면서 귀를 통해 에너지를 보내고 있었습니다. 종기는 즉시 줄어들고 분해되기 시작했습니다. 그 여자분은 자기 귀를 잡고 치유가 그렇게 빨리 일어난 것을 믿을 수 없다고 계속 소리를 질렀습니다. 나는 그분에게 똑같은 경험을 한 루이스 헤이의 이야기를 들려주었습니다.

루이스는 예전에 콘택트렌즈가 필요한 고객을 즉시 치료한 경험을 이야기해주었습니다. 말하자면 그 여자분이 완벽한 시력을 갖게 되었다는 것이지요. 그 여인은 당연히 기뻐했습니다. 하지만 그 치유가 너무도 즉각적으로 일어난 것에 대해 너무도 놀라워 계속해서 이렇게 소리쳤습니다. "오, 세상에! 내가 더 이상 안경이 필요하지 않게 되었다는 게 믿을 수가 없어요. 믿을 수가 없어요!" 자신의 시력이 회복된 것을 믿을 수가 없다고 너무도 여러 번이나 단언하자, 그녀는 곧 다시 안경을 껴야만 하게 되었습니다.

왜 사람들은 건강을 두려워하는 것일까요? 제가 치유를 하는 동안 저는 다음과 같은 이유를 발견했습니다.

– **'신의 의지'에 대한 두려움** 어떤 사람들은 자기들이 아프기를 신이 원하고 있다는 두려움을 갖고 있습니다. 그래서 그들은 자신들의 의지보다 더 큰 의지를 침범하는 것을 두려워합니다.

하지만 만일 우리가 신이 사랑이라고 진정으로 믿는다면, 만일 우리가 신이 선하다고 진정으로 믿는다면, 왜 창조주가 사랑과 선 이외의 다른 것을 원하겠습니까? 사랑 그 자체이신 그 분은 결코 우리를 시험하지 않습니다. 우리를 성장하게 하려고 고통을 이용하지도 않습니다. 우리의 에너지와 건강이 빛나고 진동하고 있다면, 우리가 신의 계획에 더 쓸모 있지 않을까요?

건강을 기도할 때, 이것이 당신을 위한 신의 의지라는 것을 명백히 하십시오. 당신은 이 행성에 매우 많이 필요한 지구 천사 중의 하나입니다. 신의 평화를 위한 계획이 원활하게 움직이는 데에 모든 손이 필요합니다. 어떤 일꾼이 자신에게 주어진 과업을 하지 않기로 선택할 때, 다른 일꾼은 두 사람 몫의 일을 하게 됩니다.

– **고통에 대한 반대 감정 병존** 어떤 사람들은 모든 삶이 고통이고 그 고통은 피할 수 없는 것이라고 믿습니다. 고통으로부터의 해방은 있을 수 없는 것이라고, 그러니 그것을 성취하려고 애쓸 이유가 없다고 생각합니다.

많은 사람들이 고통은 개인적이고 영적인 성장에 유일한 길이라고 믿는다고 말했습니다. 고통에 담겨진 중요한 삶의 교훈을 지나치려고 한다면, 그들의 영혼은 부당한 대우를 받게 될 것이라고 합니다. 하지만 천사들은 저에게 말했습니다. 우리가 고통을 통해서 더 강해질 수도 있지만 또한 평화를 통해서 더 빨리 성장할 수 있다고 말이지요.

우리가 평화롭게 될 때, 우리는 세상의 평화에 중요한 기여를 합니다. 우리는 우리의 평화로움을 통해서 다른 사람들에게 영감을 주기도 합니다. 병들거나 다치는 것은 어느 누구에게도 전혀 영감을 주지 못합니다. 하지만 육체적인 한계를 뛰어넘고 치유하는 것은 항상 보는 이들에게 희망을 줍니다.

- **변화에 대한 두려움** 만성병이나 오래된 부상은 하나의 생활방식 – 그리고 장기적인 프로젝트가 될 수 있습니다. 건강해지는 것은 공허한 틈을 남겨놓습니다. 그것을 어떤 사람들은 본능적으로 두려워합니다. 〈기적수업 – 교사를 위한 매뉴얼〉에서는 이렇게 말합니다. "질병의 모든 형태, 심지어는 죽음까지도 깨어남에 대한 두려움의 신체적인 표현이다." 달리 말하자면, 질병은 우리의 마음을 너무도 바쁘게 만들어 우리 자신의 내면을 들여다보고 우리 삶의 목적을 들여다보는 것을 피하게 만듭니다.
- **부차적인 소득** 그것을 받아들이자: 우리는 질병과 부상에 대해 많은 동정과 위로 카드와 꽃으로 보상받습니다. 학교나 직장에서 장기적인 장애에 대해 보상금은 물론 휴가를 받기도 합니다. 우리는 이런 보상이 계속되기를 무의식적으로 욕망하고 있거나, 최종적으로는 우리의 몸이 낫는 것을 저항하고 있을지도 모릅니다.
- **자존심** 제가 상담을 한 많은 분들이 깊은 내면으로는 행복이나 건강을 받을 자격이 없다고 믿고 있다는 것을 인정했습니다. 그들은 또한 완벽하지 못한 삶을 살면서 천국으로부터 주목받는 것이 타당한 것인지 의심합니다.

  저는 그들에게 우리 중 아무도 완벽한 삶을 살지 않지만 우리는 아직도 신의 완벽한 자녀임을 볼 수 있게 도와줍니다. 우리는 모두 똑같이 아무 조건 없이 사랑받고 있습니다.
- **건강에 대한 고정관념** 어떤 사람들은 자기들이 가계로부터 전해지는 유전적인 특성이 있기 때문에 질병은 불가피하다고, 또는 어떤 특정한 상황은 치료될 수 없다는 확고한 믿음이 있습니다. 어

떤 면에서는 의사들이 환자들에게 확고한 진단을 내릴 때, 그들은 환자에게 저주를 내리는 것입니다. 그리고 만일 우리가 그 진단을 믿는다면, 우리는 그 증상을 현실화시킬 수도 있습니다. 우리는 질병과 약에 대한 광고, 그리고 전염병에 대한 미디어의 대대적인 선전에 영향을 받을 수도 있습니다.

명백한 기대, 명백한 결과

즉각적인 치유에 대한 당신의 욕망을 명백히 하는 것, 그리고 즉각적인 치유를 받아들이는 것, 이 둘은 똑같이 중요한 일입니다. 샌프란시스코의 한 눈코 뜰 새 없이 바쁜 스파 주인이 암 진단을 받았다고 말했습니다. 수술실로 옮겨지면서 그녀가 크게 소리를 질렀습니다. "난 이럴 시간이 없다고요!" 그녀는 진심이었습니다. 그녀는 사업으로 매일 일에 매달려 있었고 수술할 시간도 회복할 시간도 없었습니다. 그런데 의사들이 수술을 하려고 몸을 열고는 암이 아무 흔적도 없는 것을 보고 경악했습니다.

우주에 단호한 태도를 취하고 우주에게 당신의 상황을 이야기하십시오.

"하지만 신의 뜻은 어쩌지요?" 누군가는 이렇게 물을 것입니다. 이것은 개인적인 관심사입니다. 저는 우리 각자가 천국으로, 집으로 돌아가야 할 때가 있다고 진심으로 믿습니다. 우리는 그

때를, 몸을 받아 태어나기 전에 신과 함께, 우리의 천사들과 함께 미리 계획했습니다.

저는 또 신이 우리들 각자 안에, 어디에나 있다고 믿습니다. 이것은 신의 뜻이 어디에나 있고, 당신에게도 함께 있다는 것을 의미합니다. 그리고 사랑의 신은 당신의 자녀가 고통 받기를 당신이 원치 않듯이 당신이 어떤 식으로든 고통 받는 것을 결코 원치 않습니다.

당신이 고통을 통해 성장할 수 있다는 것은 사실입니다. 하지만 평화를 통해서 성장할 수 있다는 것 또한 사실입니다. 모든 측면에서 평화를 요구하고 명령하고 기대하십시오. 그러면 그것은 당신의 것이 될 것입니다.

어떤 이들은 건강을 두려워합니다. 왜냐하면 질병에 투자를 했기 때문입니다. 제가 치유를 맡았던 한 여자분은 평생을 병으로 둘둘 말은 채로 살았습니다. 질병은 그녀의 계획이었고 사랑이었고 자식이었습니다. 만일 그녀가 낫는다면, 그 빈 곳을 무엇으로 채우겠습니까? 건강한 육신, 바로 그것이 제 고객을 불안하게 만들었습니다. 그녀는 걱정했습니다. "제 자유로운 새 삶을 어떻게 보내야 하지요? 그리고 제 삶이 어떤 의미를 갖게 되지요?" 주어진 자유로운 시간동안 그녀는 의미 있는 프로젝트를 찾아야만 할 것입니다. 그리고 이것은 실패 또는 성공을 가져오게 될 것입니다. 그것이 그녀가 가장 두려워하는 두 가지입니다.

또 다른 고객들은 그들이 건강과 평화를 지루한 삶과 동일시한다고 고백했습니다. 문제는 흥분되고 멋진 아드레날린의 분비를 촉진하지만 평화와 건강은 흥분의 또 다른 형태 – 당신 자신을 돌보거나 반려동물을 돌보는 일, 여행하는 일, 또는 당신의 가족을 도와주는 일 같은 일을 경험할 기회를 제공합니다.

V.J.윌리암스라는 여인은 우주에게 단호한 태도를 취하고 즉각적인 치유를 받았습니다. 이웃집의 어린 말이 담장을 뛰어 넘어 근처의 번잡한 길로 풀려났습니다. 그래서 V.J.는 목동들을 도와 그 말을 초원으로 돌려보내려고 했습니다. 그런데 그 말은 겁을 먹고 양 발로 뒤를 찼습니다. V.J.는 이렇게 회상했습니다. "그 말의 발굽이 내 갈비뼈를 때려 저는 주저앉았고, 숨을 쉬기가 힘들었습니다." 응급실에서 X-레이를 찍어보니 갈비뼈가 부러져 있었습니다.

의사들은 V.J.의 갈비뼈를 고정시키고 이틀간 쉬도록 집으로 돌려보냈습니다. 그녀는 고통스러웠지만 움직이지 않으려고 노력했습니다. 사흘 째 되는 날, V.J.는 취직된지 얼마 되지 않은 직장으로 출근했습니다. 고통스러웠지만 아직도 움직일 수는 있었습니다. 하지만 곧바로 그 부상이 예상했던 것보다 더 악화되었다는 증상을 보이기 시작했습니다.

"제가 책상에서 종이를 잡으려고 앞으로 굽혔다가 다시 뒤로 젖힐 때마다 등 쪽에 폐가 있는 곳에서 끄르륵하는 것이 느껴졌습니다. 앞에 굽힐 때 거품소리가 등 밑으로 내려갔다가 다시 바로 서면 끄르륵하는 소리가 올라왔습니다. 이런 일이 수요일부터 금요일까지 내내 계속되었습니다. 저는 누가 가르쳐주지 않아도 한쪽 폐에 구멍이 났다는 것을 알았습니다. 이것은 다시 한 번 응급실로 가야한다는 것을 의미했고,

새 직장에서 아직 건강보험이 되지 않았기 때문에 많은 비용이 들게 될 것을 의미했습니다.

처음 병원에 갔을 때 2,500불이 청구되었고, V.J.는 그 청구서를 어떻게 해야 할 지 몰랐습니다. 그녀는 다시 추가될 병원비가 너무도 걱정되었습니다.

그날 밤, V.J.는 병원에 가져갈 짐을 싸고 있었습니다. 그리고는 심하게 울기 시작했고 도움을 청하는 기도를 했습니다. 그녀는 기적적인 치유가 필요했습니다. 그것도 지금 당장 필요했습니다. 기도하는 동안 그녀의 요구가 명백해지자 원하는 것을 완전히 받게 되었습니다.

V.J.는 그 때 일어난 일을 이렇게 기술합니다. "저는 몸을 앞으로 구부렸습니다. 그런데 끄르륵하는 소리가 들리지 않았습니다. 몇 번 더 시도해 보았지만 소리는 나지 않았습니다. 그 소리는 멈추었고, 다시 돌아오지 않았습니다. 저는 전보다 더 크게 울기 시작했습니다. 저를 고쳐준 것에 대해 천사와 신에게 올리는 감사의 눈물이었습니다. 이 얼마나 축복받은 기적입니까!"

그녀는 폐에 더 이상 문제를 경험하지 않았습니다. 그리고 그녀의 갈비뼈는 즉시로 완벽하게 고쳐졌습니다. V.J.는 말합니다. "그날 저는 매우 귀중한 교훈을 배웠습니다. 이 혼란과 곤경의 시대에 우리가 결코 혼자가 아니라는 것, 그리고 우리가 해야 하는 것은 단지 요구하는 것뿐이라는 것을 말이지요."

기적을 기대하라

천사들은 우리를 돕고 싶어 합니다. 하지만 우리가 도움을 필요로 하는 어떤 것을 꼭 집어서 요청하지 않는 한 천사들은 끼어들지 않습니다. 어떻게 도울지를 말하지 마십시오. 단지 당신이 원하는 것을 요구하십시오. 당신이 욕망하는 것을 아주 명백히 하십시오. 기억하세요! 수정처럼 맑고 명백한 의도는 빛을 창조합니다. 그 빛은 당신의 욕구를 채워줍니다.

예를 들어, 만일 당신이 피를 흘리고 있다면, 대천사 라파엘을 불러 그에게 말하세요, "라파엘, 피 흘리는 것을 즉시 멈춰줘요!" 당신이 오만하거나 강압적이거나 불경하다고 걱정하지 마세요. 천사들은 명백한 요구에 잘 응답합니다. 저는 라파엘을 이런 식으로 부르면서 피가 나오는 곳을 누르면, 피는 즉시 멈추게 된다는 것을 발견했습니다. 상처 주변의 피를 닦아내기만 하세요. 그리고 라파엘에게 고맙다고 말하는 것을 잊지 마세요.

16살의 알렉스 워번은 코피로 고생하고 있었습니다. 하루는 그가 수호천사들을 불러 코피를 멈추게 했습니다. 알렉스는 이렇게 말했습니다. "제가 요구하자마자 천사들이 피를 멈추게 했어요."

천사들은 당신의 육체적인 고통을 줄여주거나 없애주는 일에도 도움을 줄 것입니다. 그 상황에 완전히 항복을 하고 신과 천사들에게 말하세요. "이 모든 것을 당신에게 드립니다. 이 고통을 받아가세요. 저는 더 이상 감당할 수 없습니다." 이것이 자주 빠른 결과를 가져옵니다.

또 다시 알렉스는 그의 천사들이 고통을 어떻게 없앴는지 말합니다.

"하루는 학교에서 커다란 트램펄린이 제 발 위에 떨어졌습니다. 엄지발가락이 까맣게 되었고, 발등이 찢기고, 발톱은 떨어져 나오려고 하고 있었습니다. 저는 이틀 동안 집에 있어야 했고, 한 발짝도 걸을 수가 없었습니다. 결국 저는 제 수호천사들에게 발을 고쳐주기를 청했습니다.

도움을 청하자 10분도 되지 않아 엄지발톱의 멍이 사라지기 시작했고 발톱은 더 깨끗해지고 덜 아프게 되었습니다. 저는 절뚝거리며 걷지 않아도 되었습니다. 이것은 결코 우연의 일치가 아니었습니다. 물론 발톱 치료를 받기는 했지만 말이지요.

여전히 엄지발톱이 부분적으로 빠져 나와 있었고, 의사가 제거해주어야 했습니다. 의사는 발톱을 빼내는 일이 아플 거라고 말했지만, 저는 천사들에게 고통을 줄여달라고 기도했습니다. 그런데 제가 통증을 전혀 느끼지 않은 상태에서 이미 발톱은 제거되었습니다. 의사의 말은 더 충격이었습니다. 제가 움찔거리지도 않자 의사가 물었습니다. 혹시 제가 고통을 잘 느끼지 못하느냐구요. 저는 제 수호천사들이 저를 둘러싸고 도와주었다는 것을 알았습니다. 저는 천사들에게 매우 감사했습니다."

단호한 태도를 취하라

수정같이 아주 분명한 의도란 당신이 욕구한 결과 이외에는 받아들이지 않겠다는 것을 의미합니다. 제가 계속 말씀드린 것과 같이, 당신이 소망한 결과를 어떻게 만들어낼 것인지를 하늘에 말하지 않고, 당신이 무엇을 원하고 무엇은 받아들이지 않겠다고 하는 것을 정말로 명백하게 해야 한다는 것이 중요합니다.

필요에 따라서는 당신이 사랑하는 사람을 보호하고 있다고 상상하세요. 때때로 우리는 우리 자신을 위해서보다 반려동물이나 아이를 위해서 더 보호적이 되는 경향이 있습니다. 당신 자신을 치유하기 위해 그렇게 하지 못한다면, 당신이 치유된 이후에 당신이 얼마나 많은 사람들을 도울 수 있는지를 기억하세요.

핵심은 아주 명백합니다. 당신이 원하는 것에 대해 확고한 태도를 취하세요. 웬디 아이드만이 그랬던 것처럼 말이지요.

어느 날 아침, 웬디가 와플을 만들다가 갑자기 와플 굽는 틀의 뜨거운 면에 자기 손가락을 데게 되었습니다. 그 고통은 끔찍했고 커다란 물집이 순식간에 올라왔습니다. 손에다가 차가운 물을 쏟아 부으면서 웬디는 대천사 미카엘이 화상을 고쳐주기를 기도했습니다. 고통은 잠시 멈추었지만 곧 다시 돌아왔습니다. 그래서 다시 기도를 했지만 결과는 마찬가지였습니다.

고통과 평화가 한 시간 동안이나 핑퐁처럼 오고가다가, 웬디는 결국 자리에 앉아 고통이 없어지라고, 그리고 무슨 일이 있어도 다시는 돌아오지 말라고 명령했습니다!

웬디는 이렇게 말합니다. "글쎄, 보세요! 그게 되더라고요! 저는 즉시 치유되었고 물집이 가라앉았습니다. 저는 설거지를 할 수 있었고 아이들을 씻길 수 있게 되었어요. 화상에 더운 물이 닿으면 어떻게 느껴지는지 잘 아실 거예요. 참을 수 없지요. 그런데 저는 그런 것을 전혀 느낄 수가 없었어요! 저는 완전히, 정말 완전히 나았어요. 그리고 미카엘의 치유 은총을 받았다는 것을 완벽하게 확신했어요."

수정처럼 명백한 의도를 갖는다는 것은 당신의 시스템 전체가 당신의 욕구를 실현시키는 것에 맞춰진다는 것을 의미합니다. 당신의 모든 에너지가 그 방향을 향해 놓이면 긍정적인 결과는 피할 수 없게 됩니다.

당신이 원하는 것이 무엇인지 확신하지 못한다면

당신이 무엇을 원하는지 모른다면, 또는 당신이 잘못된 것을 요구하는 것을 두려워한다면? 만일 그런 경우라면, 당신이 상상할 수 있는 최상의 시나리오를 생각하세요. 당신이 좋은 일을 실현하고 있는 것을 상상할 수 없다면, 사랑하는 사람이 그것을 하고 있다고 상상하세요. 그런 다음 당신을 그 장면에 옮겨 놓으세요.

당신이 잘못된 선택을 두려워한다면, 당신이 결정하지 못할 수 없다는 것을 항상 염두에 두세요. 달리 말해서, 만일 당신이 선택을 하지 않는다면, 그것은 상황이 현재 그대로의 상태로 있게 놔두기로 결정하는 것입니다. 이런 두려움을 다루는 최선의 방법은 최상의 시나리오를 생각하고 이렇게 말하는 것입니다. "이것, 아니면 이보다 더 나은 것을 원합니다. 하느님."

이런 식으로, 만일 당신이 훌륭하다고 말하기 어려운 것에 선택을 한정시켰다면, 더 나은 것을 위해 여지를 남겨 놓으세요. 당신은 천사들이 최상의 가능한 옵션을 선택할 수 있게 도와줄 수 있는 문을 열어 놓은 것입니다. 그러면 당신은 현명하지 못한 선택에 대한 두려움을 내려놓을 수 있게 될 것이고, 그 두려움 없는 상태가 더 효율적으로 더 빨리 실현되도록 도울 것입니다.

일단 당신의 삶의 모든 분야에서 – 신체적으로, 정서적으로, 영적으로, 지적으로, 낭만적으로, 재정적으로 그리고 등등 – 건강해지기를 명백하게 선택했다면, 당신의 삶 속에 빛과 사랑을 가져다주는 방법이 많으면 많을수록 더 좋을 것입니다. 다음 장에서는 치유의 빛을 증폭시키기 위해 크리스탈을 사용하는 방법을 알아 볼 것입니다.

제12장

크리스탈 힐링

아틀란티스, 아니 어쩌면 그 이전시대부터 크리스탈은 치유를 위해 사용되어 왔습니다. 크리스탈은 '압전기'라고 불리는 현상 속에서 자연의 에너지를 증폭합니다. 요즘에도 병원에서는 진단과 치료에 석영 수정, 극미량 천칭, 압전센서를 사용하고 있습니다. 크리스탈은 라디오나 시계 그리고 다른 전자 제품에 일상적으로 사용되고 있습니다.

저는 전화로 리딩을 할 때, 상대방과의 연결을 증폭시키기 위해 전화기 옆에 커다란 백수정을 놓습니다. 달리 말하자면, 에너지를 증폭시키는 크리스탈의 힘은 의심할 것이 없다는 것입니다.

예를 든다면, 저는 엑스포에서 연설을 시작하기 몇 분 전에, 바로 거기에서 서길라이트 펜던트를 구입한 적이 있습니다. 저는 강당으로 들어가면서 그 펜던트를 착용했고, 즉시 공개적으로는 처음으로 대천사 미카엘과의 트랜스 채널링을 시작했습니다. 그때 이후로 강연 전에 미카엘과 채널링을 할 때, 저는 항상 서길라이트를 착용합니다. 그 돌이 그의 에너지에 연결되어 있다는 것을 발견했기 때문입니다.

커다란 자수정이나 아쿠아 오라원석을 목에 걸면 오랜 시간의 강연도 - 제가 매일 강의를 해야 하는 3일 또는 6일간의 인증과정도 - 쉽게 할 수 있다는 것을 발견했습니다. 목 차크라 근처에 있는 커다란 크리스탈이 에너지를 증폭시켜 제 목이 피곤해지거나 쉬는 것을 막아주었습니다. 반면에 연설하는 동안 작은 크리스탈을 차고 있으면 제 강연의 힘은 조금 처졌습니다.

크리스탈은 우리의 차크라 시스템과 에너지체의 빛과 에너지를 증폭시킬 수 있으며 불균형을 치유할 수 있습니다.

엘리자베스 젠슨이라고 불리는 호주의 간호사가 크리스탈과 천사의 도움으로 아주 깊은 치유를 경험했습니다. 11년 전에, 그녀는 악성은 아니었지만 호르몬 시스템 전체에 영향을 미치는 뇌하수체 종양으로 고통을 받고 심각한 우울증세를 보였습니다. 또한 만성 요통도 있었습니다. 그것도 충분치 않았는지, 그녀의 남자친구는 매우 폭력적이었고, 그녀를 학대하고 있었습니다. 그리고 그 또한 만성 농양으로 고생하고 있었는데, 그것은 어떤 치료에도 호전되지 않았습니다.

엘리자베스는 에너지와 오라를 볼 수 있는 투시능력이 있었는데, 어느 날 그녀는 백수정을 구입했습니다. 그녀가 남자친구에게 그 크리스탈을 보여주자 기적 같은 일이 일어났습니다. 크리스탈이 엘리자베스의 손과 크라운 차크라로부터 백색빛을 그녀의 남자친구 쪽으로 끌어내는 것 같았습니다.

엘리자베스는 말합니다. "저는 아주 고요하고 환희에 차있었습니다. 그리고 천사의 소리가 이끄는 대로 그에게 제 손을 얹었습니다. 30분 정도 지난 후에 그 에너지는 사라졌고, 우리 둘은 아주 평화롭고 황홀한 기분 속에 있었습니다. 저와 제 남자친구는 그날 이후로 영원히 바뀌었습니다. 그의 상처는 단지 작은 흉터만을 남기고 씻은 듯이 나았고, 그 이후로 저에게 폭력을 쓰지 않았습니다."

단 한 번 크리스탈이 이끌어낸 백색빛의 치유로 엘리자베스의 뇌하수체 종양은 물론 우울증과 통증도 모두 사라졌습니다. 그리고 그녀는 이 계기로 천사를 더 깊이 알게 되었습니다. 이제 그녀는 크리스탈 힐링을 주제로 워크샵을 열고 있습니다.

크리스탈 아이들

가장 최근의 세대인 크리스탈 아이들은 자연스럽게 크리스탈 힐링에 관심을 갖고 있고, 크리스탈 힐링에 재능을 타고 났습니다. 이 세대가 크리스탈 아이들이라는 이름을 갖게 된 이유가 바로 그것입니다. 이 어린아이들은 치유를 위해 어떤 크리스탈을 사용해야 하는지, 그리고 이 지식을 어떤 방식으로 실행하는지에 대해 선천적인 지혜를 갖고 있습니다.

스테픈과 카렌 윌리암스는 다섯 살 된 딸 사브리나가 크리스탈에 강한 관심을 보이는 것을 알게 되었습니다. 사브리나는 각각의 다른 크리스탈의 이름을 빨리 배웠고, 가족을 위해 가게에서 크리스탈을 골라주곤 했습니다.

어느 날 저녁, 사브리나는 부모에게 자기가 크리스탈 힐링이 필요하다고 말했습니다. 사브리나가 몇 개의 크리스탈을 고르자 카렌은 크리스탈을 주요 차크라에 놓는 방법을 가르치기 시작했습니다. 그러자 사브리나는 엄마를 가로막고 말했습니다. "엄마, 내가 알아요. 전에 모두 해보았어요." 그리고는 자기 치유를 위해 혼자서 크리스탈들을 차크라 위에 올려놓았습니다.

카렌은 말합니다. "그녀와 크리스탈 사이의 연결은 이번 생을 넘어서 있는 자연스럽고 편안한 것이라고 확신합니다."

사브리나 같은 아이들이 아틀란티스 시대에 살았고, 거기에서 척추를 따라 차크라 에너지를 증폭시키는 일에 크리스탈을 사용하는 법을 배운 것일까요? 너무도 많은 요즘 아이들이 크리스탈 힐링에 대한 초자연적인 지식을 보여주자 사람들은 의아해하기 시작합니다.

캐리 린베리는 세 살 난 딸 마이아가 자기 침대 밑에 자수정을 놓아둔다고 말합니다. "어느 날 침대 밑에서 자수정을 발견했어요. 그래서 치워두었지요. 그러자 마이아가 자수정이 없어진 것을 발견하고는 다시 갖다 놓고 저에게 말했습니다. 자수정은 항상 거기에 있어야 해요."

새로운 세대의 아이들이 갖고 있는 초감각은 크리스탈을 가까이 갖고 있는 것이 치료의 가치가 있다는 것을 너무도 잘 알게 하고 있습니다. 치유의 기술을 갖고 있는 아주 오래된 베테랑들에게서나 볼 수 있는 크리스탈에 대한 지식을 세 살 된 마이아가 보여주고 있는 것입니다.

마이아의 다섯 살 난 언니 샤이린 역시 크리스탈 힐링에 대해 선천적으로 알고 있습니다. 어느 날 아침, 샤이린은 엄마가 장미수정을 새로 구입한 것을 발견했습니다. 가르치지도 않았는데 샤이린은 그 수정을 집어 엄마의 이마에 갖다 놓고는 말했습니다. "엄마, 난 이걸로 사람들을 고칠 수 있어요. 엄마도 알겠지만 이것으로 수술도 할 수 있어요."

완벽한 확신으로 설명하고 있는 이 치유의 지식을 마이아와 샤이린 같은 아이들이 어디에서 얻었을까요? 그들은 과거 생에서 그것을 배웠을 수도 있고, 꿈속에서 받았을 수도 있고, 아니면 채널링으로 정보를 얻었을 수도 있습니다. 어쩌면 크리스탈 힐링은 모든 영혼이 직관적으로 알고 있지만 가끔씩 까먹는 선천적인 지식일지도 모릅니다. 어쨌든, 이 어린 아이들의 입을 통해 나오는 크리스탈 힐링에 대한 지식은 주목할 만한 가치가 있습니다.

고대지혜의 재현

크리스탈 힐링은 최근에 다시 모습을 드러낸 고대의 기법입니다. 그리고 힐러들은 자신들의 힐링 기법에 크리스탈을 더 빈번히 조합하기 시작하고 있습니다. 아틀란티스의 힐링에 대한 지혜를 다시 기억해내면서 마사지 테라피스트들은 마사지 침대 밑에 크리스탈을 놓아두고 있습니다. 풍수 전문가들은 긍정적인 변화를 위해 특정한 크리스탈을 집에 놓아두도록 조언하고 있으며, 영적 힐러들도 질병과 부조화를 깨끗이 하고 균형을 맞추기 위해 고객들에게 특정한 크리스탈을 사용하고 있습니다.

캐나다의 뉴 브룬스윅에 사는 K.G.가 목의 통증을 고치려고 크리스탈 힐러를 찾아왔습니다. 크리스탈은 물론 촉수요법과 레이끼를 하고 있던 그 힐러는 K.G.의 목에 있는 통증이 그 부근의 에너지가 정체되어 생긴 것이라고 진단했습니다.

첫 번째 세션 중에 힐러는 K.G.의 목 밑에 연수정을 놓아두면서 연수정이 문제를 풀어주고 균형을 맞추는 데에 도움이 될 것이라고 설명했습니다. 처음에는 K.G.의 통증이 줄어들었지만 몇 분 안에 다시 돌아왔습니다. 힐러가 말했습니다. "크리스탈이 꽉 찼습니다." 먼지로 가득 차있는 진공청소기의 먼지봉투처럼 연수정은 정화가 필요했습니다. 그래서 힐러는 연수정을 정화시켰고 연수정은 K.G.의 고통 에너지를 다시 빨아내기 시작했습니다.

연수정 뿐만 아니라, 힐러는 K.G.에게 칼사이트석을 한 손에 쥐게 하고 다른 손에는 자수정을 쥐게 했습니다. 힐러는 이 크리스탈들이 K.G.의 몸에서 에너지를 이동시키고 빼내는 데에 도움을 준다고 설명했습니다.

K.G.는 말합니다. "제가 치유의 선물을 사용하기 시작하자, 모든 것이 좋아졌습니다. 가끔씩 목이 아직도 신경에 거슬리기는 하겠지만, 그러면 저는 크리스탈을 사용할 것입니다. 이제는 고통을 없애는 데에 헤마타이트와 백수정, 연수정을 사용하고 있습니다." K.G.는 고통이 일어날 때, 세상에 있는 치유의 선물을 자기가 충분히 사용하고 있지 않다는 것을 상기한다고 합니다. 고통은 그녀가 행동하게 만들고, 그 행동이 크리스탈의 치유속성을 통해 그녀의 목이 치유되도록 돕습니다.

K.G.의 경우처럼, 저는 연수정이 과거 생으로부터 오는 치유되지 않은 상황, 심령의 잔해, 실체들, 그리고 독소를 제거하는 데에 탁월하다는 것을 발견했습니다. 침대 옆에 연수정을 놓고 포인트를 저로부터 멀어지게 방향을 잡는 것만으로도 저는 제 인생에서 가장 깨끗한 치유의 꿈을 꾸곤 했습니다. 우리 몸에서 어둠을 끌어내는 이 크리스탈의 능력은 어느 것과도 비교할 수 없습니다.

스코틀랜드에 사는 16살의 피오나는 편두통을 치료하는 데에 크리스탈을 사용했습니다. 그녀는 침대에 누워 왼 손으로 그린 아게이트 크리스탈을 쥐고, 오른 손으로 블러드스톤을 쥡니다. 그리고 이마에는 하트 모양의 백수정을 놓고 제3의 눈에는 그레이트스톤을 놓았습니다.

피오나는 자기 주변에 원 하나를 상상하고, 이 원에게 낮은 차원의 에너지를 완벽하게 방어해달라고 요청했습니다. 원 안에는 오직 높은 차원의 사랑 에너지만이 들어올 수 있었습니다. 그리고 그린 아게이트가 녹색의 치유에너지를 자기 몸 안에 보내고, 편두통을 유발하는 것은 어떤 것이든 씻어내는 것을 상상했습니다. 피오나는 모든 고통과 부정적인 에너지가 오른 손에 있는 블러드스톤으로 빠져나가도록 요구했습니다. 그녀는 깊고 조용하게 숨을 쉬었고, 그러자 바로 편두통이 사라졌습니다.

피오나가 일어나보니 블러드스톤이 까맣게 변해 있었습니다! 모든 부정적인 에너지와 고통이 그녀가 요구한 것처럼 그 돌 속으로 옮겨간 것입니다.

피오나가 사용했던 아게이트 같은 녹색의 돌이나 말라카이트는 가슴 차크라로부터, 그리고 대천사 라파엘로부터 오는 치유의 녹색빛을 증폭시켜줍니다.

15명의 대천사와 크리스탈

대천사들은 수호천사들의 감독관 또는 관리자입니다. 그들은 엄청나게 크고, 강력하고, 사랑으로 가득 차 있습니다. 그들은 중성이지만 특정한 속성이 그들에게 남성이나 여성적인 에너지를 부여합니다.

다른 모든 천사들처럼 대천사들은 종교를 초월해 있고, 그들을 부르는 누구에게든 도움을 줍니다. 대천사들은 시간과 공간의 제약이 없기 때문에 각각의 대천사가 동시에 여러 사람들에게 나타날 수도 있습니다. 대천사를 부르는 사람은 누구든 예외없이 응답받습니다.

각각의 대천사는 천사의 특정한 목적에 상응하는 특정한 오라 색깔을 방사합니다. 당신은 각각의 대천사를 깨우고 더 친밀한 관계를 발전시킬 수 있도록 특정한 크리스탈을 이용할 수 있습니다. 이런 영향력을 이끌어내기 위해 크리스탈을 몸에 착용하거나 손에 쥐거나 몸 위에 놓아둘 수 있습니다.

다음에 나오는 것은 15명의 대천사와 그들의 치유와 관련된 목적, 상응하는 오라 색상, 그리고 관련된 크리스탈을 보여줍니다. (이 대천사들 각각에 대한 상세한 정보를 원하신다면 저의 책 〈대천사와 승천한 마스터들〉을 참고하세요. 덧붙여서 이 책의 제3부에서는 각각의 질병과 건강상태, 정서적인 불안정에 어떤 크리스탈을 사용하면 좋은지에 대한 상세한 내용이 있습니다. 또한 크리스탈을 어떻게 보관하고 정화시키는지에 대한 내용도 있습니다.)

모든 사람들은 마음속에 의도를 가지는 것만으로도 대천사를 부를 수 있으며, 또 그럴 자격이 있습니다. 당신은 천사들을 부르는 일에 실수를 할 수 없습니다. 당신은 대천사가 당신과 함께, 또는 당신이 사랑하는 사람과 함께 있다고 심상하고, 대천사의 이름을 조용히 또는 크게 말하거나 생각하고, 대천사에 대한 기도문을 읽음으로써, 대천사를 당신에게, 또는 당신이 사랑하는 사람에게 보내달라고 신께 요청함으로써, 대천사의 도움을 기원함으로써, 대천사에게 편지를 씀으로써, 대천사의 그림이나 조각을 바라봄으로써, 또는 대천사에게 노래를 부름으로써 대천사를 불러낼 수 있습니다. 핵심은 어떻게 요청하느냐가 아니라 어떤 식으로든 당신이 요청을 '하는' 데에 있습니다. 그리고 기억하십시오. 대천사는 시간이나 공간의 제약이 없어 당신과도 함께 있을 수 있고, 그들을 동시에 부르는 다른 모든 사람들과도 함께 있을 수 있다는 것을요. 그들은 무한한 시간과 에너지가 있습니다. 그러니 당신의 요청이 그들을 귀찮게 하지 않을까 걱정하지 마십시오.

대천사를 부르는 또 다른 방법은 치유를 필요로 하는 상황이나 사람의 주위를 대천사의 오라 색상이 둘러싸고 있다고 심상하는 것입니다. 예를 들어, 누군가가 생리 문제로 도움이 필요하다면, 푸르스름한 백색빛이 그 사람 주위에, 또는 그녀의 자궁 주위에 둘러싸고 있다고 심상할 수 있습니다. 이것은 여성의 건강에 특정화된 대천사 하니엘의 치유 능력을 불러 낼 것입니다.

다음 장에서는 천사들의 오라와 치유의 색상에 대해 더 상세하게 다룰 것입니다.

힐링의 목적, 오라 색상, 대천사와 관련있는 크리스탈

대천사 이름	이름이 가진 의미	특성	오라 색상	관련된 크리스탈
아리엘	신의 암사자	야생동물과 자연을 치유하고 도움	Pale pink 옅은 분홍	Rose quartz 로즈 쿼츠(장미수정)
아즈라엘	신이 돕는 자	슬픔을 치유	Off-white 오프화이트	Creamy yellow calcite 크리미 옐로 칼사이트
카무엘	신을 보는 자	불안을 치유하고 평화를 가져옴	Pale green 옅은 녹색	Green fluorite 그린 플루오라이트
가브리엘	신의 메신저	임신과 출산 동안 치유하고 창조적인 생산활동에 대한 불안감 치유	Copper 구리색	Citrine 시트린(황수정)
하니엘	신의 영광	여성의 생리주기 치유	Bluish white 푸른빛 도는 흰색	Moonstone 문스톤
제레미엘	신의 자비	감정 치유	Violet 보라색	Amethyst 아머씨스트(자수정)
조피엘	신의 아름다움	부정성과 혼돈을 치유	Dark pink 어두운 분홍	Pink rubellite or pink tourmaline 핑크 루벨라이트/핑크 토르말린
메타트론	예언자 에녹	학습장애와 유년기 치유	Green and pink stripes 초록과 핑크의 줄무늬	Watermelon tourmaline 워터멜론 토르말린
미카엘	신을 좋아하는 자	두려움과 불안을 치유하고 에너지를 정화	Royal purple 자주색	Sugilite 서길라이트
라구엘	신의 친구	개인적인, 전문적인 관계들을 치유	Pale blue 옅은 파랑	Aqua aura or acquamqrine 아쿠아오라/아쿠아마린
라파엘	치유하는 자	육체의 질병치유와 힐러들을 안내	Emerald green 에메랄드 녹색	Malachite 말라카이트
라찌엘	신의 비밀들	영적, 심령적 장애 치유	Rainbow stripes 무지개색 줄무늬	Clear quartz 클리어 쿼츠(백수정)
산달폰	선지자 엘리야	공격성향 치유	Turquoise 터콰이즈	Turquoise 터콰이즈(터키석)
우리엘	신의 빛	억울함과 용서하지 못함을 치유	Pale yellow 옅은 노랑색	Amber 앰버(호박)
자드키엘	신의 정당성	기억과 정신적기능 치유	Dark blue 짙은 청색	Lapis lazuli 라피스 라줄리

제13장

빛과 색깔로 힐링하기

우리의 몸은 CAT과 PET 스캔, 그리고 다른 진단기구로 측정될 수 있는 움직이는 전자 입자와 전기적 진동으로 구성되어 있습니다. 이런 장비들은 우리의 뇌와 육체의 가지각색의 전기적 서지 (surge, 전류와 전압이 순간적으로 급격히 높아지는 것)를 각각 다른 색상으로 보여주기 때문에 우리가 색깔의 치유특성에 대한 기억을 되찾는 것은 놀라운 일이 아닙니다. 병원에서는 치료를 위해 색깔이 있는 빛을 사용하기 시작하고 있습니다. 예를 들자면, 푸른빛의 형광등은 아이들의 황달 치료 속도를 높여주는 데에 사용되고 있습니다. 그리고 최근에 이태리에서는 터키색의 형광램프는 보통의 푸른빛의 형광램프보다도 황달의 증세를 더 많이 경감해준다는 것을 발견했습니다.

실제적인 색광을 사용하는 것 외에도, 상처 주위에 어떤 색채를 심상하거나 의도하는 것 (보는 것이 아니라 생각하거나 느끼는 것) 또한 치유의 속도를 현저히 높여줄 수 있습니다.

무지개빛

전 장에서 말한 바와 같이, 각각의 대천사는 자신의 오라와 연관된 각기 다른 색상을 갖고 있어, 이런 색상을 부르는 것은 그 빛깔에 연관된 특정한 대천사를 불러 올 수 있습니다.

예를 든다면, 당신이나 어느 다른 사람의 주변에 무지개빛이 둘러싸고 있는 것을 심상하는 것은 과거 생으로부터 온 장애나 부정적인 패턴을 유발하고 있는 카르마의 부조화를 고치는 것을 도와줍니다. 무지개의 모든 색상을 불러냄으로써 동시에 여러 층에서 깊은 치유가 일어나는 것입니다.

무지개 색상은 '마법사 대천사'로 알려진 대천사 라찌엘Raziel과 연관되어 있습니다. 라찌엘은 매우 지혜롭고 마술적입니다 - 〈반지의 제왕〉에 나오는 커다란 천사의 날개를 갖고 있는 간달프를 생각해 보세요. 그는 높은 수준의 영적인 목적을 갖고 있는 사람들을 (영적인 교사나 힐러들 같은) 도와주고, 특히 자신들의 영적인 치유 능력 때문에 이번 생에서나 지난 생에서 처벌을 받은 사람들이 자신의 재능에 대해 느끼는 불안감을 덜어줍니다.

호주에 사는 메레디쓰는 한 심령술사가 그녀에게 두 명의 수호천사가 있다고 말해주기 전까지는 천사를 믿어본 적이 없었습니다. 그 심령술사는 메레디쓰에게 그녀를 둘러싸고 있는 남성 천사와 여성 천사의 모습을 구체적으로 말해 주었습니다. 이틀 후에 친구가 명상 중에 자기 옆에 한 남성 천사와 한 여성 천사가 있는 것을 보았다고 말해주기 전까지도 메레디쓰는 그 사실을 믿을 수가 없었습니다. 친구가 말해준 천사의 모습은 심령술사가 말해준 모습과 완벽하게 일치했습니다. 메레디쓰가 친구에게 심령술사의 리딩을 말한 적이 없었기 때문에 그녀는 너무 놀랐고 이렇게 생각하게 되었습니다. '어쩌면 이 천사라는 것은 뭔가가 있는 것일 수도 있어.'

얼마 지나지 않아 메레디쓰는 제가 만든 천사 오라클 카드를 사서 사용하기 시작했습니다. 오라클 카드에 점점 더 익숙해지자 메레디쓰는 다른 사람들의 주변에 있는 천사들을 감지하고, 심지어는 볼 수 있는 능력을 발전시켰습니다.

메레디쓰의 딸은 간질을 앓고 있었고 학습 장애가 있었습니다. 5살 된 딸은 곧 학교에 다니게 될 것이고, 메레디쓰는 자기 딸이 어떻게 적응하게 될지 걱정했습니다. 그녀는 딸이 학교에 처음 가던 날을 이렇게 회상합니다. "저는 아이를 제 무릎에 앉히고는 아이의 천사가 아이를 돌봐줄 거라고 말했습니다. 갑자기 저는 제 가까이에서 어떤 에너지를 느꼈습니다. 그 느낌에 귀를 기울였을 때, 저는 가장 아름다운 천사를 보았고 그 천사의 차분한 에너지를 느꼈습니다. 천사는 저에게 자기 이름은 메리이고 제 아이를 잘 돌보겠노라고 말했습니다. 딸아이가 계속 보호받고 있다는 것을 알게 되자, 그 아이를 학교에 보내는 것이 저에게는 커다란 위안이었습니다. 거의 삼 년이 지난 지금까지도 딸아이는 학교에서 발작을 일으킨 적이 한 번도 없습니다!"

여전히 메레디쓰의 딸은 집에서 한 달에 서너 번 정도 발작을 일으켰습니다. 당연히 메레디쓰는 심히 걱정이 되었습니다. 그래서 어느 날 밤 딸아이가 잠들었을 때, 메레디쓰는 깊은 명상 속으로 들어갔습니다. 그녀는 자신의 천사들과 딸아이의 천사들, 그리고 부를 수 있는 다른 천사들을 모두 불렀습니다. 메레디쓰는 자기 딸이 테이블 위에 누워있고, 그 주위를 천사들이 둘러싸고는 치유의 에너지를 보내고 있다고 심상했습니다.

메레디쓰는 천사들에게 어떤 색깔의 치유에너지를 딸에게 보내야 하는지 물었고 직관적으로 받은 대답은 '무지개빛'이었습니다. 메레디쓰는 자신과 모든 천사들의 손을 통해서 딸에게로 무지개의 치유에너지가 쏟아지는 것을 심상했습니다.

메레디쓰는 다시 천사들로부터 다른 직관적인 메시지를 받았습니다. 그녀는 이렇게 회상합니다. "저는 딸이 너무도 걱정스러웠고, 제 자신이 너무도 무기력함을 느꼈습니다. 하지만 천사들은 제 딸이 자신의 진화를 위해 어떤 특정한 일을 완성하기 위해 이번 생을 선택했다는 말을 해주었습니다. 천사들은 제가 해야 할 일은 단지 딸을 사랑해주는 것이라고 말했습니다. 그들은 제 딸의 건강은 딸 스스로가 다뤄야할 일이라고 강조했습니다." 이것은 딸을 보살펴주는 엄마가 받아들이기에 쉬운 말은 아니었습니다. 하지만 천사들의 말은 그녀가 그 상황을 신에게 온전히 맡기는 데에 도움을 주었습니다.

다음날 아침, 메레디쓰는 딸에게 전날 밤의 천사치유 써클에 대해 말해주었습니다. 그리고는 딸에게 물었습니다. "우리가 너에게 어떤 색깔의 치유색상을 보냈을 거 같니?" 메레디쓰는 딸이 '핑크색'이라고 말할 거라고 기대했습니다. 딸이 좋아하는 색깔이었거든요. 그런데 딸은 "무지개빛이요." 라고 말했습니다.

메레디쓰는 이렇게 말합니다. "제 심장이 뛰었습니다! 저는 제 딸이 어느 정도 무슨 일이 일어나고 있는지 정확하게 알고 있다는 것을 깨달았습니다."

무지개 에너지 힐링 후에, 메레디쓰는 걱정을 멈추고 단지 딸을 사랑해주라는 천사들의 안내를 따랐습니다. 그리고 그 작은 소녀는 어떤 발작도 일으키지 않고 일 년을 넘게 지내게 되었습니다.

무지개빛은 레이끼 치유에너지와도 연관되어 있습니다. 그것은 힐러들이 어튠먼트attunement(동조)의 전수를 받은 다음에 발산해주는 특별한 진동입니다. 어튠먼트는 이미 어튠먼트를 받은 레이끼 선생이 학생에게 수수께끼 같은 상징을 보여주면서 시작됩니다. 선생은 이 상징을 학생의 크라운 차크라와 다른 차크라에 손가락으로 그립니다. 그런 다음 학생은 레이끼 에너지를 자신에게, 또는 타인에게 보내는 특정한 손동작을 배웁니다. 레이끼는 네 가지의 등급이 있으며 각각의 등급에는 각기 다른 새로운 상징이 주어집니다. 마지막 등급은 '레이끼 마스터'라고 불립니다.

레이끼 에너지는 벨벳 같이 아주 부드럽습니다. 마치 약한 물로 샤워를 하는 것 같습니다. 레이끼 마스터들을 만날 때 저는 그들의 오라에서 무지개빛을 봅니다. 저는 또한 레이끼 마스터들 옆에 천사의 무리들이 밝은 무지개빛으로 완전히 덮여 있는 것을 본 적이 있습니다. 저는 그들을 '레이끼 천사들'이라고 부릅니다.

14장에서는 레이끼, 기공, 촉수요법, 그리고 다른 에너지 치유의 양식을 더 상세하게 다룰 것입니다. 그리고 질병과 상처를 다루는 데에 있어서 에너지 치유의 효율성에 대한 과학적인 연구 결과에 대해서도 언급할 것입니다.

에메랄드 그린빛

에메랄드 그린빛은 대천사 라파엘과 연관되어 있습니다. 그는 대천사 중에서 최고의 힐러입니다. 당신이 라파엘을 부르면 그는 에메랄드 그린빛을 펼칩니다. 그 그린빛은 마치 치료용 향유처럼, 또는 흡수가 빠른 약처럼 스며듭니다. 역으로, 당신 자신이나 다른 사람의 주변에 똑같은 치유의 힘을 가진 에메랄드 그린빛이 둘러싸고 있다고 심상할 수 있습니다. 빛을 부르는 것은 대천사를 부르는 것과 같습니다. 왜냐하면 빛은 모든 천사들의 진정한 본질이기 때문입니다.

에너지 힐러와의 약속 바로 전에, 섀넌은 대천사 라파엘이 세션 중에 함께 하기를 요청했습니다. 섀넌은 그녀가 정서적으로, 육체적으로, 정신적으로 치유받을 수 있도록 라파엘이 세션을 내려다보고 힐러를 안내해달라고 부탁했습니다.

두 시간의 세션이 진행되는 내내, 섀넌은 마음의 눈 속에서 에메랄드 그린빛을 계속 보았습니다. 섀넌이 이 색깔을 말하지도 않았는데 힐러가 말했습니다. "당신 주변에 계속 에메랄드 그린빛이 보입니다."

일주일 정도 지난 뒤에, 섀넌은 <대천사와 승천한 스승들>을 구입했습니다. 그 책에서는 라파엘의 오라 색상이 에메랄드 그린이라고 설명되어 있었습니다. 그녀는 깜짝 놀랐습니다!

라파엘이 세션에 있었다는 것은 섀넌에게 아주 의미 깊은 일이었습니다. 섀넌은 말합니다. "그것은 이제까지 받아본 것 중에서 가장 강력하고 아름다운 힐링이었습니다."

라파엘이 가까이에 있을 때, 당신은 마음의 눈으로 에메랄드 그린빛을 보거나 실제의 눈으로 그린빛이 반짝이는 것을 볼 수도 있습니다. 에메랄드 그린빛은 상처 난 곳이나 질병이 있는 부위에 그 상황이 치유될 때까지 계속 머물러 있습니다. 제가 심령 리딩을 하는 동안 여러 번이나 저의 고객의 슬개골에 그린빛이 덮여있는 것을 보았습니다. 제가 그분께 물어보면, 그 부분이 다쳤었고 바로 그곳이 치유가 필요했던 부위라고 말합니다. 신체 부위 옆에 있는 그린빛은 그의 기도가 응답을 받았다는 것을 나타냅니다.

상처 난 곳이나 병이 있는 곳에 색깔이 있는 빛을 보내는 것은 아주 효과적인 방법입니다. 아이들이나 동물들을 치료할 때 특히 잘 듣습니다. 왜냐하면 그들의 완벽한 믿음이 치유를 가속화시키기 때문입니다. 다음의 두 가지 예는 전적으로 신뢰하고 믿음으로 가득 찬 아이들과 동물들처럼 되는 것이 무엇인지를 가르쳐줄 것입니다.

루이스 링 오핸리의 11개월 된 딸 케이틀린은 입 안에 종양이 자라고 있었습니다. 네 명의 의사들이 그것이 무엇인지를 알아내지 못했고, 그래서 그들은 루이스와 케이틀린을 구강외과에 보냈습니다. 구강외과에서는 그 다음 주에 수술하도록 권했습니다.

루이스는 아이에게 이런 수술을 하게 하는 것이 무서웠습니다. 다행스럽게도 그녀는 며칠 전에 천사에 관한 책을 읽었고, 그래서 수술이 잡혀진 주 이전의 주말 내내 기도를 했습니다. 루이스는 라파엘에게 에메랄드 그린의 치유 빛을 케이틀린의 입에 보내서 그녀를 완벽하게 낫게 해달라고 요청했습니다.

월요일 아침이 되자 종양은 완벽하게 사라졌고 (그리고 결코 다시 돌아오지 않았습니다.), 따라서 수술 일정은 취소되었습니다. 루이스는 이제 이렇게 말합니다. "나는 기도의 힘을 믿습니다!"

대부분의 아이들처럼 케이틀린은 어머니와 라파엘로부터 오는 사랑의 빛에 열려 있었고 수용적이었습니다. 당신이 당신 자신의 치유를 바랄 때, 천사에게 당신이 열리고 수용적이 되도록 도와달라고 부탁하세요. 그리고 기억하세요. 천사들은 당신이 믿음을 가지고 치유에 더 수용적이 되는 것을 포함해서 모든 방면으로 당신을 도울 수 있습니다.

• • •

뉴질랜드에 사는 도나 미드는 영국으로 이사를 한 가장 친한 친구를 도와 그녀의 폭스테리어개 데이지를 돌봐주고 있었습니다. 데이지는 영국으로 이송되기 전에 반려동물을 다른 사람의 집에서 격리시키는 프로그램에 의해 도나의 집에 6개월 동안 맡겨지게 되었습니다.

데이지는 최근의 뇌졸중으로 인해 건강에 문제가 있었습니다. 그녀의 하체가 영향을 받아 피부문제와 혈전이 있었습니다. 도나는 데이지의 피부를 위해 특별한 샴푸를 이용했고, 검사를 위해 수의사에게 데려가고, 정기적으로 산책을 시켰습니다. 데이지는 4개월까지는 잘 해 내고 있었습니다. 그런데 어느 순간부터 갑자기 완전히 무기력해졌습니다. 도나는 데이지가 좋아하는 간식으로도 데이지를 침대에서 일어나도록 할 수가 없었습니다.

도나는 데이지를 수의사에게 데려가 왜 그녀가 모든 에너지와 활력을 잃었는지 검사받게 했습니다. 검사 결과는 심각했습니다. 데이지는 혈액암이었습니다. 그리고 수의사는 만일 상태가 더 악화된다면 어쩌면 안락사를 시켜야 할 것 같다고 말했습니다. 그러나 도나는 포기할 준비가 되어있지 않았습니다. 그래서 그녀는 데이지를 그날 밤에 집으로 데려왔습니다.

도나는 천사들과 해보기로 결심했습니다. 그녀는 말합니다. "저는 라파엘 대천사에게 저를 도구로 사용해서 그의 그린빛과 백색빛으로 데이지를 낫게 해달라고 요청했습니다. 제가 본 것은 놀라운 것이었습니다. 이 그린빛과 백색빛이 데이지의 몸에서 원형으로 계속 움직이고 있는 것 같았습니다. 처음에는 커다란 원이 그녀의 몸 전체를 휩싸고 있었습니다. 그런 뒤 그 빛은 작은 원으로 바뀌었습니다. 저는 빛이 병을 제거하는 동안, 그 원이 더 이상 어떤 색깔도 볼 수 없을 때까지 점점 더 작아진다는 것을 직감적으로 알았습니다. 저는 눈을 뜨고 데이지를 바라보았습니다. 데이지는 저를 뚫어지게 바라보았습니다. 저는 저녁 내내 대천사 라파엘에게 감사했습니다."

다음날 아침, 도나는 검사를 위해 데이지를 수의사 사무실로 데려다 주었습니다. 도나가 그날 늦게 수의사 사무실로 왔을 때, 데이지가 펄쩍 펄쩍 뛰어오르며 그녀를 핥으면서 반겼습니다. 수의사는 이해할 수 없는 일이고 설명할 수도 없는 일이지만 모든 검사가 데이지의 혈액이 완벽하게 정상임을 보여주었다고 말했습니다.

하지만 도나는 이해했습니다. 그리고 수의사 사무실에서 천사들에게 큰 소리로 감사를 외쳤습니다! 완전히 건강을 회복한 데이지는 영국에 있는 주인에게 돌아갈 수 있었습니다. 친구는 데이지가 지금은 어린 강아지같은 에너지와 성격을 갖고 있다고 말합니다. 데이지의 새로운 수의사가 그녀의 차트를 검토하고는 그 치료는 기적 외에는 설명할 길이 없다고 말했습니다.

도나는 아름답고 효율적인 치유를 위해 라파엘의 에메랄드 그린빛은 물론 백색빛도 기원했습니다. 에메랄드 그린빛은 육체적인 치유의 빛이며 어떤 신체적인 질병에도 효과가 좋습니다. 백색빛은 보호를 위한 색이며 사람에게 해가 되는 거친 에너지가 있을 수 있는 어떤 상황에서도 도움을 줄 수 있습니다. 데이지의 경우, 백색빛은 시한부 질병이라고 하는 의사의 무의식적인 저주로부터 데이지를 막아주는 역할을 했을지도 모릅니다. 말하자면, 데이지를 치료할 수 없다고 보는 의사의 생각 덩어리가 백색빛에 의해 저지되었다는 뜻입니다.

백색빛

백색빛을 심상하거나 기원할 때, 당신은 지적이고 살아있는 존재를 부르고 있는 것입니다. 색깔이 있는 빛이 대천사와 다른 승천한 마스터들의 (예를 들어 관음은 동양의 자비의 여신인데 그 여신의 색은 체리 레드입니다.) 색인 반면에 백색빛은 수호천사의 색이며 천사들의 후광입니다.

당신이 백색빛으로 감싸고 있는 것은 무엇이든 완벽하게 보호됩니다. 왜냐하면 백색빛은 아무도 꺾을 수 없기 때문입니다. 그것은 또한 뿌리 깊은 공포심과 질병을 치유하는, 마치 강력한 증기청소기 같이 아주 강력한 치유의 색입니다.

아래에서 보는 것 같이 카이샤는 백색빛이 그녀의 차크라를 깨끗이 정화하는 것을 심상했을 때 치유되었습니다.

5년 전, 호주의 카이샤 테일러는 심각한 질병을 앓고 있었습니다. 에너지가 다 빠져 쇠약해진 상태로 카이샤는 치료를 받기 위해 그녀의 몸 상태를 확인하는 여러 가지 테스트를 받고 있었습니다.

그 테스트 결과는 월요일에 의사를 방문하면 알게 되어 있었습니다. 결과를 기다리면서 카이샤는 매우 무서웠습니다.

곧 죽을 것 같은 예감이 들었기 때문이지요. 그녀는 이제 겨우 23살 밖에 되지 않았고, 해야 할 일이 많았습니다.

그러나 두려움과 비관적인 생각에 굴복하는 대신, 카이샤는 행동을 취하기로 결심했습니다. 그녀는 하루에 두 번, 한 번에 한 시간씩 명상을 시작했습니다. 명상하는 동안, 카이샤는 그녀의 차크라에 백색 치유의 빛이 채워지는 것을 심상했습니다. 사랑의 에너지가 그녀의 몸에서 매우 강렬하게 퍼져 나와 방안을 모두 빛으로 채우는 상상을 했습니다. 카이샤는 그 명상방을 성스럽고 평화로운 곳으로 만들었고, 명상하는 동안 싱싱한 꽃과 초와 크리스탈을 가까이에 두었습니다.

테스트 결과를 확인하기 위해 의사를 방문하기 전 토요일에 카이샤는 온 마음으로 잘 될 것이라는 기도를 했습니다. 그녀는 이렇게 회상했습니다. "제가 기도를 하고 있을 때, 방안에 밝은 빛이 있는 것을 알게 되었습니다. 그리고 방이 따뜻해져오는 것을 느꼈습니다. 아름답고 부드러운 음악소리가 들렸고 제 앞에는 거대한 황금빛 백색 광선이 있었습니다. 그것은 천사의 형상을 한 순수 사랑이었습니다!

천사가 저에게로 다가와 날개로 제 등을 감싸고 품에 안았습니다. 저는 텔레파시로 모든 것이 잘되고 있다는 메시지를 느꼈습니다. 제 뒤에는 두 명의 천사가 더 있었고, 제가 느꼈던 사랑은 너무도 놀랍고 강력한 것이어서 눈물이 뺨을 적시고 있었습니다. 천사들이 떠나자, 저는 모든 것이 잘 되었다는 것을 절대적으로 의심하지 않았습니다. 저는 전에 두려워했던 암이 애초부터 없었다는 데에 너무도 행복했습니다."

카이샤는 즉시 어머니에게 전화를 걸어 건강이 좋아졌다고 알렸습니다. 어머니는 안도의 눈물을 흘렸습니다. 어머니 역시 걱정을 하고 있었지요. 월요일 아침에 의사의 사무실에 도착했을 때, 그녀는 완벽하게 건강한 상태라는 것을 테스트 결과가 보여줄 것이라고 온전히 확신하고 있었습니다. 그래서 그녀가 애초부터 암이 없었다고 의사가 말했을 때, 카이샤는 이렇게 대답했습니다. "알고 있었어요."

카이샤가 빛과 사랑의 에너지 둘 다를 어떻게 사용했는지 주의 깊게 살펴보세요. 그녀 역시 수정처럼 아주 명백한 의도를 갖고 있었으며, 그것이 그녀의 온 가슴을 다 쏟은 기도 속에서, 하루에 두 번씩 명상을 하는 믿음의 행위와 연결되어 현실화되었습니다. 사랑이 간구될 때, 빛과 수정같이 명백한 의도에 따라 빛과 사랑의 힘은 서로에 의해 증폭됩니다. 사랑 더하기 빛은 모든 것 중에서 가장 효과적인 약입니다.

백색빛과 규칙적으로 함께 할 때, 당신은 치유와 보호의 지속적인 힘을 신뢰하게 될 것입니다.

라사 콤프톤은 백색빛을 자주 이용하면서 그 힘을 신뢰하는 많은 경험을 하고 있습니다. 예를 들어, 어느 날 라사는 목이 아픈 증상을 감지하고 손을 목에 두른 다음, 백색의 황금빛 공이 그곳에 있는 것을 마음속으로 그려보았습니다. 일 분도 채 지나지 않아, 불편은 사라지고 다시 돌아오지 않았습니다.

어떤 증상을 고치겠다고 하는 아주 명백한 의도가 있을 때, 가장 극적인 치유가 일어납니다. 이런 일은 우리가 마음을 쓰고 있는 누군가가 아플 때 자주 일어납니다. 그러나 우리가 너무도 명백하게 고치고 싶어 하는 사람들이 때때로 자신의 두려움과 자신이 안고 온 삶의 과제 때문에 우리의 치유에 저항합니다. 일전에 언급했듯이 동물과 아이들은 치유 작업에 저항하지 않습니다. 그들은 그것을 환영하고, 따라서 기적적인 치유에 알게 모르게 관여하고 있습니다.

브렌다 킹은 새로 얻은 강아지 미니의 목에 혹이 있는 것을 발견했습니다. 수의사는 검사를 해야 하고 400불이 넘는 수술을 해야 할 것이라고 말했습니다. 미니에게 트라우마를 주고 싶지 않았고, 경비도 절약하기 위해 브렌다는 영적인 치유를 먼저 시도해보기로 결심했습니다.

미니의 에너지에 주파수를 맞추는 과정에서, 브렌다는 그 개가 사랑에 극도로 목말라 있다는 것을 알게 되었습니다. 그래서 브렌다는 백색빛과 레이끼 에너지로 미니를 둘러싸고, 그 개에게 사랑을 보내주었습니다. 미니에게 사랑과 빛을 보내는 데에 브렌다의 어머니와 남자친구도 동참했습니다. 두 시간 정도 이 에너지로 미니를 둘러싸자 혹이 눈에 띄게 줄어들었습니다. 다음 날 아침이 되자 혹은 3분의 1로 줄어들었습니다. 목요일부터 일요일까지 미니는 브렌다와 브렌다의 어머니, 그리고 남자친구로부터 백색빛을 집중적으로 받았습니다. 일요일이 되자 혹은 거의 사라졌습니다. 그리고 그 다음 주에는 흔적이 없어졌고, 미니는 기분이 아주 가벼워지고 행복해 하는 것 같았습니다.

브렌다는 이렇게 말합니다. "저는 가끔씩 백색의 치유의 빛을 사용해 왔습니다. 하지만 이번의 경험은 열려진 상태에서 자진해서 주고받음으로써 무엇이 현실화될 수 있는지를 증명하는 것이었습니다. 미니 또한 빛과 사랑에 매우 수용적이었습니다. 미니 스스로가 그 혹을 놓아버리고 싶어 한 것이 명백합니다. 우리는 단지 미니 스스로의 치유를 도와주었을 뿐입니다. 이 경험에 저는 놀라움을 금할 수가 없습니다."

백색빛으로 동물을 치유한 또 다른 이야기가 있습니다. 당신은 쥐를 귀여운 반려동물로 여기지 않을지 모르지만 저는 당신이 이 이야기 속에서 딸의 감정을 소중히 여기는 어머니의 사랑을 느끼게 될 것이라 생각합니다.

엘리자베스 시어의 딸 아스펜은 젤다와 김퍼스공주라고 불리는 애완 쥐가 있었습니다. 어느 날 아침, 아스펜은 마음이 심란했습니다. 김퍼스 공주가 아팠기 때문이지요. 엘리자베스가 보기에 그 쥐는 사실상 거의 죽기 직전이었습니다. 숨은 얕고 빨랐고, 눈은 반쯤 감겨 있었고, 기력이 하나도 없어 보였습니다. 만져도 움직이지 않았고, 먹으려고도, 물을 마시려고도 하지 않았습니다.

김퍼스 공주가 더 이상 고통 받지 않게 하고 싶어서, 그리고 자기 딸이 귀여워하는 동물을 잃는 슬픔이 안타까워 엘리자베스는 치유작업을 시작했습니다. 그녀는 김퍼스 공주를 명상방으로 옮겨와 손으로 감싸 쥐었습니다. 엘리자베스는 이렇게 말합니다. "저는 이렇게 기도했습니다. 만일 살기로 되어 있다면 즉시 낫게 해달라고요. 따뜻한 치유의 백색빛이 공주를 감싸게 해달라고, 그래서 트라우마를 겪지 않게 도와달라고 기도했습니다."

김퍼스 공주는 거의 즉시 그 기도와 백색빛의 치유에 응답했습니다. 그녀는 완벽하게 회복했고, 먹는 것도 정상으로 돌아왔습니다. 죽음에 임박하기는 커녕, 아픈 적도 없었던 것처럼 말이지요. 엘리자베스는 이렇게 말했습니다. "저는 그날 천사들이 우리에게 왔다는 것을 압니다. 사랑이 가득 찬, 모든 것을 감싸주는 천사들의 빛이 김퍼스 공주를 회복시켜 주었습니다. 그리고 사랑하는 반려동물을 잃는 고통으로부터 제 딸을 구해주었습니다."

백색빛은 두 가지의 목적이 있습니다. 치유를 일어나게 하기 위한 정화와 보호입니다. 빛을 간구하면서 당신이 품고 있었던 의도가 어떤 목적을 현실화시킬지를 결정합니다. 다음의 두 가지 예는 백색빛이 가진 보호의 힘을 보여줍니다.

케이트는 캐나다의 사스카체완에 살고 있습니다. 어느날 저녁에 친구 두 명을 초대했습니다. 첫 번째 친구는 정시에 도착했지만 두 번째 친구는 늦었습니다. 케이트와 첫 번째 친구는 늦는 친구가 눈으로 미끄러운 길을 운전하느라고 고생하지 않을까 걱정했습니다. 그래서 그들은 함께 백색빛이 그 친구와 차를 둘러싸고 있는 것을 심상했습니다.

그 친구는 뒤늦게 도착해서는 자기가 위험한 커브를 돌고 있을 때, 차가 깊은 도랑 쪽으로 비껴가기 시작했다고 설명했습니다. 그런데 차가 갑자기 똑바로 서더니 아무 일도 없었다는 듯이 길을 갔다고 합니다. 케이트와 첫 번째 친구는 서로를 쳐다보고는 그가 커브를 돌고 있을 때의 시간이 자기들이 그에게 백색빛을 보내준 바로 그 시간이라는 것을 확인했습니다. 케이트는 말합니다, "그것은 작은 일이긴 하지만 백색빛이 우리 삶의 물질적인 수준에서 확실한 영향을 준다는 것을 강력하게 재확인한 기회였습니다."

• • •

캐나다에서 엔젤테라피 수련을 하는 셀리 바셋은 어느 날 저녁, 자기 차에 문을 잠그지 않은 것을 기억해냈습니다. 늦은 밤이었고 피곤해서 밖에 나가 차 문을 잠그는 대신, 그녀는 미카엘 대천사에게 자기 차를 지켜주고 시트에 놓고 내린 지갑을 잘 보살펴 달라고 부탁했습니다. 셀리는 또한 차와 지갑 주위에 백색빛을 보냈습니다. 그녀는 자기 차와 지갑이 아름답고 하얀 거품 속에 있는 것을 심상했고, 이 빛이 이웃집에게도 가도록 보냈습니다. 그리고는 잠을 잤습니다. 그녀의 물건이 안전하다는 것을 완벽하게 믿으면서 말이지요.

다음 날 아침, 셀리의 도어 벨이 울렸습니다. 문을 열어보자 이웃이 셀리의 지갑을 손에 쥐고 있었습니다. 그는 그 지갑이 자기 집 지붕 위에 있었다고 설명했습니다. 비록 지갑 안에 있었던 20달러 지폐는 없어졌지만 운전면허증과 신용카드들은 고스란히 남아 있었습니다.

이웃은 전날 밤에 자기 집과 그 이웃집 몇 군데에 도둑이 들었다고 설명했습니다. 그날 밤, 다른 차들은 모두 부서지고 물건이 도둑맞았지만 신기하게도 며칠이 지난 뒤에는 도둑맞은 물건들이 모두 멀쩡하게 주인에게 되돌아왔습니다.

셸리가 이웃집 모두의 안전을 기도했고 백색빛으로 이웃집을 감쌌기 때문에 그녀는 백색빛이 신뢰하고 사랑하고 존경할 수 있는 에너지장이었다는 것을 깨닫게 되었습니다. 그녀는 또한 자기가 간구했던 지갑의 안전을 정확하게 얻었다는 것도 깨닫게 되었습니다. 셸리는 자기가 지갑 속에 든 돈도 보호받기를 요구했어야 했는데 그것을 잊었다고 말합니다. 셸리는 이제 매일 밤 그녀의 이웃들을 백색빛으로 둘러싸고 있습니다. 그것이 정말로 효과가 있다는 것이 증명되었기 때문이지요.

백색빛은 즉각적인 보호를 위해 절박한 위험의 순간에도 불러올 수 있습니다.

2003년 7월 22일, 테네시주의 멤피스시는 격심한 폭풍으로 초토화되었습니다. 로라 몬타나로는 폭풍소리에 잠을 깨어 창밖을 바라보았습니다. 그리고는 폭풍에 부서진 잔해들이 정원에 날아다니고 있는 것을 보았습니다. 로라는 즉시 천사들에게 가족과 자기를 보호해 달라고 부탁하고는 자기 집 주변을 밝은 백색빛으로 감쌌습니다. 그녀의 집 위까지 높이 솟아 있는 거대한 참나무가 바람에 흔들리는 모습이 너무도 불길했습니다! 하지만 로라는 빛으로 보호 받고 있다는 확실한 느낌에 단지 침대에 누워 폭풍이 지나가기를 귀 기울여 듣고 있기만 했습니다. 멤피스시의 다른 수십만 가구가 정전이 된 것처럼 그녀의 집도 정전이 되었지만 그녀는 여전히 평온함을 느꼈습니다.

폭풍이 지나간 뒤, 로라는 차로 주변을 돌아보면서 온 사방이 믿기 어려울 정도로 초토화된 것을 보았습니다. 나무들이 쓰러져 도로에 누워 있거나 전깃줄에 걸쳐 있었고, 많은 집들을 덮쳐 심지어 사람을 죽이기까지 했습니다.

하지만 로라의 집에는 아무 일도 일어나지 않았습니다.

로라는 말합니다. "저는 너무도 축복받은 느낌이었고, 또 깊이 보호받은 느낌이었습니다. 여름철 멤피스의 그 뜨거운 열기 속에서도 다른 집들은 두 주가 지나도록 전기가 복구되지 않았지만 우리 집은 단 18시간 만에 전기가 들어왔습니다! 저는 당신이 당신의 천사들을 부르고 당신 자신을 백색빛으로 감싸면 어떤 경우에도 보호받는다는 것을 의심하지 않습니다. 저는 매일 저녁에 기도를 하고, 이 지구를 백색빛으로 감싸고 있습니다. 그리고 다른 사람들도 똑같이 하라고 권하고 있습니다."

백색빛은 우리 자신과 우리가 사랑하는 사람들, 그리고 우리의 재산을 치유하고 보호하도록 힘을 주는 신뢰할만한 방법입니다.

저는 최근에 천사들로부터 매일 밤 잠들기 전에 이 지구가 백색빛으로 덮여져 있는 것을 심상하라고 요청하는 메시지를 받았습니다. 시간대가 다르다 하더라도 지구는 계속해서 보호받고 있습니다. 백색빛은 다른 모든 색깔과 마찬가지로 시간이 지나면 사라지기 때문에 이 지구가 항상 빛으로 덮여 있도록 확실히 하기 위해서는 이렇게 매일 밤마다 의식을 할 필요가 있습니다.

황금빛

황금빛은 그리스도 에너지의 색상입니다. 꼭 그리스도교에서 말하는 예수 그리스도를 말하는 것이 아니라, 용서의 정신, 그리고 강력하고 무조건적인 사랑을 뜻합니다. 그것은 모든 것이 잘되고 있다는 상징입니다. 그것은 이런 뜻입니다. "믿어라, 왜냐하면 모든 것이 잘되고 있기 때문이다." '예수의 환영'을 경험하는 사람들은 예수 주위에서 황금빛 광채를 본다고 말합니다. 저는 예수와 가까이에서 일하고 있는 사람들이거나 예수의 가르침에 따라 살고 있는 사람들 주위에서 황금빛을 봅니다.

많은 사람들이 교통사고가 일어나기 바로 직전에 황금빛을 봅니다. 그들은 그 빛이 어디에선가 나타나서 충돌 바로 직전에 그들을 안전한 곳으로 이끌어준다고 합니다.

도나 프래벨과 그녀의 친구 앤은 뉴질랜드 오클랜드에 있는 집에서 차로 4시간 걸리는 곳으로 매달 교육훈련 코스를 위해 통근을 했습니다. 그들은 평소 운전 중에 보호를 위해 그들의 차를 백색빛으로 감싸곤 했습니다. 그런데 하루는 그렇게 하는 것을 잊어버렸습니다. 게다가, 친구가 조심스럽게 경고하는 것을 무시했습니다. 바로 그 날, 전방에서 속도를 내고 있는 차가 중앙 분리대를 넘어서 도나와 앤의 차를 향해 똑바로 달려왔습니다. 햇빛이 짙은 구름에 덮여 있었음에도 불구하고, 그들 둘은 두 차 사이에 밝은 황금빛 광채를 보았습니다.

정면충돌이 있은 후에, 도나는 깨어나면서 앤이 자기 이름을 부르는 것을 들었습니다. 앤은 도나가 죽었다고 생각하고 다시 살아나기를 기도하고 있었습니다. 헬리콥터가 와서 그들을 병원에 이송시켰고, 그들은 병원에서 치료를 받고 침대 신세를 지게 되었습니다. 검사 결과 도나는 척추가 손상되었고 비장이 파열된 것으로 나왔습니다.

도나는 계속 기도했습니다. 그녀의 세포와 신경과 혈관, 그리고 그녀의 몸 전체가 스스로 회복되는 것을 심상했습니다. 그런 뒤 CAT 스캔 검사를 받았는데 전문가들은 스캔 결과에 어리둥절했습니다. 그래서 검사를 다시 반복했습니다. 그녀의 비장이 완벽하게 복구되었던 것입니다!

도나는 좀 더 지켜보기 위해 병원에 하룻밤 더 머물러야 했습니다. 그동안 도나는 계속해서 기도를 하고 자신의 건강을 계속해서 확신했습니다. 그녀는 동종요법의 약을 먹을 수 있도록 기원했습니다. 그리고는 텔레파시로 스스로 투약할 수 있다는 영적인 메시지를 받았습니다. 그래서 그녀는 그렇게 했습니다.

다음 날, 도나의 의사는 그녀가 하루 더 병원에 있어야 한다고 말했습니다. 도나는 병원에서 벗어나 원래 모습대로 될 수 있도록 도와달라는 기도를 했습니다. 이 기도를 한 지 십 분 뒤에 그녀는 기도한대로 병원에서 풀려나 집으로 가게 되었습니다.

도나의 뼈를 진단한 의사는 나중에 그녀에게 사고 시에 척추가 2미리 정도 절단되었다고 말했습니다. 그리고 그녀의 차를 견인한 기사는 그런 사고에서 누군가가 생존했다는 것이 전혀 믿기지 않는다고 말했습니다. 도나는 자신의 건강과 생명을 천사의 공으로 돌립니다.

믿음은 사랑의 한 단면입니다. 왜냐하면 그것은 의심과 두려움이 없기 때문입니다. 복음서를 읽어본 사람들은 그리스도가 치유의 기적에 믿음을 계속 강조했다는 것을 기억할 것입니다. 의사의 능력에 대한 환자의 믿음이 환자가 치유되느냐 마느냐를 결정하는 결정적인 변수임을 보여주는 최근의 연구에 의해 그의 말이 입증되고 있습니다.

따라서 당신은 당신 자신이나 당신이 치유하고 있는 사람 누구든 도와달라고 황금빛을 부를 수 있습니다. 황금빛은 다른 색상과 함께 부를 수도 있습니다. 당신이 두려움에 처해 있고 보호가 필요하다면, 백색빛과 아울러 황금빛을 부르세요. 황금빛은 당신의 믿음을 강화시킬 것이고 백색빛은 당신의 안전을 확인해줄 것입니다.

전에 언급했던 라사 콤프톤이 아리조나에서 돌발 홍수 주의보가 내린 가운데 운전을 하고 있었습니다. 하늘이 곧 쏟아질 폭우를 머금은 비구름으로 어두워지자, 라사는 천사가 그녀 앞에 날아와 그녀가 가는 길이 안전하고 깨끗해지도록 백색 황금빛을 비춰달라고 요청했습니다. 폭우가 길 위에 쏟아지기 시작했을 때, 라사의 차는 그 폭우 속을 안전하게 지나갔습니다. 아무 사고 없이 집에 도착한 후, 라사는 그 길이 통행이 불가능했고 몇 몇 운전자들은 침수된 길에서 오도 가도 못하고 있다는 뉴스를 들었습니다. 그녀는 그 빛이 자기를 안전하게 이끌어준 것을 감사했습니다.

빛을 불러들일 때, 당신은 실수를 하거나 잘못된 색상을 선택할 수 없습니다. 당신은 이렇게 생각할지 모릅니다. '확실히 하기 위해 모든 색상을 다 불러들이는 게 어떨까?' 이 방법 또한 가능합니다. 하지만 가장 좋은 방법은 어떤 색깔을 불러야할지 안내해 달라고 기도하거나, 또는 당신의 직관에 따라 색상을 선택하는 것입니다. 다시 말하지만 당신은 실수를 할 수 없습니다. 사랑과 더불어 색깔 있는 빛을 보내는 동안 치유를 하겠다는 아주 확실한 당신의 의도가 치유를 일으키는 진정한 힘입니다.

천사의 빛

치유의 기도가 응답되고 있다는 것을 아는 한 가지 방법은 '천사의 빛'의 존재입니다. 그것은 불꽃의 꼬리 같이 반짝이는 빛이거나 카메라의 플래시 같이 순간적으로 번쩍이는 빛입니다. 백색빛은 수호천사의 오라 불꽃입니다. 그리고 그 불꽃은 천사들이 시공을 이동할 때 일어나는 마찰과 같은 것입니다. 색깔이 있는 빛은 대천사와 승천한 마스터들의 오라입니다. 천사의 빛에 대해 들어본 적이 없는 사람은 멜라니가 그랬던 것처럼 자기들 눈이 잘못된 것이 아닐까 의심할 수도 있습니다.

멜라니는 임신 중에 백색과 적색의 빛을 보기 시작했습니다. 그녀는 천사의 빛에 대해서 들어본 적이 없었습니다. 그래서 두 명의 다른 의사를 찾아가 검진을 받았습니다. 두 의사 모두 멜라니의 눈이 완벽하며 그 빛은 임신 중에 나타날 수도 있는 현상일 것이라고 말했습니다. 하지만 딸을 낳고난 후에도 멜라니는 번쩍이는 빛을 계속 보았습니다.

어느 날 저녁, 밖에 앉아 나무를 바라보고 있을 때, 그녀는 거대한 푸른빛과 붉은빛이 그녀 주위를 날아다니는 것을 보았습니다. 그 빛은 이제껏 보았던 그 어떤 빛보다도 더 밝게 빛나고 있었고, 그녀는 그것을 어떻게 해야 할지 몰랐습니다. 지금은 자기가 대천사들을 보고 있고, 그 붉은빛은 대천사 미카엘로부터 나온 것이라는 것을 멜라니도 알고 있습니다.

멜라니는 자기 딸이 더 많은 천사들을 집으로, 그리고 자기의 삶 속으로 불러왔다는 것을 믿습니다. 그리고 자신의 영적인 선물을 자기 딸이 열어주었다고 믿습니다.

멜라니가 보았던 그 백색빛은 딸의 출생과 더불어 따라온 보조 천사들이었습니다. 붉은빛은 거의 틀림없이 동양의 자비의 여신 관음으로부터 온 것일 것입니다. 관음은 불교의 신이며, 그 이름은 "모든 기도를 알고 있다."라는 뜻을 갖고 있습니다. 그녀는 특히 어머니와 아이들을 양육하고 있습니다. 따라서 멜라니의 삶 속에서 관음이 존재하고 있다는 것은 일리가 있는 것입니다.

백색빛은 니콜 헤레라가 발견한 것처럼 천사들이 위험으로부터 우리를 보호하려고 모일 때마다 나타납니다.

니콜이 샌디에고 해변에서 부기보드 (소형 서핑보드)를 타고 있을 때, 거대한 파도가 그녀를 삼켜 그녀는 물속 깊이 빠지게 되었습니다. 물 밖으로 나오려고 버둥거렸지만 어디가 위이고 어디가 밑인지도 모를 지경이었습니다.

그런데 갑자기 그녀의 머리가 물 위로 솟아오르면서 그녀는 주변에 반짝이는 백색빛을 보게 되었습니다. 일주일 뒤에 그녀는 이런 종류의 빛이 천사와 연관이 있다는 것을 책을 통해 알게 되었습니다.

천사의 빛은 우리가 위안과 확신을 필요로 할 때도 나타납니다.

호주 퀸스랜드에 사는 애니는 어렸을 적에 어둠이 무서워 자주 잠자는 시간이 공포스러웠던 것을 기억하고 있습니다. 그녀는 말합니다, "그때 이 빛들이 제 방 안으로 들어와 침대 주위를 배회했어요. 거기에는 색깔이 있는 빛도 있었고 백색빛도 있었지요. 그것은 방을 채울 만큼 커다란 빛은 아니었고 그저 작은 빛이었습니다. 이 빛과 함께, 저는 귀 속에서 어떤 소리를 듣곤 했습니다." 그 빛과 웡웡거리는 소리가 애니를 위로했고 그녀는 평화롭게 잠에 빠지곤 했습니다.

애니는 어머니에게 천사들의 빛에 대해 말해주었지만 어머니는 이해하지 못했습니다. 그래서 애니는 이제 그 빛을 보았다고 말하는 자신의 어린 아들을 돌봐 주는 데에 많은 노력을 기울이고 있습니다.

애니의 이야기가 말해주는 것처럼, 특히 아이들은 천사들의 빛을 보는 일에 익숙해 있습니다. 천사들은 우리가 평화롭기를 바랍니다. 그리고 우리가 좌절하거나 두려워할 때마다 우리에게 옵니다. 어둠이 정말로 공포스럽게 보일 때에도 천사들의 빛은 항상 가까이에 있다는 것을 우리에게 보여줍니다. 다음 이야기에서는 딸에 대한 어머니의 기도가 천사들의 빛으로 응답받는 것을 보여줍니다.

티나 마카리안의 5살 된 딸 린제이는 고열로 매우 아팠습니다. 그래서 티나는 그녀의 체온을 점검하기 위해 딸을 옆에 재웠습니다. 린제이가 밤새 이리저리 뒤척이는 동안 둘 다 잠을 잘 수가 없었습니다.

매우 걱정이 된 티나는 침대에 누운 채로 신에게 딸을 도와줄 수 있도록 천사들을 보내달라고 조용히 기도했습니다. 그녀는 린제이가 그 기도를 듣지 못할 정도로 작은 소리로 기도했습니다. 만일 딸이 듣는다면 엄마가 자기보다 더 아픈 거라고 생각할 것 같았기 때문이었습니다. 린제이의 아빠는 최근에 심장마비로 세상을 떠났고, 린제이는 자기도 갑자기 죽지 않을까 두려웠습니다.

티나가 기도를 한 얼마 후에 린제이가 울기 시작했습니다. 그녀가 말했습니다. "엄마, 나 너무 무서워요." 티나는 린제이가 무엇을 두려워하는지 물었습니다. 죽음에 대한 평소의 공포일 것이라고 생각하고 말이지요.

그 작은 소녀가 말했습니다. "내 머리 주변으로 빛이 떠다니고 있는 게 보여서 무서워요. 별같이 보이기도 하고 요정처럼 보이기도 해요."

티나는 기쁨의 눈물을 흘렸습니다. 그리고는 그 빛이 딸을 낫게 해주려고 온 천사들이라고 설명해주었습니다. 티나는 말합니다. "저는 제 기도가 응답된 것을 알았지요. 그래서 린제이에게 기도에 대해서 이야기를 해주었습니다. 제 아이는 그것이 사실임을 알았다고 말했습니다."

그런 뒤 엄마와 딸은 모두 잠에 빠져 들어 평온한 휴식을 취하게 되었습니다. 다음 날, 린제이는 훨씬 더 좋아졌습니다. 그리고 아빠처럼 죽는 것을 다시는 두려워하지 않았습니다.

티나 자신은 천사의 빛을 자기 눈으로 직접 보지는 못했지만 천사들이 거기에 있었다고 하는 딸의 순진한 증언으로 치유가 일어나고 있다는 것을 충분히 확인하였습니다. 천사들은 우리의 두려움을 가볍게 하고, 치유의 빛을 우리 몸속으로 보내어 부정성과 부조화를 씻어내 주면서 우리를 치유합니다.

캐나다의 베린다 워렌은 대천사들로부터 이런 종류의 치유를 받았습니다. 대천사들은 자기들의 특성과 색깔이 있는 천사의 빛을 보여주었습니다. 베린다의 경우 치유의 대천사 라파엘은 녹색빛으로 나타났습니다. 그리고 창조적인 해결책을 도와주는 '지혜의 삼촌' 대천사 우리엘은 라파엘과 협력하여 깊고 강력한 치유를 행해주었습니다.

1999년은 베린다에게 힘든 한 해였습니다. 두 어린 아이를 기르느라고 녹초가 되어 있었고, 경제적으로 곤궁했으며, 주변으로부터 어떤 심적인 응원도 받지 못하고 있었습니다. 그녀 자신의 결혼생활을 포함해서 모든 대인관계가 그녀를 정서적으로 피폐하게 만들고 옴짝달싹 못하게 묶어놓고 있었습니다. 그녀가 희망을 막 포기하려고 했을 때, 베린다는 자기 주위에 천사들이 있는 것을 보기 시작했습니다.

그녀가 천사들을 처음 보았을 때, 천사들은 아무 형태도 없이 타오르는 빛으로 보였습니다. 그들은 베린다의 침실로 들어와 온 방에 마치 부드러운 이불 같은 사랑을 뿌려주었습니다. 베린다는 이렇게 말합니다, "그들이 옆에 있으면 항상 완벽하게 안심이 되었습니다. 그리고 매일 밤 항상 똑같은 시간에 찾아오는 그들의 방문을 기다리기 시작했지요."

그 천사들은 녹색빛을 발산하고 있었습니다. 그리고 어떤 것은 노란색 톤을 띠고 있었습니다. 한 번은 그녀가 녹색빛에 잠이 깨고는 아이들과 돈 문제를 더 이상 걱정하지 말고 모든 것은 잘 될 것이라는 메시지를 직관적으로 받았습니다. 그녀는 천사들이 그녀의 이번 생과 지난 생으로부터 오는 고통을 치유하고 있다는 말을 들었습니다.

베린다는 한 빛나는 존재가 발끝에서 시작하여 마치 그녀의 차크라 에너지 센터를 정화시키는 것처럼 몸 위를 타고 올라가는 것을 지켜보았습니다. 천사는 배 근처의 태양신경총 차크라에서 속도를 줄였고, 그것은 마치 뱃속에서 어떤 혹이 녹아 사라지는 것 같이 느껴졌습니다. 빛은 계속 가슴, 목, 얼굴을 타고 올라갔습니다. 그리고 힐링 세션이 끝난 뒤에 그녀는 깊은 잠에 빠져들었습니다.

그 뒤로 베린다는 자신감과 자존감, 그리고 더 강해진 힘을 느끼게 되었습니다. 그녀는 사람들과의 관계 속에서 자신을 주장하기 시작했고, 사람들 사이에서도 스스로 안전함을 느꼈습니다. 베린다는 이렇게 말합니다, "서서히 저는 일상생활 속에서 저 스스로 서기 시작했습니다. 처음에는 매우 두려웠지만 어느 정도 대처해 나가게 되었습니다. 이제 제 삶은 환상적이고 믿을 수 없을 정도로 사랑이 가득 찬 관계 속에만 있게 되었습니다. 그리고 그런 일이 일어나게 된 것은 모두 천사들의 덕분입니다."

촛불 힐링

초를 이용하여 또 다른 빛을 부를 수도 있습니다. 하얀 촛불을 응시하는 것은 당신의 욕구에 초점을 맞추고 두려운 생각에서 벗어나는 데에 아주 효과적입니다. 불꽃을 바라보고 모든 소망을 떠올리면서 이렇게 말하세요, "이것, 또는 이보다 더 나은 것을 바랍니다, 하느님." 치유와 현실화를 위해 안내와 보호를 해 주는 또 다른 천사들을 부르세요.

호주의 재키 스티븐스는 교회에서 치유를 간절히 기도하고 있었습니다. 그녀의 온 몸이 병으로 아팠습니다. 그녀는 조용히 기도했습니다. "신이시여, 그리고 천사들이시여, 어떻게 하면 제가 힘을 되찾고 강인하고 건강함을 느끼면서 제 길을 갈 수 있겠습니까?" 몇 분이 지나지 않아 그녀의 귓속에서 분명한 속삭임이 이렇게 말했습니다. "촛불을 바라보고 사랑과 빛을 보내라. 그리고 사랑과 빛을 받아라. 그리고 축복하고 놓아버려라."

재키는 그 안내를 따라 촛불을 응시했습니다. 그녀는 이렇게 말합니다, "마치 빛이 제 안에서 커지는 것 같았어요. 사랑을 촛불에 보내자, 제 안에 사랑이 만들어지는 것이 느껴졌습니다. 축복하고 놓아버리자, 제 어깨에 매일 짊어지고 다녔던 긴장과 함께 아픔과 고통이 사라지는 것이 느껴졌습니다."

천사의 둥근 빛

천사의 빛은 사진에서 더 자주 나타나고 있습니다. 제 청중들 중에 많은 분들이 저에게 천사와 요정의 윤곽을 닮은 하얀 눈과 가냘픈 모습을 한 사진들을 보여주곤 합니다. 이런 현상이 더 많이 나타나는 것은 아마도 카메라와 디지털 사진의 발전 때문일 것입니다. 저는 이런 현상을 "베일의 엷어짐" 때문일 것이라고 믿습니다. 그것은 우리가 집단적으로 상승되고 있고, 더 영적으로 의식적이 되면서 우리 주변에 있는 영적인 세계의 존재를 더 쉽게 알아차리고 있는 것을 의미합니다.

오하이오 신시내티에 사는 10살 된 라이언 레이놀드는 천사들을 본다는 말을 자주 했습니다. 수술이 불가능한 뇌종양으로 진단을 받았던 라이언은 가족들에게 말하기를, 건초더미에 올라타는 동안에 천사들을 보았다고 했습니다. 세 명의 각각 다른 사람들이 각각의 다른 카메라로 건초더미에 올라타는 라이언의 사진을 찍었습니다. 한 사진사는 지역신문사의 리포터였고 그녀가 맡고 있는 뉴스에 사용하는 카메라를 이용했습니다.

모든 카메라의 필름이 현상되었을 때, 그 사진들은 각각 그 소년 주변을 둘러싸고 있는 둥근 모양의 빛을 보여주었습니다. 각각의 카메라는 각기 다른 종류의 필름을 사용했습니다. 가족들은 그 사진 속의 백색 점들이 무엇인지 알지 못했습니다. 어떤 사진은 라이언 주변에 백색의 작은 점들이 있는 것을 보여주었고, 다른 사진은 물고기 모양의 하얀 이미지가 있는 것을 보여주었으며, 세 번째 사진은 그 옆에 커다란 백색의 구체가 있는 것을 보여주었습니다.

하지만 라이언은 그 사진 속의 천사들을 즉시 알아보았습니다. 그의 어머니는 라이언이 세 번째 사진의 커다란 구체를 가리키며 이렇게 말한 것을 회상했습니다. "엄마, 바로 이게 내가 건초더미 올라타기를 그렇게 좋아했던 이유예요. 바로 거기에 내 수호천사가 있었기 때문에요. 나는 그녀가 거기에 있을 것을 알았어요. 그게 내 천사에요, 엄마. 그녀는 나에게 항상 말을 해요." 그의 어머니는 라이언이 자주 천사에 대해 이야기한다고 말했습니다.

그 일이 있은 두 달 후에 라이언은 평온하게 자기의 수호천사들에 둘러싸인 채로 세상을 떠났습니다. 당신은 왜 라이언이 그런 수호천사들이 있었음에도 불구하고 회복하지 못하고 세상을 떠났는지 의아해 할 것입니다. 저는 그의 삶의 목적이 자기의 죽음을 통해서 천사들의 존재에 사람들의 주의를 끄는 것이었다고 믿습니다. 그의 이야기는 전 세계적인 뉴스가 되었고, 라이언의 삶은 천사와 관련된 사건을 평상시에는 보도를 하지 않는 보도국에 큰 동요를 일으켰습니다. 만약에 그의 병이 고쳐졌다면, 극적인 사건에만 초점을 맞추는 보도국은 아마도 그의 이야기에 귀를 기울이지도 않았을 것입니다. 10살 된 라이언 레이놀드의 용기 있는 영혼은 온 세상의 어른들이 수호천사의 실재에 대해 생각해보도록 만들기 위해 천국에 간 것이었습니다.

천사들은 필름에 나타납니다. 왜냐하면 카메라가 날로 증가하는 정확도와 민감도로 빛과 에너지를 잡을 수 있게 되었기 때문입니다. 다음 장에서는 에너지에 대해서 이야기하고 그 에너지가 신체적이고 정서적인 건강과 치유에 어떤 관계가 있는지를 이야기할 것입니다.

제14장

에너지 힐링 작업

우리의 몸은 전기적이기 때문에 우리가 이 자연적인 전기를 부르고 다른 것에게 보낼 수 있다는 것은 일리가 있습니다. 우리가 에너지를 보내는 행위를 사랑과 아주 명확한 의도와 결합할 때, 그 결과로 치유가 일어납니다. 에너지 힐링은 일종의 빛의 형태입니다.

오늘 날, 전 세계의 병원에서는 에너지 힐링을 포함하는 '보완요법', '보조요법'을 집에서 하는 요법으로 권장합니다. 아래의 연구가 보여주듯이 이 작업에 대한 그들의 믿음은 충분한 근거를 가지고 있습니다.

기공에 대한 과학적 연구

기공이라고 불리는 고대 중국의 에너지 힐링법은 의학계에서 많은 주목을 받았습니다. 그 수련법은 육체의 움직임에 기초하고 있습니다. 그것은 기를 온 몸을 통해 보내 질병을 만들어내는 정체된 에너지를 제거하는 기법입니다. 중국의 대학병원에서 최초로 행해진 연구는 기공이 질병과 고통과 중독증을 치료하는 데에 사용되어졌을 때 의미 깊은 결과를 보여줍니다.

예를 들어, 중국의 통지의대의 연구자들은 기공 치료가 쥐의 종양이 커지는 것을 현저하게 억제했으며 종양을 억제하는 면역기능을 촉발한다는 것을 발견했습니다. 이 효과는 화학요법과 병행되었을 때 훨씬 더 증폭되었습니다.

중국의 광주대학에서 행한 남성 헤로인 중독연구에서도 기공은 현저한 치유효과를 보여주었습니다. 86명의 헤로인 중독자를 세 그룹으로 나누어 첫 번째 그룹에는 기공수련을 배우게 했고, 또한 숙달된 시술자로부터 기공에너지 치료를 받게 했습니다. 두 번째 그룹은 해독 약물을 투여 받았고, 세 번째 그룹은 아무 치료도 받지 않았습니다. 그 결과는 놀라웠고 통계적으로도 매우 의미가 있었습니다. 기공 그룹은 헤로인의 사용중지를 아주 빠르고 쉽게, 그리고 불안 증세는 더 낮은 상태로 견뎌나갔습니다. 가장 의미 있는 것은 기공 그룹은 기공 치료를 받기 시작한지 5일 안에 소변에서 헤로인이 검출되지 않았다는 것입니다. 반면에 투약그룹은 9일 후에, 그리고 아무 치료도 받지 않은 그룹은 11일이 지나서야 헤로인이 검출되지 않았습니다.

뉴저지 메디컬스쿨에서 행해진 연구에서도 똑같이 인상적인 결과가 발견되었습니다. 그 연구는 만성 통증에 시달리는 두 개의 그룹을 비교했습니다. 한 그룹은 기공마스터로부터 기공 치료와 지도를 받았고, 다른 그룹은 무자격자로부터 기공 지도와 치료를 받았습니다. 3주 후에 진짜 기공을 받은 사람들은 91%가 통증 감소를 보고했고, 가짜 기공을 받은 사람들은 36%만이 통증이 감소되었습니다.

'기공걷기'는 일종의 움직이는 명상입니다. 일본의 교토에서 행해진 흥미로운 연구에서는 당뇨병 환자들을 임의적으로 두 그룹으로 나누어, 한 그룹은 기공걷기를 하고, 다른 그룹은 일반적인 걷기를 하게 했습니다. 점심 식사 뒤에 30분 동안 걷기를 한 후에, 기공그룹은 혈당 포도당이 현저하게 줄어들었음을 보여주었습니다.

기공에 대한 다른 과학적인 연구는 다음과 같은 사실을 보여주었습니다.

- 조지아주 마리에타에 있는 라이프 대학 연구: 20분 동안의 기공 호흡 수련을 열흘간 연속적으로 한 결과 산소 섭취와 이산화탄소 생성에 호흡기능이 20% 향상했음.
- 1년 동안 기공을 수련한 사람 중, 고혈압 환자의 혈액 속에서 도움이 되는 HDL-C 세럼 수치가 증가하면서, 해로운 콜레스테롤이 유의미적으로 감소되었음. 상하이에서 행해진 유사한 연구에서는 기공이

고혈압 환자의 좌심실 기능의 향상과 혈류 변화에 규칙적인 영향을 미쳤다는 것을 발견했음.

레이끼, 촉수요법, 기타 에너지 치료법에 대한 연구

이미 언급한 바와 같이 레이끼와 촉수요법은 기공과 유사한 에너지 힐링 수련법입니다. 이것이 호흡수련이나 운동요법과 다른 것은 힐링 에너지가 오로지 손을 통해 전달된다는 것입니다. 이 둘은 모두 병원과 간호 대학의 연구자들로부터 주목을 받아왔습니다. 레이끼와 촉수요법의 결과가 기공의 결과만큼 인상적이지는 않지만 아직도 주목받을 만한 가치가 있습니다.

캐나다의 에드먼톤에 있는 크로스 암연구소에서 행해진 연구에서 20명의 만성통증 환자들이 레이끼 치료를 받았습니다. 그 연구에서 레이끼를 받은 사람들이 아주 현저하게 고통이 감소된 것을 발견했습니다.

퀘벡에 있는 센터에서는 말기암으로 진단받은 20명이 세 번의 촉수요법을 받았습니다. 그 요법을 받은 사람들은 고통과 멀미 증세, 우울, 불안, 짧은 호흡의 감소를 보고했고, 식욕, 활력, 이완과 내면의 평화가 증가된 것으로 보고했습니다.

레이끼와 촉수요법의 효과가 플라시보 효과로부터 왔을까요? 아니면 사랑의 에너지를 보내주는 사람들에게 관심을 받은 환자로부터 왔을까요? 서던 마인 대학의 다른 연구에서는 에너지 힐링 작업의 효율성을 의학적으로 지원해주고 있습니다. 이 연구에서, 만성 통증 환자들은 고통을 다루는 법을 배우는 인지 행동 요법이 행해졌고, 절반의 다른 그룹은 촉수요법까지도 행해졌습니다. 추가적인 요법을 받은 사람들은 더 높은 '자기 효능감'의 정도를 보고했는데, 이것은 그들이 고통을 극복해 낼 자신들의 힘에 대해 더 낙관적으로 느꼈다는 것을 의미합니다. 그들 또한 자기들의 인지 행동 요법 프로그램을 받아들이고 있는 것 같았는데, 아마도 촉수요법이 제공해준 희망과 믿음과 낙관적인 자세 때문인 것으로 보입니다.

물론 이 세 개의 연구가 환자들의 주관적인 보고에 근거했다고 논쟁을 할 수도 있습니다. 달리 말하자면, 에너지 치료를 받은 사람들이 연구자들에게 자기들이 호전되었다고 말했다는 뜻입니다. 하지만 그들이 받은 효과를 과장할 수 있을까요? 휴스톤에 있는 텍사스 대학 건강과학센터의 연구원들은 레이끼 치료를 받은 사람들을 생리학적으로 테스트하기로 했습니다. 그들은 30분 동안 레이끼를 받은 피실험자들이 세션 중에 심장 수축 혈압에서 현저한 감소를 보였고, 피부 온도는 증가했으며, 근전계 활동 (근육 긴장도 측정)이 감소된 것을 보여주었습니다. 덧붙여서 피실험자들은 불안증세가 상당히 줄어들었다고 보고했습니다.

어쩌면 만지는 것만으로도 이런 치유 효과를 끌어내는 것이 충분할지도 모릅니다. 이 이론을 실험하기 위해서 알라바마 대학의 버밍햄 번 센터 연구원들은 99명의 화상환자들을 두 그룹으로 나누었습니다. 한 그룹은 촉수요법치료를 매일 5일간 받았고, 다른 그룹은 촉수요법 시술자로 가장한 훈련되지 않은 사람들에게서 같은 시간 동안 비슷한 치료를 받았습니다.

숙련된 시술자에게서 촉수요법 치료를 받은 사람들에게는 통계적으로 유의미한 결과가 나타났습니다. 가짜 치료를 받은 환자 그룹에 비교해서 이들의 통증과 불안이 훨씬 더 줄어들었다고 보고했습니다. 게다가, 촉수요법 치료를 받은 사람들은 에너지 치료의 심리적인 효과를 나타내면서 혈중 림프구가 현저히 떨어짐을 보여주었습니다.

기공, 레이끼, 촉수요법의 대부분에서 가장 괄목할 만한 일은 이들 모두가 불안 증세를 현저하게 줄여준다는 것입니다. 불안은 정신적이고 심리적인 질환의 원인이면서 결과이기 때문에 에너지 치료의 치유 효과는 불안을 감소시키는 능력에 있어서 가치가 있는 것입니다.

저는 레이끼를 연구했고 이제는 레이끼 마스터가 되었습니다. 신체의 긍정적이고 부정적인 양극을 다루는 데에 기초를 하고 있는 극성요법polairy therapy도 연구했습니다. 차크라를 깊이 정화시켜주는 프라나 힐링도 연구했습니다. 수도 없이 많은 레이끼, 힐링터치, 에너지 힐링 작업 또한 발전해오고 있습니다. 이러한 에너지 힐링 시스템은 타고난 힐러들에게 그들의 내적인 영적 재능에 대한 또 다른 확신을 줍니다. 덧붙여서, 이러한 시스템은 에너지 힐링 작업을 수행하는 조직적인 체계를 제공합니다.

물론, 다른 직업과 마찬가지로 일부 에너지 힐러들이 진실성이 결여됨으로써 이 시술법에 오명을 남기고 있습니다. 에너지 힐러나 교사들을 찾을 때 가장 좋은 방법은 당신이 신뢰하는 사람들로부터 소개를 받거나, 그런 사람들을 만날 때 당신 자신의 직관을 따르는 것입니다. 만일 당신이 에너지 힐러들과 함께 있을 때, 신체적으로나 정서적으로 불편함을 느끼거나 혹은 그들이 돈에 우선적으로 초점을 맞추는 것 같거나, 그들이 정당하지 않다고 느껴지는 강좌 또는 일련의 세션을 강요한다면, 다른 시술자를 찾도록 하세요.

에너지 힐링 작업의 영성

많은 사람들이 스트레스를 받을 때 영적인 길로 돌아섭니다. 그들은 내면으로 돌아와서 위안을 찾고 해답을 찾기로 결심합니다. 제니퍼 헐은 질병으로부터 기인하는 고통의 결과로 영성을 찾은 사람의 한 예입니다.

하와이에 사는 63살의 제니퍼는 여러 해 동안 류머티즘성 섬유조직염을 앓으면서 여러 종류의 치료법을 해 보았습니다. 어느 날 그녀는 새로운 의사를 찾아 갔는데, 그 의사가 제니퍼에게 에너지 힐링의 한 형태인 힐링터치요법을 받아보라고 권했습니다. 이것은 제니퍼에게나 그녀의 남편에게는 새로운 개념이었습니다.

치료를 받는 날, 제니퍼와 그녀의 남편은 작은 방으로 안내되었습니다. 거기서 그녀는 즉시로 아주 깊은 이완의 느낌을 받았습니다. 힐링터치 시술자는 함께 일하고 있는 결혼한 부부였습니다. 제니퍼는 그들의 부드러운 목소리와 표정에 충격을 받았습니다. 남편이 방 한쪽에 앉아 있는 동안, 제니퍼는 편안한 쿠션과 담요와 부드러운 베개로 되어 있는 마사지 테이블에 누웠습니다.

시술자들은 짧고 조용한 기도를 한 다음, 제니퍼의 몸은 실제로 건드리지 않은 채 손을 움직일 것이라고 설명했습니다. 이렇게 워밍업을 한 다음에 그들은 그녀에게 손을 얹었습니다. 그들이 에너지를 보내기 시작하자, 제니퍼는 약간의 전기가 통하는 느낌을 받았습니다.

그들이 손을 그녀에게 얹자, 제니퍼는 강렬한 환영을 보기 시작했습니다. 그녀는 자기가 밤에 여기저기 야자나무가 있는 마우이에 있는 장면을 보았습니다. 한 나무 뒤에 어떤 여자가 서 있었고, 제니퍼는 그녀의 눈을 뚫어지게 바라보았습니다. 그때 배경의 장면은 맑고 푸른 하늘로 바뀌었고 그 여인은 사라졌습니다.

제니퍼는 다음에 무슨 일이 일어날까 참을성 있게 기다렸습니다. 몇 분이 지나지 않아 다른 얼굴이 나타났습니다. 제니퍼가 말했습니다. "12살이나 13살쯤 되어 보이는 어린 소녀였어요. 아주 예뻤고, 검은 단발 머리에 하트 모양의 얼굴을 하고 있었고 연약해 보였습니다. 그녀의 눈에서 파란 배경에 맞는 치유의 빛이 비춰지는 것처럼 느껴졌어요. 그녀가 저에게 미소를 보내고 있었고 사랑이 가득 찬 눈으로 저를 바라고 있었지요. 그것은 저에게 행복한 느낌을 주었습니다. 행복감이 저를 감쌌고 그녀가 제 통증 - 그리고 지난 몇 년 동안 견뎌오고 있었던 모든 육체적이고 정신적인 고통을 이해하고 알아주고 있다는 느낌이 밀려왔습니다.

그때 그 달콤한 작은 천사가 사라졌어요. 제가 생각해야 할 다른 아무 것도 남기지 않은 채 말이지요. 저는 한 작은 물체가 나타나 마치 컴퓨터의 애니메이션처럼 저를 향해 다가오고 있는 것을 볼 수 있었습니다. 저는 그것이 무엇이 될지 기다렸습니다. 그리고 그것이 도착하자, 저는 또 다시 믿을 수 없는 충격에 빠졌습니다. 그것은 예수의 머리와 어깨의 이미지였습니다.

천사들이 모두 살아있는 듯한 색상으로 나타났지만 예수는 검은색, 흰색, 회색으로 된 흑백 사진과 비슷했습니다. 예수의 이미지는 나타날 때와 똑같은 방법으로 서서히 멀리 굴러가듯이 사라졌지요. 그것이 시야에서 사라지자 남자 시술자가 배를 밑으로 깔고 엎드리라고 했습니다. 그리고 저는 세션이 끝날 때까지 조용히 있었습니다."

세션이 끝나갈 무렵, 제니퍼의 남편은 울고 있었습니다. 그들이 방을 나서자, 그는 그녀를 껴안고 제니퍼에게 자기가 그녀를 얼마나 많이 사랑하는지 말해주었고, 최근에 어렵게 산 것을 사과했습니다. 제니퍼는 그 세션이 그녀의 삶을 바꾸었다고 말합니다.

얼마 후에 제니퍼는 도매서점에서 마지막으로 남은 제 책 <천사와 함께 하는 힐링>을 구입했습니다. 그 다음 달에는 제 책 <천사 오라클 카드와 함께 하는 힐링>을 구입했습니다. 그녀는 그 두 책을 서랍 속에 넣어놓고는 잊고 있었습니다. 그리고는 미장원에 갔을 때, 거기에서 엔젤테라피 시술자가 제 천사 오라클 카드로 리딩을 하는 것을 보았습니다. 그 시술자는 그녀의 수호천사들과 계속 관계를 유지할 수 있도록 카드를 사용하게끔 용기를 주었습니다.

오늘, 제니퍼는 카드의 도움으로, 그리고 기도와 명상을 통해 그녀의 천사들에게 정기적으로 이야기를 나누고 있습니다. 그리고 그녀는 천사들의 실재를 지속적으로 의식하고 있습니다. 이제 그녀의 마음은 평화롭습니다. 천사들이 그녀에게 삶에는 이 지상의 경험보다 더 많은 것이 있다고 확인해주었기 때문입니다. 그녀는 항상 바라고 있었던 사인을 받았습니다. 이제 그녀는 더 이상 혼자라고 느끼지 않습니다.

반려동물에게 하는 에너지 힐링

동물들은 자기 주변에 있는 에너지에 매우 민감합니다. 그리고 자기들의 주인에게 스트레스가 있을 때, 자주 아프게 됩니다. 가족 중의 누군가가 속상해 하면, 그 집의 동물은 그 에너지를 흡수하여 병에 걸릴지도 모릅니다.

뒤집어 말하면, 동물들은 그들에게 전달된 치유의 에너지에 매우 빨리 반응합니다. 그들은 힐링 에너지를 전해주려는 아주 확실한 의도를 갖고 있는 사람에게 반응하여 빨리 치유됩니다.

이 에너지는 손을 통해 전해지고 깊은 사랑에 연결됩니다.

영국의 레이첼 앤 퍼낙 브레논은 사랑하는 반려견 콜리 벤이 암으로 진단을 받자 가슴이 아팠습니다. 슬픔에 복받쳐 레이첼은 주저앉아 자신의 감정을 말로 표현하기 시작했습니다. 기도를 하거나 어느 특정한 누구에게 말을 하는 것이 아니었습니다. 단지 자신의 감정을 터뜨리고 있는 것이라 할 수 있었습니다. 몇 분도 지나지 않아 레이첼은 자기 옆에 어떤 자애로운 영적인 존재가 있는 것을 느꼈습니다. 그래서 레이첼이 그 천사에게 물었습니다. "제 개를 고칠 수 있게 제가 할 수 있는 일이 있다면, 제발 제가 무엇을 해야 하는지 말씀해 주세요. 그러면 하라는 대로 하겠습니다."

레이첼은 그 다음에 무슨 일이 일어났는지 이렇게 회상했습니다. "제 손이 따끔거리면서 팔딱거리기 시작했어요. 마치 피부 밖으로 뻗어 나오는 것 같았지요. 끓는 듯한 뜨거움을 느꼈고, 누군가가 거기에 있다는 것을 느꼈습니다. 그래서 눈을 떴지요. 믿을 수 없었지만 반짝반짝 빛나는 작은 빛이 수없이 많이 보였습니다.

제 손은 아직도 따끔거리고 있었고, 그때 벤이 방으로 들어와 제 옆에 앉았습니다. 그래서 제 손을 그의 몸 위에 얹어 놓았습니다. 벤은 처음에는 약간 불안한 듯이 보였지만 곧 안정을 찾고 잠에 빠져들었습니다."

비록 레이첼은 수기치료의 경험이 없었지만 내면의 안내를 믿었습니다. 레이첼은 십 분 동안 벤 위에 손을 얹어 놓았습니다. 그날 밤 늦게, 하얀 깃털을 발견했고, 그녀는 그것이 천사가 왔다 간 흔적이라는 것을 알았습니다. 그녀는 다음날 두 개의 또 다른 하얀 깃털을 발견했습니다.

이 경험으로 레이첼은 자주 천사들과 이야기를 나누기 시작했습니다. 그녀는 계속 힐링 에너지를 벤에게 보내라고 안내를 받았고, 얼마 되지 않아 벤의 테스트 결과는 암이 완전히 사라졌음을 보여주었습니다.

그 뒤로 레이첼은 홀리스틱 테라피스트가 되어 다른 동물들과 사람들에게 천사치유를 할 수 있게 되었습니다.

다음의 이야기는 긍정의 형태로 표현된, 아주 명백한 의도와 연결된 에너지 힐링에 동물들이 얼마나 잘 반응하는지를 보여줍니다.

캘리포니아의 심리치료사 제리 허쉬필드는 고양이 조이의 목에 커다란 사마귀가 있는 것을 발견했습니다. 그날 늦게 수의사를 찾아갔을 때, 의사는 그것을 제거해 주고는 사마귀가 어쩌면 다시 자랄지도 모른다고 말했습니다. 의사의 말대로 그것은 몇 달 뒤에 또 나오기 시작했습니다. 또 다시 수의사는 그 사마귀를 제거했습니다.

몇 주 뒤에 다시 사마귀가 자라나오자, 제리는 자기 손으로 사랑의 에너지를 보내보기로 결심했습니다. 제리는 사랑의 파동이 사마귀 속으로 들어가 사마귀가 사라지는 것을 느끼면서 조이의 목을 가볍게 두드렸습니다. 그는 마음속으로 반복했습니다. "신의 사랑은 전능하고 이 사마귀를 지금 당장 고치고 있다. 너의 목은 완전하고 완벽하다. 그것은 모든 것을 치료하는 무한한 사랑의 힘으로 치료되고 있다. 그리고 그 속에서 모든 것은 완전하다. 이 사마귀는 단지 겉모습일 뿐이며 원래의 상태인 무로 사라지고 있다."

제리는 이 치료를 하루에 두 번씩 반복했습니다. 그리고 사흘이 채 되지 않아 사마귀는 쪼그라들었습니다. 한 주 내내 계속되는 치료에 사마귀는 완전히 사라졌습니다. 후에 한 번 더 생겨났지만 제리는 똑같은 기도와 사랑 에너지 치료를 해주었고, 다시 한 번 그 사마귀는 사라졌습니다.

하지만 나중에 다시 그 사마귀가 또 생겨났을 때, 제리는 천사들에게 도움을 요청했습니다. 그는 최근에 천사치유에 대한 책을 읽었고, 그래서 이번에는 지난번에 했던 기도에 이렇게 덧붙였습니다. "천사님들, 제가 신의 사랑을 조이의 목에 보낼 수 있게 도와주세요." 그러자 사마귀는 지난번보다 훨씬 더 빠르게 사라졌고, 지금까지 다시 돌아오지 않았습니다.

그 이후로 제리는 천사의 도움으로 같은 치료법을 자기의 질병에 적용했습니다. 이 치료법으로 한 차례의 독감이 사흘만에 사라졌습니다. 다른 사람들은 독감 증상이 일주일이나 이주일 정도 더 오래 갔는데 말이지요. 그가 이 치료법을 적용한 거의 모든 통증은 완전히 사라지거나 현저하게 줄어들었습니다.

제리는 이렇게 말합니다, "저는 이제 신의 에너지가 항상 우리에게 열려있으며 우리가 우리 자신을 의식적으로 에너지장의 흐름 속에 놓아둔다면 그 즉시로 치유된다는 것을 알아요. 그리고 천사들에게 우리를 도와달라고 부르면 이보다 더 좋아집니다. 왜냐하면 천사들은 항상 그 에너지장 속에 있기 때문이지요."

그는 다른 사람들에게도 그 치료법을 적용했고, 그 치유가 받는 사람의 믿음의 정도에 맞추어 일어나는 것을 발견합니다. "이런 방식으로 치유 받을 수 있다는 가능성에 마음을 여는 사람들은 정말 최고의 도움을 받습니다." 라고 제리는 말합니다.

무생물에게 하는 에너지 힐링

에너지 힐링은 사람과 동물의 신체적인 몸을 치료하는 데에 국한되지 않습니다. 그것은 무생물 또한 치료합니다. 모든 것이 원자와 에너지로 구성되어 있기 때문에 모든 것은 에너지 힐링에 영향을 받을 수 있습니다.

호주에서 천사 직관과 레이끼 힐러를 하는 크리스텐은 바이러스가 그녀의 컴퓨터에 침투한 것을 발견했습니다. 감염된 파일을 지우기 위해 바이러스 스캔을 이용해 보았지만 컴퓨터는 이미 손상된 상태였습니다. 문제를 해결하려고 다른 방법을 시도해본 뒤, 크리스텐은 짜증이 나고 실망한 상태로 잠을 잤습니다.

다음날 아침에 그녀는 레이끼 에너지를 컴퓨터에 보내면서 다시 한 번 바이러스 스캔을 하기로 결심했습니다. 또한 대천사 미카엘과 우리엘에게 컴퓨터에 있는 모든 바이러스를 깨끗이 치워주기를 요청했습니다. 그녀는 대천사들에게 감염된 컴퓨터가 그녀의 영적인 작업에 부정적인 영향을 줄 것이라고 설명했습니다.

그러는 동안 남편 팀은 컴퓨터 전문가에게 도움을 요청하라고 권했습니다. 하지만 그녀는 확신을 갖고 그럴 필요가 없다고 선언했습니다. 천사들이 이미 상황을 통제하고 있었기 때문이었습니다. 몇 분이 지나지 않아 스캔이 끝났고 "감염된 파일 없음"이라는 표시가 나왔습니다. 크리스텐과 팀은 크게 기뻐하면서 천사들에게 감사했습니다. 그날 늦게 크리스텐이 천사 오라클 카드를 뽑았을 때, '대천사 미카엘' 카드가 나온 것은 결코 놀라운 일이 아니었습니다.

에너지 힐링 작업이 이렇게 효율적인 이유는 우주에 있는 모든 것이 에너지로 되어 있기 때문입니다. 치유 에너지를 보냄으로써 우리는 에너지 시스템을 본래 상태의 건강과 순서로 재설정합니다.

에너지 힐링 작업의 중요한 부분은 차크라 – 우리 몸의 내적인 에너지 센터 – 를 정화하고 균형을 잡아주는 것을 포함합니다. 차크라 작업은 육체적으로나 정서적으로 치유하는 일을 도울 수 있습니다. 다음 장에서는 이것을 다루게 될 것인데, 차크라 치유 작업에 친숙한 사람이라면 중독증, 전생, 심령 공격을 제거하는 법을 포함하는 새로운 형태의 차크라 작업에 대해 읽고 싶어질 것입니다.

제15장

에너지체와 차크라 돌보기

요즈음 많은 분들이 차크라에 친숙해져 있습니다. (차크라는 '바퀴'를 의미는 고대 산스크리트어입니다.) 이미 언급했듯이 차크라는 육체 안에 있는 에너지 바퀴입니다. 그것은 핀볼 게임에서 패들이 공을 밀어 올리는 것과 똑같이 생명의 에너지를 밀어 올립니다.

대부분의 시스템은 일곱 개의 주요 차크라를 언급합니다. 이는 다음 페이지에 설명되어 있는데 척추 기저부에 있는 뿌리 차크라, 척추 기저부와 배꼽 중간에 있는 천골 차크라, 배꼽 뒤에 위치하고 있는 태양신경총 차크라, 흉부에 위치한 가슴 차크라, 아담의 사과에 있는 목 차크라, 두 눈 사이에 있는 제3의 눈 차크라, 머리 정수리에 있는 크라운 차크라 등입니다. 저는 두 눈썹 위에 위치한 '귀 차크라'도 포함시킵니다.

각각의 차크라는 서로 다른 색깔의 진동이 있습니다. 그것은

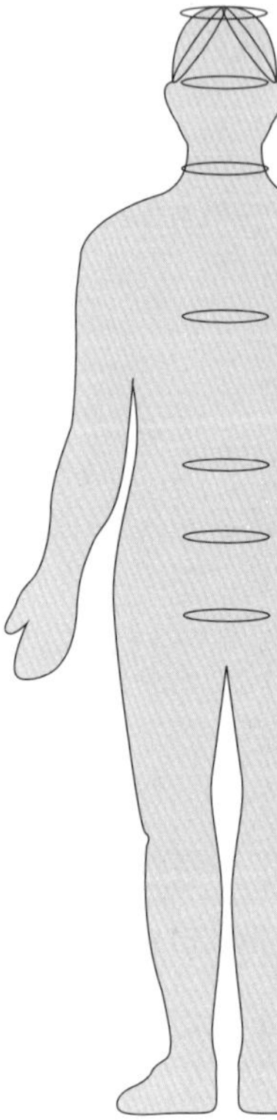

차크라 바퀴의 회전 속도에 따라 결정됩니다. 차가운 계통의 색깔들 (보라색, 파랑색, 초록색 등)은 더 빨리 움직이는 빛의 진동과 차크라로부터 옵니다. 따뜻한 계통의 색깔들 (노랑색, 오렌지색, 빨강색 등)은 더 늦게 움직이는 빛과 차크라로부터 옵니다.

각각의 차크라는 그것이 관장하는 어떤 특성이 있습니다. 대부분이 호르몬 분비선 옆에 위치하고 있으며, 그 차크라들은 분비선을 관장하고 균형을 맞춰주는 일에 관련되어 있습니다. 네 차크라는 심령적인 능력에 영향을 주고 있는데, 그것은 영지력(정보를 어떻게 받아들였는지를 인식하지 못한 채 사실을 아는 것), 영청력(신성의 소리를 듣는 것), 투시력(심령의 이미지를 보는 것), 영감력(직관적인 느낌)으로 알려져 있습니다.

차크라

이름	위치	칼라	특성
크라운(Crown)	정수리	자주색	영지력(Claircognizance)
귀(Ear)	양 눈썹 위	보라색	영청력(Clairaudience)
제3의눈(Third eye)	두 눈 사이	남색(인디고 블루)	투시력(Clairvoyance)
목(Throat)	아담의 사과 목젖	옅은 파랑	자신과 타인에게 진실 말하기 창조적인 일
가슴(Heart)	가슴	녹색	영감력(Clairsentience) 관계, 영적인 관계
태양신경총(Solar plexus)	배꼽	노랑색	힘과 통제력
천골(Sacral)	태양신경총과 뿌리 사이	주황	신체적 건강, 식욕
뿌리(Root)	척추 기저부	빨강	경력, 재력, 가정, 물질적 안정

• 역자주: 일반적으로 차크라는 위의 귀 차크라를 뺀 일곱개로 분류하며 크라운 차크라의 색상도 연보라색으로 분류합니다.

차크라 정화

차크라는 매우 예민합니다. 부정적인 에너지를 흡수하여, 스스로 어두워지거나 크기가 균형이 맞지 않게 될 수 있습니다. 건강한 사람 안에서, 차크라는 크기가 균일하고 균형이 잡혀 있으며, 어두운 에너지가 없습니다. 어두운 에너지는 부정적인 사람이나 상황 주변에서, 또는 스스로 부정적인 생각을 붙잡고 있을 때 나옵니다. 쪼그라든 차크라는 그 차크라에 관련된 문제에 대해 두려움을 가질 때 나타납니다. 반면에 차크라의 문제와 관련된 집착은 그 차크라를 다른 차크라와 비교할 때, 어울리지 않게 커지게 할 것입니다.

당신의 차크라를 깨끗하고 균형 있게 유지하는 것은 심령의 능력을 발전시키는 가장 쉬운 방법 중의 하나입니다. 요가와 명상은 차크라를 깨끗이 하고 균형을 맞추는 강력한 방법입니다. 저는 〈차크라 정화Chakra clearing〉라는 오디오 테입과 CD가 있는데, 만일 당신이 인도자가 리드해주는 명상을 선호한다면, 이것이 매우 효과적일 것입니다. 그리고 이 책의 제3부에 차크라를 정화하고 균형 잡아주는 데에 도움을 주는 몇 가지 방법이 소개되어 있습니다.

에테르 코드

우리가 어떤 종류의 것이든 두려움을 포함하는 관계를 가질 때마다, 우리는 서로 건전하지 못한 집착을 만듭니다. 이 집착은 "바꾸지 마!", "나를 떠나지 마!", 또는 "나를 다치게 하지 마!"라고 말하는 올가미와 같습니다.

당신이 그것을 알아차릴 때, 이런 집착은 쉽게 눈에 보입니다. 저는 그것을 '에테르 코드'라고 부릅니다. 왜냐하면 그것은 한 사람에게서 나와 다른 사람에게로 붙어 있는 튜브처럼 생겼기 때문입니다. (어떤 경우에는 그 코드들은 한 사람에게서 나와 그 사람이 잃고 싶어 하지 않는 물건에게 연결되기도 합니다.) 에테르 코드는 기능 장애가 굳어 있는 형태인데, 당신은 심령 감각으로 그것을 알아차릴 수 있습니다.

에테르 코드는 두 사람 사이에 흐르는 에너지의 관을 만듭니다. 에테르 코드의 다른 쪽에 있는 사람은 당신이 의식하지 못하는 가운데 당신으로부터 에너지를 빨아들일 수 있습니다. 또는 그 사람이 그 코드를 통해서 당신에게 부정적인 에너지를 보내면서, 의학적인 원인이 없는 것처럼 보이는 신체적인 고통을 유발할 수도 있습니다.

도움을 주기 좋아하는 사람들은 그들이 돕고 있는 사람들과 연결된 많은 코드가 있습니다. 그들에게는 사람을 도움으로써 보상을 받는다는 것이 중요한 일이 아닙니다. 그 코드는 도움을 받는 사람이 도움을 주는 사람에게 의존하게 될 때 만들어집니다. 그러므로 만일 당신에게 계속 조언을 요청하는 친구가 있다면, 아마도 당신은 그 친구와 연결된 에테르 코드가 있는 것입니다.

만성적으로 어깨, 목, 등에 통증이 있는 사람들은 그 부위에 그 통증의 진짜 원인이 되는 커다란 코드가 있습니다. 당신의 관계가 더 오래 지속되었을수록, 그 코드는 더 커집니다. 따라서 더 큰 코드를 통해 대부분의 에너지가 오고 갑니다. 만성적인 통증에 시달리는 사람들이 무엇보다도 가족과 연결된 커다란 코드를 갖고 있는 것을 자주 발견하게 되는 이유가 바로 그것입니다.

멜버른에서 엔젤 직관 코스에 참가하고 있는 사만타라는 여자분이 단상에 올라왔습니다. 저는 그녀의 등에서 커다란 코드가 튀어나온 것이 보였습니다. 그녀에게 요통이 있는지 묻자 그녀는 그 통증이 만성적이었고, 그것 때문에 자주 잠을 자지 못한다고 말했습니다. 저는 그 코드가 전남편에게 연결되어 있다는 것을 직관적으로 알았습니다. 그녀는 전남편과 아이들을 나누어서 양육하는 문제를 포함해서 골치 아픈 관계를 유지하고 있었습니다. 사만타는 즉시 전남편이 자기에게 고통거리였다고 수긍했습니다.

저는 미카엘 대천사를 불러 사만타의 코드를 끊어달라고 부탁했는데, 결국에는 그 코드가 끊어지기를 거부하고 있다는 것을 발견했습니다. 이것은 사람이 분노와 용서할 수 없음에, 또는 복수하려는 욕구에 매달리고 있다는 것을 말하는 것입니다. 그래서 저는 사만타에게 심호흡을 하라고 했습니다. 그런 뒤 말했습니다, "당신은 정말로 당신의 전남편과 연관된 요통을 없애고 싶으신가요? 통증과 평화를 맞바꾸시고 싶으신가요?"

그녀가 숨을 내쉬면서 그렇다고 말하자, 미카엘과 저는 그 코드를 쉽게 끊을 수 있었습니다. 다음 날, 사만타는 그 반의 학생들과 저에게 그날 아무 통증도 없이 최고로 좋은 숙면을 취했다고 말했습니다. 그리고 이혼한 후 처음으로 아무런 분노도 없이 남편을 생각할 수 있었다고 했습니다.

에테르 코드는 신체적인 통증을 유발할 뿐만 아니라 만성 피로증후군을 유발하며, 아울러 힐러에게도 극심한 피로감을 가져옵니다. 이런 경우에 그 사람은 그 사람의 에너지를 빨아먹는 굶주린 사람들과 붙어 있는 코드가 많은 것입니다. 당신이 이런 상태에 있다면, 이런 굶주린 사람들이 정말로 완전히 당신에게 의존하는 것을 두려워하게 될지도 모릅니다. 하지만 만일 그들의 굶주림이 당신을 무기력하게 만들고 있다면, 그들은 당신을 그들의 수준으로 끌어내린 것입니다. 그들은 당신의 힘을 떨어뜨린 것이고, 그 힘은 어느 누구에게도 도움이 되지 않습니다.

이런 상황을 치유하려면, 그 사람들에게 정신적으로 확신을 갖게 하세요. “당신이 필요로 하는 것은 모두 신이 처리할 거예요. 당신은 강하고, 활기차고, 치유되었어요. 저랑 똑같이요.” 그런 뒤 당신에게 ‘노’라고 말할 수 있는 힘을 달라고 천사들에게 부탁하고, 당신의 자존심이 움직이려 할 때, 그 자존심으로 하여금 휴식을 취하라고 부탁하십시오. 이렇게 힘을 빼앗아가는 사람들을 만날 때, 그들에게 정직해질 용기를 줄 수 있도록 목 차크라를 청결하게 유지하세요.

(제3부에서는 당신의 에테르 코드를 자르고 차크라로부터 심령적인 잔해를 비워내는 특별한 방법에 대해서 소개할 것입니다.)

저닌 프룩스는 어려운 시기에 있을 때, 절망 속에서도 에테르 코드를 자르는 방법을 사용했습니다. 그녀의 약혼자가 마약중독에 다시 빠져 장기입원 치료센터에 입원하게 되었습니다. 그래서 그들은 재정적으로 곤궁하게 되었고, 저닌은 약혼자의 부모 집에 들어가 살아야만 했습니다.

그녀의 약혼자가 집에 돌아왔을 때, 그의 어머니가 저닌이 자기 아들의 마약중독의 원인이라고 비난했습니다. 그녀의 분노가 너무 도를 지나쳤기 때문에 저닌은 그 집을 떠나 며칠 동안 오빠 집에 머물렀습니다.

그때 저는 저의 책 <빛 사역자의 길>을 읽고 있었습니다. 그녀의 오빠 집으로 운전하고 가는 동안, 그녀는 책에 나오는 에테르 코드 자르기 기법을 생각했습니다. 저닌은 그녀의 시어머니와의 코드가 어떻게 생긴 것일까 궁금했습니다. 그녀는 즉시 자기 배에 거대하고 가는 코드가 하늘과 시어머니를 향해 밖으로 뻗어나가는 것을 환영으로 보았습니다. 그 환영은 너무도 생생하여 평소 자기가 투시력이 있다고 생각도 해보지 못한 저닌은 두려웠습니다.

그녀는 자기가 그 코드를 자르고 있는 것을 심상했고, 끈끈한 점액층이 에테르 톱날 옆으로 빠져나오는 것을 보았습니다. 하지만 바깥층의 안쪽에는 쇠로 된 케이블이 있어서 저닌은 체인 톱을 사용하여 그 쇠를 자르는 것을 심상했습니다. 그 케이블은 탕, 탕, 탕 하는 소리와 함께 쇠가 부러지듯이 부러졌습니다. 그 과정이 기괴했지만 자유로워지는 느낌이었습니다. 잘려지지 않으려고 제일 저항이 컸던 마지막 케이블이 체인 톱으로 잘려질 때까지 계속했습니다. 그런 뒤 나머지 코드를 배에서 끌어내자 그 안에 구멍이 생기면서 통증이 느껴졌습니다. 그래서 그 안에 백색빛과 사랑을 채우자 통증이 가벼워졌습니다.

저닌은 이렇게 말합니다, "그날 저를 제 약혼자의 어머니와 그녀의 두려움에 붙여 놓았던 그 코드를 풀어내면서 얻은 자유는 제가 생각했던 것보다 더 큰 자기 치유능력을 주었어요. 그래서 저는 다른 사람의 두려움을 풀어줄 수 있게 되었고 저 자신의 힘을 주장할 수 있게 되었습니다."

저닌과 그녀의 시어머니는 이제 묶인 줄같은 건 전혀 없이 서로 존경하는 관계입니다.

에테르 코드를 잘라내고 차크라를 비워내는 것은 깊은 치유 효과를 보여줄 수 있으며, 때로는 전생으로까지 연장됩니다. 환생이라는 것이 아직은 논란의 여지가 있는 주제이지만 전생 퇴행으로 얼마나 많은 치유가 일어나는지는 논란의 여지가 없습니다. 공포, 불안, 그리고 중독은 사람이 그 문제가 전생에 근거한다는 것을 발견할 때 빠르게 치유됩니다. 사람이 정말로 전생에 살았다고 믿든, 아니면 그것이 현생의 상황을 은유한 것이라고 생각하든, 아니면 전생이 영혼의 가이드들에게나 속한 것이라고 판단을 내린다고 해도, 전생퇴행의 치유 결과는 엄청납니다.

코델리아 브랍스는 스코틀란드 에딘버러에서 열린 저의 "천사와 함께하는 힐링" 워크샵에 참여했습니다. 거기서 저는 참가자들에게 코드 자르기와 대천사 라파엘과 미카엘과 함께 하는 비우기의 매우 깊고 강렬한 세션을 안내했습니다. 코델리아는 이렇게 말합니다, "과정이 진행되는 동안, 저는 제 차크라에서 커다란 오물덩어리가 떨어져 나오는 것을 느꼈어요. 그리고 강렬한 감동에 사로잡혀 눈물을 흘리며 흐느꼈습니다."

닷새 후에 코델리아는 식중독으로 느껴지는 갑작스럽고 극심한 병에 걸렸습니다. 코델리아는 완벽하게 건강했고 술도 마시지 않는 채식주의자이기 때문에 그녀는 그 원인이 신체적인 것이 아니라는 것을 알았습니다. 그녀는 정화 워크샵으로부터 에너지 독소 제거 과정이 진행되고 있다는 것을 깨달았습니다. 결국 그 증상은 가라앉았고, 코델리아는 잠을 잘 수 있게 되었습니다.

다음 날 아침, 그녀는 엄청난 무게가 빠져나간 것 같이 느껴졌습니다. 무엇이 어떻게 일어났는지 몰랐지만 기분이 상쾌하고 즐거웠습니다. 그녀는 너무도 흥미로워 심령술을 하는 친구에게 채널링으로 설명해달라고 부탁했습니다. 친구는 코델리아가 1812년 뉴욕에 살다가 13살의 나이에 콜레라로 죽은 전생의 남은 에너지를 씻어낸 것이라고 말했습니다.

코델리아는 즉시 인터넷으로 콜레라를 검색해보았고, 며칠 전의 증상들이 콜레라의 증상과 정확하게 일치한다는 것을 알아냈습니다! 코델리아는 이렇게 말합니다. "이 경험을 통해서, 저는 제 자신이 스스로의 힘을 빛의 사역자로서 이용하고 있으며, 제 신성한 삶의 목적 - 즉 전에 저를 두려움에 떨게 했던 것을 드러내는 과정 속에 있다는 것을 발견했습니다. 저는 미카엘, 라파엘, 그리고 도린의 정화 훈련이 새롭고 두려움 없는 삶을 가능하게 했다는 것을 진정으로 믿습니다."

에테르 코드 자르기로 중독 치유하기

통증을 가라앉히고 에너지를 증가시키는 것 외에도, 에테르 코드를 자른 사람들은 알코올중독, 흡연중독, 약물중독, 폭식을 포함한 중독증상으로부터 치유되었다고 보고합니다.

대천사 라파엘은 2001년 하반기에 저에게 중독을 고치는 방법을 가르쳐주었습니다. 저는 즉시 그 방법을 워크샵에 활용하기 시작했습니다. 저는 청중들에게 자신의 중독은 물론 그들 고객들의 중독을 치유할 수 있도록 그 방법을 안내했습니다. 그 효과에 대해서 과학적인 연구를 행할 시간이 없었지만 제가 받은 경험에 입각한 사례 연구는 매우 놀라웠습니다.

과식 극복하기

음식에 대한 중독은 다른 형태의 중독과 마찬가지로 심각해질 수 있습니다. 음식이란 것이 삶에 있어서 필요한 것이고, 법적으로나 사회적으로 허가된 것이기 때문에 과식과 싸우는 사람들은 다른 중독으로 싸우는 사람들보다 더 힘들게 싸우고 있습니다. 중독 물질에 대한 에테르 코드를 자르는 대천사 라파엘의 방식은 다른 형태의 중독에도 잘 적용됩니다.

로스앤젤레스의 캐롤린은 힐러이면서 테라피스트입니다. 그녀는 과체중이 자신의 삶의 목적에 방해가 된다고 판단했습니다. 체중을 줄이는 일에 신성의 안내를 받아오긴 했지만 캐롤린은 더 건강한 삶을 살고 싶었습니다. 그래서 왜 이 숫자를 택했는지는 이유를 모르겠지만 17파운드를 빼기로 결심했습니다.

캐롤린은 여러 종류의 살빼기 방법을 시도해 보았지만 효과가 미미했습니다. 그때 그녀는 캘리포니아의 산타 모니카에 있는 아가페교회에서 열린 제 워크샵에 참여했고, 거기서 저는 중독의 코드를 잘라내는 방법을 안내해 주었습니다.

캐롤린은 음식, 꾸물거림, 그리고 다른 중독 증세를 무릎 위에 올려놓고 보내버렸습니다. 그녀는 이렇게 말합니다, "저는 제 의식이 상승되는 것을 느꼈어요. 저는 또한 도와달라고 '살 빼주는 천사'를 불렀습니다. 그리고 과식의 충동을 잃어버렸고, 더 건강한 음식에 끌리게 되었습니다." 캐롤린은 더 이상 고기나 술을 간절히 원하지 않았습니다. 그리고 채식을 시작했습니다.

그녀는 급격하게 17파운드를 뺐고, 옷 사이즈는 두 단계나 내려갔으며, 몇 달 동안 그 상태를 유지했습니다. 6년 동안 체중을 유지해 오면서 캐롤린은 이렇게 말합니다, "천사들의 도움으로 제 몸무게가 빠지고 유지된 것은 기적과 같은 일이죠. 처음에 저는 믿을 수가 없었어요. 그리고 몸무게가 정말인지 계속 체중계를 확인해 보았지요. 체중이 줄어들면서 저는 더 건강해졌고 더 행복을 느낍니다. 천사들은 정말로 마법사 같아요."

체중에 대한 고민은 음식을 갈망하는 고통에 그치는 것이 아닙니다. 어떤 경우의 중독이라도 그 고통의 일부는 당신에겐 선택권이 없고 중독에 빠질 수밖에 없다는 느낌에서 옵니다. 갈망은 유령처럼 계속 나타나 중독자를 통제하게 됩니다. 그래서 중독으로부터 치유되는 것은 사람에게 선택의 자유를 주고 자존감의 증가를 가져옵니다.

캐롤 마네타는 엔젤테라피 시술자인데 매일 초콜릿에 대한 식탐과 싸우고 있었습니다. 약으로 통제하고 싶은 생각은 없어, 캐롤은 천사의 도움을 요청했습니다. 즉시 그녀는 갈망이 줄어드는 강한 느낌을 받았고, 더 이상 매일 초콜릿을 먹어야 한다는 느낌이 들지 않았습니다.

캐롤은 아직도 가끔씩 초콜릿을 먹지만 이 문제로 천사의 도움을 요청한 이후로 그녀는 초콜릿에 빠질 것 같은 상황이 올 때마다 천사들이 주위에 있는 것을 느꼈습니다. 그녀의 초콜릿 폭식은 점점 더 줄어들었습니다. 그런데 초콜릿을 끊은 뒤 2주가 지난 후에, 캐롤은 어느 날 밤 초콜릿 캔디를 폭식했습니다. 한 시간쯤 지나자 캐롤의 심장은 마치 쇠망치처럼 뛰기 시작했습니다. 강한 심장박동 때문에 그녀는 밤새 깨어 있었습니다. 캐롤은 부정맥과 승모판 일탈증후군의 병력 때문에 매우 불안했습니다. 초콜릿이 들어 있지 않은 캔디에도 유사한 반응을 경험한 후에, 캐롤은 초콜릿과 설탕 모두를 멀리하기로 결심했습니다.

더 이상 단 것을 갈망하지 않게 된 것은 하나의 기적이라고 캐롤은 말합니다. 그녀는 이렇게 말합니다. "이제 신의 사랑과 신선한 과일이 제 삶에 달콤함을 주고 있어요. 저는 더 이상 설탕을 갈망하지 않아요. 정말로, 제가 식료품점이나 건강식품 가게에 갈 때, 캔디나 다른 단 것들이 끌리지 않아요. 저는 가게 선반위에 있는 단 것들 모두로부터 멀어진 느낌을 강하게 받아요. 제 건강은 이보다 더 나은 적이 없었어요. 신과 천사들에게 감사드려요."

약물과 알코올중독 치료

일반적으로 중독을 생각하면, 약물 중독과 알코올중독이 떠오릅니다. 캐롤린과 캐롤이 음식 중독으로부터 치유된 것과 같이 향정신성 물질에 대한 에테르 코드를 자르는 것은 의미 깊은 일이고 때로는 기적 같은 결과를 가져옵니다.

홀리 앤드류스 라이징은 정서적인 고통을 덮으려고 많은 양의 코카인을 사용해오고 있었습니다. 그녀는 그런 습관이 자기를 죽이고 있으며, 이제 그만 두어야 할 필요가 있다는 것을 알고 심리치료사를 찾았습니다. 그 심리치료사는 저의 책 <요정과 함께 하는 힐링>을 읽으라고 권했고, 홀리는 3일 뒤에 책을 구해보았습니다. 그녀는 인도받고 있다는 느낌을 받으면서 뉴스레터를 검색했고 2002년도 9월호를 발견했습니다. 그 책에는 대천사 라파엘의 중독 치유방법에 대해 자세히 나와 있었습니다.

홀리는 이렇게 말합니다, "저는 마음 깊은 곳에서 만일 제가 빛의 사역자로서 다른 사람들을 돕고 싶다면, 코카인을 끊임없이 갈망하는 것으로부터 벗어나야 한다는 것을 알고 있었어요. 그래서 대천사 라파엘이 설명한 것과 똑같은 방법으로 모든 것을 했지요. 저는 그것이 주는 느낌을 결코 설명하지 못할 거예요."

8개월 후에 그녀는 갈망으로부터 자유롭고 깨끗해졌습니다. 홀리는 이제 고등학교 졸업증을 얻고, 그 뒤에 대학에

갈 계획으로 GED 코스를 마무리하고 있습니다. 홀리는 여러 교회에서 자신의 이야기를 들려주면서 다른 사람들을 격려하고 있습니다. 그녀는 신과 천사들에게 자신을 치유해 준 것을 매일 감사하고 있습니다.

예전에 약물과 알코올 입원치료시설과 외래치료시설에서 일해 본 적이 있기 때문에 저는 홀리의 치료가 얼마나 기적적인지 증언할 수 있습니다. 코카인중독은 다시 재발할 확률이 가장 높은 것 중의 하나이며, 삶을 파괴하는 것입니다. 과도한 비용이 들기 때문에 돈을 구하기 위해 파괴적인 일에 몸담게 되고, 신체에 충격적인 영향을 끼쳐 몸은 피폐되고 위험한 상태에 이르게 됩니다.

이 방법은 알코올, 카페인, 담배를 포함한 다른 약물에 대한 중독에도 적용됩니다.

노르웨이의 에바는 2002년도 9월호의 엔젤테라피 뉴스레터를 읽은 후 대천사 라파엘의 중독에서 벗어나는 처방을 따랐습니다. 30년 동안 흡연을 해왔었는데 이 방법의 단계를 따른 후, 지금까지 15개월 동안 담배 없이 지내고 있습니다.

저는 또한 이 방법으로 일중독, 도박중독, 만성적으로 불행한 관계가 지속되는 중독, 빚, 미루기, 그리고 건강과 행복을 저해하는 다른 행위에 대한 중독을 성공적으로 치유한 사람들과 이야기를 나눴습니다.

저주와 비수 제거하기

누군가가 우리에게 화를 낼 때, 그들은 우리에게 무의식적으로나 의식적으로 부정적인 에너지를 보낼 수 있습니다. 무엇엔가 실망을 한 아주 힘 있는 사람은 심령적인 불덩어리를 보낼 수도 있습니다. 우리는 또한 우리 삶에서 일어나는 일에 화를 내거나 실망할 때, 우리 자신을 저주할 수도 있습니다.

강렬한 분노 에너지는 심령적인 공격으로 나타날 수 있습니다. 이런 일이 일어날 때, 공격받은 사람의 몸에, 특히 등에 에테르로 된 비수, 칼, 화살, 그리고 다른 날카로운 물건이 꽂히게 됩니다. 이런 무기들은 비록 형체는 없지만 정말로 신체적인 통증을 유발할 수 있습니다.

저는 전에 제 학생이 우리 세미나에 지원하지 못하게 한 것에 대해 화를 냈을 때 이런 현상을 배우게 되었습니다. 어찌되었든 그녀는 그 세미나에 참석을 했고 내내 주변에서만 앉아 있었습니다. 세미나 후에 저는 힐링 마사지 치료를 받았습니다. 세션 중에 저는 약 12개의 비수가 제 등에서 풀려난 것을 보았습니다. 저는 그것이 무엇인지 알아내려고 파장을 맞추었고, 즉시 그 학생이 저를 심령적으로 공격했다는 것을 알게 되었습니다. 다음 날, 저는 제 조교 또한 그녀에게 공격받은 것을 발견했습니다.

저는 추가적인 연구를 했고 청중들을 세션으로 인도했습니다. 저는 대부분의 사람들이 자신도 모르게 에테르체에 이런 심령 공격으로 받은 무기에 찔린 채 다닌다는 것을 발견했습니다. 이 책의 제3장에 소개된 방법을 사용하면서, 제 강연에 참석한 사람들은 그들의 몸에서 뽑아 낸 무기를 보고 느낄 수 있었습니다. 대천사 라파엘은 예전의 심령적인 상처를 고쳐주고, 대천사 미카엘은 공격자를 치유하기 위해 사랑의 에너지를 보내고 계속되는 공격을 막아줍니다.

이 주제가 저에게는 약간 무겁고 어두워 보였지만 그래도 제가 이 방법을 쓸 때마다 청중들이 치유되는 것을 발견했습니다. 제가 사람들의 에테르체에서 그 무기들을 드러내주면 즉시 요통이나 두통이 경감된다고 많은 사람들이 이야기합니다.

그리고 제가 이런 방법을 말하는 것을 들은 적이 없는 한 여인도 다음과 같은 편지를 보내왔습니다.

어느 날 로첼은 교회에서 자신의 삶이 나아지게 해달라고 기도하기 시작했습니다. 그때 그녀는 날개를 등에 접고 있는 아주 큰 천사가 자기 앞에 있는 것을 보았습니다. 로첼은 알 수 없는 소리가 천사에게 무슨 일을 하라고 말하는 소리를 들었습니다. 그 천사는 로첼에게 다가와 그녀의 목과 귀와 가슴에서 비수를 뽑기 시작했습니다. 목소리가 시킨 일을 다 마친 후, 그 천사는 나타났을 때와 똑같이 순식간에 사라졌습니다. 천사의 빛은 너무도 밝아 로첼은 눈을 뜨지도 못했습니다.

한 주 정도 지난 어느 날 저녁에 로첼은 잠에서 깨어나 한 어두운 존재가 그녀의 침실에 있는 것을 발견했습니다. 그때 그녀는 한 천사가 나타나더니 그 어둠을 쫓아내는 것을 보았습니다. 로첼은 천사들이 그녀의 집 지붕 주위에 앉아있는 환영을 보면서 편안히 잠에 빠져들었습니다.

로첼은 이 두 가지 사건을 남편에게 말하지 않았습니다. 그런데 다음 날 남편이 전날 밤에 침실에서 천사가 있는 것을 보았다고 말했을 때, 그녀는 소름이 끼쳤습니다. 그는 그것이 확실히 꿈이 아니었다고 말했습니다. 그 천사는 그 이후에도 로첼과 그녀의 남편을 심령적인 공격으로부터 보호해주었습니다.

더 많은 빛 가져오기

에테르 코드를 잘라내고 차크라를 정화할 때, 우리는 더 많은 신성의 빛이 우리 안에서 빛나게 할 수 있습니다. 그것은 먼지가 낀 전구를 닦아내어 원래의 와트 수대로 빛이 발산되게 하는 것과 똑같은 일입니다. 다음 장에서 말하듯이 우리 내면의 빛 또한 태양과 달과 별로부터 오는 바깥의 빛의 따뜻함과 밝음에 반응합니다.

제16장

천사들과 햇빛

빛 더하기 사랑이 치유가 되듯이 치유를 부르는 어떤 상황에서든 가능하면 더 많은 빛과 사랑을 가져오는 것은 중요한 일입니다. 어떤 방법이든 (차크라 정화, 에너지 힐링 작업, 크리스탈 등등) 빛은 많으면 많을수록 더 좋습니다.

아틀란티스의 힐링 사원에서, 우리는 레이라인으로부터 환자의 차크라를 향해 태양의 빛과 영의 빛을 유도하는 일에 크리스탈을 활용했습니다. 환자들이 크리스탈로 만들어진 침대에 누워 있으면, 커다란 크리스탈 포인트들이 각각의 차크라 위에 놓이게 되어 있습니다. 여사제들은 번갈아 가며 각각의 크리스탈을 통해 빛을 차크라 속으로 유도했습니다. 이런 힐링 세션 동안 우리는 기도를 하고 천사들을 청했습니다. 그 결과 온 세상에서 사람들이 이 깊은 힐링을 경험하고자 힐링 사원을 찾아오게 되었습니다.

햇빛은 고대 그리스, 로마, 이집트는 물론 그 밖의 다른 나라와 다른 문화에서 힐링의 도구로 쓰였습니다. 예를 들어, 그리스와 로마에서는 의사들이 환자를 치유의 햇빛에 노출되도록 '일광욕실'로 보냈습니다. 그리스인 의학의 아버지 히포크라테스는 그의 저서에서 환자들을 위해 일광요법을 처방했습니다. 그리고 1800년대 후반에는 의사들이 결핵을 일광요법으로 치료했습니다. 왜냐하면 박테리아를 죽이는 햇빛의 능력이 이 질병과 관련된 감염에 연관이 있기 때문입니다.

많은 고대의 문명들이 말 그대로 태양을 숭배했습니다. 아즈텍, 마야, 이집트, 켈트, 페르시아, 그리스, 로마는 물론 그 이외의 문화 속에서 사람들은 태양에게 도움과 치유를 기원했습니다. 태양에게 바치는 제사는 생명력을 주는 태양을 찬양했습니다. 초기의 그리스도교 교회에서는 이 이단의 숭배를 죄악이라고 부르면서 강력하게 그런 행위를 하지 못하도록 했습니다.

하지만 특히 '일요일Sunday'과 같은 단어에서와 같이, 태양 숭배의 흔적은 아직도 명백히 남아 있습니다.

• • •

힐링 방정식에서 사랑이라는 부분은 하늘의 도움을 요청하는 데에서 옵니다. 순수하고 에고가 없는 존재인 천사들은 어떤 상황에서도 빛과 사랑을 가져옵니다. 천사가 부름에 응할 때, 그것이 추가적으로 빛의 근원과 연결된다면, 그것은 아주 깊은 힐링으로 가는 문을 열어줍니다.

재키 스티븐스는 혼란과 외로움으로 어떻게 할 줄을 모르고 있었습니다. 그녀의 에너지는 매우 낮았고 잠을 잘 수도 없었습니다 - 우울증의 전형적인 모습이었습니다. 어느 날, 그녀는 일을 마치고 집에 돌아와 나무 밑에 앉아 햇볕을 쬐고 있었습니다. 그녀는 신과, 천사, 대천사, 더 높은 자아, 그리고 요정들에게 도움을 기원했습니다. 재키가 눈을 감고 심호흡을 하고 있을 때, 태양이 두꺼운 겨울옷을 뚫고 들어와 몸을 따뜻하게 만드는 것이 느껴졌습니다. 그녀는 그런 느낌을 즐기면서 오랫동안 앉아 있었습니다. 그때 재키는 외로움과 어찌 할 수 없는 무기력함이 사라지는 것을 느꼈습니다. 그리고 에너지가 솟아나는 것을 느꼈습니다. 그녀의 얼굴에 미소가 피어올랐고, 가슴은 가벼워졌습니다. 그때 그녀는 자기가 홀로 있지 않다는 것을, 그리고 앞으로도 그러지 않을 것이라는 것을 깨달았습니다.

재키는 그날 저녁 달과 별 아래 앉아 자연의 빛 치료를 계속했습니다. 그녀는 달빛과 별빛이 그녀를 깊이 정화하고 있는 것을 느꼈습니다. 그녀는 이렇게 말합니다. "저는 제 마음과 몸과 영혼이 정화되는 것을 느꼈어요. 전에는 이런 일이 전혀 없었어요. 그리고 우주와 완전히 연결되어 있는 것을 느꼈어요. 이제 저는 습관처럼 매일 밖에서 잠깐이라도 산책을 하고 있어요. 그리고 매일 밤 밖에 앉아 달과 별을 바라봐요. 잠이 오지 않을 때는 특히 더 그렇게 하지요. 저는 태양이 우리에게 에너지를 보충시켜주듯이 달도 우리의 가슴과 마음과 영혼을 채워준다는 것을 발견했어요."

요즘 재키는 다른 사람들이 천사를 접하고 천사의 도움으로 치유될 수 있도록 도움을 주고 있습니다. 재키처럼 다음 이야기의 여인 또한 개인적으로 엔젤 힐링과 리딩을 하고 있습니다.

앤지 하트필드의 삶은 바닥으로 떨어져 있었습니다. 이혼으로 힘든 나날을 보내고 있었고, 그녀의 아버지는 병들어 있었습니다. 게다가 고통스러운 호흡곤란을 동반한 발작증세도 나타나기 시작했습니다.

증세가 너무 악화되자, 그녀는 결국 응급실로 이송되어 검사를 받게 되었습니다. 테스트를 한 결과, 전신홍반성낭창(루프스)이라는 자가면역질환으로 밝혀졌습니다. 그녀는 스테로이드 치료를 시작했고, 집 안에서 커튼을 치고 모든 햇빛을 차단시키라는 지시를 받았습니다. 그녀는 극도로 우울 상태에 빠지게 되었고, 음식도 먹지를 못하고 종일 잠만 자게 되었습니다.

그녀의 어린 딸은 엄마의 병으로 인해, 게다가 할아버지까지 아프게 되자 슬퍼했습니다. 그래서 앤지는 기도하기 시작했습니다. 그녀는 이렇게 말합니다, "처음에는 뭐라고 기도해야 할지 몰랐어요. 저는 단지 위로받고 싶었고 누군가의 응원이 간절히 필요했지요. 저는 저에게 천사가 있다는 것을 알았어요. 그래서 결국 그들에게 도움을 요청했지요. 천사들은 제가 마을 서점에 가도록 부추겼고 줄리아 인그람과 G.W.

하딘이 쓴 <메신저>와 도린의 책 <엔젤테라피>를 사라고 강력히 추천했어요. 저는 엔젤테라피를 먼저 읽었습니다. 그리고 제가 혼자가 아니었으며, 천사의 도움으로 제가 이 병으로부터 살아날 수 있다는 것을 눈물과 함께 깨달았어요."

그런 다음 천사들은 앤지가 동종요법을 하는 의사로 바꾸도록 안내했습니다. 다행스럽게도 그녀의 새 의사는 스테로이드를 끊게 했습니다. 의사는 앤지의 건강에 차도를 보일 수 있게 도와주었고, 그녀에게 증상을 관리하는 방법을 가르쳐주었습니다.

이런 과정 속에서 앤지는 더 자주 천사들과 대화를 나눴습니다. 천사들은 그녀의 삶에서 건강하지 못한 행동을 없애도록 안내해 주었습니다. 이것은 더 높은 자존감과 확신을 주었고, 더 나아가서는 앤지가 완벽하게 건강해지도록 동기를 부여해 주었습니다.

천사들은 앤지가 긍정적인 말을 하도록 하고, 자신이 행복하고 건강하다는 것을 심상하도록 지시했습니다. 그녀는 곧 소염제를 제외하고는 모든 약을 끊을 수 있게 되었습니다. 소염제도 극한 상황에서만 사용했습니다.

그녀는 이렇게 말합니다, "천사들은 제가 곧 모든 약으로부터 완전히 자유로워질 것이라고 장담했어요. 그들이 저에게 삶에 대해서, 그리고 건강한 사람이 되는 방법을 가르칠 때, 저는 마치 제가 천사 훈련을 받고 있는 것 같았어요."

앤지는 그 이후로 3년 동안 이전의 증상을 보이지 않았습니다. 그녀는 장애가 완전히 사라졌다는 것을 알고 있으며, 장애가 그녀의 일부라는 생각을 더 이상 하지 않고 있습니다.

그녀는 그녀의 딸과 새 남편 듀크와 함께 하와이로 이사를 했습니다. 그녀는 이렇게 말합니다, "저는 이제 계속 햇빛 속에 있습니다. 천사들은 제가 만일 햇빛을 쐬지 않으면 꽃처럼 시들 거라고 말합니다."

태양이 빛나게 하라

이태리 속담에 이런 말이 있습니다. 'Dove il sole non entra il dottore'. 그 뜻은 이렇습니다. "태양이 들어오지 않는 곳에 의사가 들어온다." 이전에 언급했듯이 태양에 노출되는 것이 약간의 해로운 영향을 끼칠 수도 있지만 햇빛을 받지 않으면 훨씬 더 큰 위험을 경험하게 될 것이라고 과학적인 연구는 보여주고 있습니다. 통계학적으로 햇빛 부족과 연관된 질병으로 죽는 사람들이 피부암으로 죽은 사람들보다 더 많습니다. 다른 것도 마찬가지이지만 햇빛을 쐴 때는 절제가 중요합니다. 화상을 입는 것은 현명하지 못한 일입니다. 하지만 햇빛을 완전히 피하는 것 역시 현명하지 못한 일입니다.

피부암에 대한 두려움으로 많은 사람들이 햇빛을 피하게 되었지만 – 어찌 되었든 암은 불길한 단어입니다 – 햇빛 노출의 장점과 단점에 관한 모든 과학적인 증거를 고려하는 것이 중요합니다. 〈미국 의학학회 저널〉과 〈새 영국 의약 저널〉과 같은 권위 있는 학술지에 게재된 최근의 의약 연구를 검토해 보면, 햇빛과 건강에 관해 일반적으로 합의된 의견은 다음과 같이 요약될 수 있습니다.

- **햇빛은 치명적인 피부암과 상관관계가 없다.** 과도한 자외선 노출은 기저세포암과 편평상피암과 같이 쉽게 치료될 수 있고 치명적이지 않은 두 가지 타입의 피부암의 성장에 상관관계가 있습니다. 이런 암은 간헐적으로 햇빛에 노출되는 피부가 흰 사람들에게서 우선적으로 생깁니다. 달리 말하면, 그들은 대부분의 시간을 실내에서 일하거나 거주하기 때문에 밖에 나가게 되면 햇빛에 서서히 적응하지 못하고 햇볕에 화상을 입게 됩니다.
- **치명적인 피부암은 자외선에 관계가 있는 것이 아니라 식습관 때문일 수도 있다.** 자외선 노출과 악성 흑색종 – 어쩌면 치명적인 피부암일 수 있는 – 의 관계는 아직도 확실하지 않습니다. 여러 번 햇볕에 타게 되는 것은 흑색종과 관련이 있다는 증거가 몇 가지 있습니다. 하지만 다른 연구에서는 가장 큰 요인이 식습관에서 오는 지방 불균형이라고 보여줍니다. 특히 오메가3를 충분히 섭취하지 않는 사람들 사이에서 그런 현상이 나타납니다.
- **오존의 역할은 명확하지 않다.** 피부암과 오존의 관계에 대한 부정적인 소문은 과학적인 사실이라기보다는 도시 괴담일 가능성이 있습니다. 피부암과 오존층 파괴에 대한 연구는 오존층이 노르웨이 상공에서 변화가 없었음에도 불구하고 어찌 되었든 악성 흑색종의 비율이 증가되었다는 사실을 발견했습니다. 남국의 오존 구멍에 근접해 있다는 이유로 칠레의 양에게 백내장이 생긴다는 보고는 과학적

으로 근거가 없는 이야기입니다. 흥미롭게도 그 이후에 진행된 칠레에서의 연구는 동물이나 인간의 건강에 이렇다 할 변화가 없다는 것을 발견했습니다.

- **비타민 D 결핍은 위험하다.** 비타민 D가 부족한 사람들은 유방암, 대장암, 전립선암에 잘 걸립니다. 그리고 심장병, 고혈압, 다발성 경화증, 간질, 골다공증 또한 비타민 결핍과 관계가 있습니다. 많은 연구가 햇빛을 잘 받지 못하는 지역에 사는 사람들 사이에서 그리고 짙은 피부를 가진 사람들, 햇볕에 피부가 노출되는 것을 막아주는 옷이나 베일을 습관적으로 입는 여인들 사이에서 비타민 D 부족현상이 생기는 것을 보여줍니다. 이것은 비타민 D 보충제를 먹는 사람들 사이에서도 마찬가지입니다. 또 다른 연구는 나이든 여자들이 일조량이 적은 겨울 동안 비타민 D 부족 증세로 고통을 받는다는 사실을 발견했습니다.
- **햇빛 노출이 적어지는 것은 암과 연결된다.** 관련 증거가 많은 과학적인 연구에서는 위도가 높은 북쪽에 사는 여인들이 남쪽의 햇빛이 많은 지역에 사는 여인들보다 150퍼센트 정도까지 자궁암과 유방암에 더 잘 걸린다는 사실을 보여줍니다. 한 연구에서는 야외에서 일하는 여인들은 실내에서 일하는 여인들보다 유방암이나 자궁암에 현저하게 적게 걸린다는 것을 발견했습니다. 과학자들은 햇빛의 부족이 자궁암, 유방암, 대장암에 상관관계가 있는 비타민 D 부족을 가져온다는 것을 알고 있습니다. 비타민 D가 이런 종류의 암을 막아주는 것입니다.
- **계절성 정서 장애(SAD)가 수백만의 사람들에게 영향을 미친다.** 겨

울철에 SAD를 앓는 사람들은 우울증을 경험하고, 무기력하고, 과도하게 잠을 자고, 탄수화물을 탐닉하고, 체중이 불어나고, 다른 사람들과 하는 일에 흥미를 잃고, 자주 죄의식을 느끼고, 전반적으로 삶에 흥미를 잃습니다. SAD를 앓는 사람들이 풍부한 스펙트럼의 빛에 노출될 때 그 증상은 호전됩니다.

– **햇빛은 정신적, 신체적 활동을 증가시킨다.** 22,000명의 미국 학생들을 상대로 한 연구에서는 그들이 자연광에 노출된 교실에 있을 때, 시험 성적이 26퍼센트 정도 향상된다는 사실을 발견했습니다. 햇빛은 혈압을 낮추고, 장기와 근육에 혈액 공급을 증가시키며, 체조직에 산소공급을 증가시키고, 근육과 간에 글리코겐을 증가시킨다는 사실을 보여주었습니다.

– **햇빛은 건강에 유익하다.** 햇빛은 비타민 D를 증가시키는 것뿐만 아니라, 당뇨병에 유익한 인슐린 같은 효과가 있습니다. 밖에서 햇빛을 받으며 운동을 하면 젖산의 양이 줄어드는데, 그러면 노동에서 오는 근육통을 줄여줄 수 있습니다. 햇빛 노출은 또한 혈중콜레스테롤을 낮춰주고, 안정시 심박수, 혈압, 호흡률을 낮추어 스트레스에 대한 저항력을 높여주는 것으로 보입니다. 〈햇빛Sunlight〉의 저자인 제인 킴Zane Kime에 따르면, 스트레스를 받을 때, 우리는 사이클릭아데노신 1인산회로(cAMP)를 너무도 많이 생산하여 우리의 면역계를 손상시키고, 암에 대한 저항력을 낮춘다고 합니다. 이는 다가불포화지방이 높은 사람에게 특히 더 그렇습니다. cAMP는 햇빛 노출에 매우 민감하며, 햇빛이 cAMP를 줄이고 파괴하는 것으로 보입니다. 햇빛은 진정효과가 있는데, 그것이 바로 우리가 햇빛을 받을 때

종종 졸음이 오는 이유이기도 합니다.

- **햇빛은 아이들에게 유익하다.** 여러 연구에서는 햇빛이 신생아 황달을 고치고 사춘기 아이들의 뼈의 질을 높여준다는 보고가 있습니다. 또한 임신 중에 햇빛에 노출된 엄마들이 햇빛에 나가지 않는 엄마들보다 키가 더 큰 아이들을 낳을 가능성이 높다고 합니다.

송과샘과의 연관성

햇빛은 우선적으로 눈을 통해서 우리 몸속으로 들어오고, 눈은 빛을 뇌의 송과샘으로 유도합니다. 그러면 송과샘은 유익한 호르몬인 멜라토닌을 생산하는 데에 햇빛을 사용하고, 멜라토닌은 세로토닌의 생성을 촉발합니다.

세로토닌은 우리를 안정시키고, 잠을 잘 자게 도와주며, 야뇨증이나 생리전증후군 증상을 줄여주고, 탄수화물에 대한 탐닉을 줄이게 도와줍니다. 많은 향정신성 약물이 세로토닌을 증가시킴으로써 효과를 보여줍니다. 따라서 햇빛 노출은 이런 처방약의 사용을 감소시킬 수 있습니다.

많은 연구가 선글라스, 콘택트렌즈 그리고 안경이 햇빛을 탐지하는 능력을 재설정한다는 것을 보여줍니다. 선글라스를 쓰면, 뇌는 우리가 받고 있는 햇빛 노출의 정도를 인식하지 못하여 햇빛이 최대치일 때 분비하는 양만큼의 멜라토닌을 분비하지 못합니다. 햇볕에 그을리게 해주는 멜라토닌은 천연의 햇빛 차단제입니다. 선글라스를 쓸 때, 우리의 몸이 햇빛에 최대한 노출되어 있다는 것을 인식하지 못하기 때문에 햇빛에 타는 것을 막아주는 천연의 방어막을 만들어내지 못하는 것입니다. 햇빛에 노출되는 정도에 따라서 멜라토닌의 생산을 조절하도록 몸을 도와주는 것이 눈이기 때문입니다. 멜라토닌은 천연의 햇빛차단제입니다. 어떤 종류의 유리라고 해도 – 그것이 창문에 있는 유리든, 차에 있는 유리든, 안경이든, 콘택트렌즈이든, 아니면 선글라스이든 – 유리는 햇빛의 건강한 광선을 걸러냅니다.

생리학적으로 우리는 건강과 행복을 위해 햇빛에 노출되도록 되어 있습니다. 우리의 헤모글로빈 색소인 적혈구는 식물의 클로로필과 거의 일치합니다. 클로로필은 햇빛을 흡수하여 그것을 식물의 성장과 건강을 위해 에너지와 양분으로 변형시켜줍니다. 그것과 유사한 방법으로 우리의 몸은 햇빛 노출을 통해 혜택을 받습니다.

그러므로 아침에나 늦은 오후 (자외선 수준이 강하지 않을 때)에 자외선차단제나 선글라스 없이 적당한 양의 햇빛을 즐기는 것은 건강에 중요한 것으로 보입니다. 사무실 근로자나, 집에만 있거나, 입원해 있는 환자들은 가능하다면 창문을 열고 충분한 햇빛이 안으로 들어오게 해주는 것이 현명한 방법입니다. 만일 이것이 불가능하다면, 휴식시간에 밖으로 산책을 가는 것이 좋은 생각입니다.

자외선차단제가 자신을 보호해준다고 생각한 결과 사람들이 권장되는 시간보다 더 오래 밖에 있게 된다는 연구 보고처럼, 자외선차단제가 만병통치약인 것은 아닙니다. 상품으로 판매되는 자외선차단제는 화학약품으로 되어 있고 피부모공은 그것을 몸 안으로 흡수합니다. 로션 또한 비타민 D의 생산과 흡수는 물론 혈압과 혈중 콜레스테롤을 낮춰주는 데에 중요한 자외선을 차단합니다.

일출, 일몰

아틀란티스의 천사들은 저와 대화를 하는 동안, 우리가 일출과 일몰의 색깔과 빛에 노출됨으로써 이득을 보게 된다고 아주 명백하게 말했습니다. 해가 떠오르는 동안 밖에 있으면 상위 차크라가 깨어나며, 다가올 하루를 준비할 수 있게 활력을 준다고 말했습니다.

아틀란티스의 천사들은 또한 밖에서 해가 지는 광경을 바라보면서 일몰의 색깔 속에 흠뻑 젖는 것은 포근한 잠을 준비하게 해준다고 말했습니다. 일몰은 낮은 차크라를 자극합니다.

이것은 일리가 있는 말입니다. 왜냐하면 일출의 색깔은 낮은 차크라의 따뜻한 색깔로부터 동틀 무렵 푸른 하늘색의 더 차가운 상위 차크라로 변하기 때문입니다. 그리고 일몰은 그 반대입니다. 낮의 상위 차크라 색깔에서 일몰의 따뜻한 색깔로 가는 것입니다. 따라서 일출은 밑에서부터 위를 향해 차크라에 자극을 주고 (다가오는 낮을 위해 당신에게 에너지를 주는 데에 완벽합니다), 일몰은 위에서부터 밑으로, 우리의 육체가 낮의 활동에서 편안히 누워 저녁의 휴식을 준비하게 도와주기 위해 차크라를 아랫방향으로 자극합니다.

일출과 일몰에 노출시키는 것은 우리를 자연스런 땅의 리듬에 연결시켜주며, 그것은 우리가 자연의 시간을 따르고, 생명의 흐름을 따르도록 도와줍니다. 이상적으로 말하자면 우리는 우리의 몸이 빛을 충분히 받을 수 있도록 선글라스 없이 야외에서 일출과 일몰을 지켜보아야 합니다. 하지만 일출과 일몰을 창문을 통해서 지켜보는 것만으로도 전혀 보지 않는 것보다는 낫습니다.

별빛과 달빛

햇빛 이외에도, 아틀란티스의 천사들은 또 달과 별로부터 오는 빛에 노출되는 것 또한 건강과 삶을 향상시켜준다고 말합니다.

달의 주기는 언제 씨앗을 심고, 언제 곡물을 수확할지를 아는 데에 오랫동안 기여해왔습니다. 이러한 달의 주기는 생식력과 추수 기념행사와 연관되어 있으며, 또한 영적이고 종교적인 휴일과도 상관관계가 있습니다.

보름 전날과 보름날, 그리고 그 다음날 저녁 등, 보름을 전후로 사흘 동안 달빛을 온 몸으로 받아들이는 것은 원기를 북돋아 주고 영감을 불러 일으킵니다. 달빛의 힘을 이용하는 것은 체계화된 종교가 이교도의 수행이라고 폄하하기 이전부터 있어왔던 것입니다. 이것은 자연을 통해 영성에 연결되는 '오래된 방식'의 고대 기억을 되살려줍니다.

- **보름 전날 저녁: 재충전하는 밤** 가슴이 아무 댓가도 바라지 않고 젖을 주듯이 거의 찬 달은 우리의 크리스탈과 오일과 육체를 재충전하라고 달빛을 보내줍니다. 밤중에 가능하면 크리스탈과 다른 것들을 밖에, 또는 달빛을 최대한으로 받아들일 수 있는 창문 옆에 놓아두십시오.
- **보름날: 풀어내는 밤** 달이 완전하게 찼을 때, 당신이 풀어놓고 싶은 것을 무엇이든 달에게 주십시오. 당신은 이것을 마음속으로, 또는 놓아주고 싶은 것을 글로 쓴 다음, 그 종이를 보름달 밑에 묻든가 태우는 행위를 통해 할 수 있습니다.
- **새로운 달: 현실로 나타나는 밤** '어두운 달' 밤에, 에너지는 당신의 꿈과 욕망을 밖으로 현실화시킬 만큼 성숙해집니다. 당신의 소망에 대해서 명상하십시오. 그리고 어두운 달에게 긍정적인 방식으로 말을 하거나 글을 쓰십시오. (당신이 이미 그 소망을 어떻게 성취했는지를 이미 일어난 일을 서술하듯이 쓴다는 뜻입니다.) 새로운 달과 대천사 하니엘에게 이러한 의도를 드러내는 당신의 행동을 인도해 달라고 요청하고, 당신이 지금 최상의 선을 위해 모든 것을 하고 있다고 단언하십시오.
- **반달: 용기와 힘의 밤** 반달은 소뿔로 상징되며 힘을 나타냅니다. 이날 저녁, 두려움 없이 앞으로 나갈 것을 공언하세요. 대천사 미카엘에게 당신의 삶의 목적을 현실화시키는 발걸음을 내딛도록 용기를

달라고 요청하세요.

- **별빛** 별빛은 상상력을 깨워주고, 잠자기 전에 마음을 열어줍니다. 이것은 꿈을 꾸는 동안 우리의 꿈이 더 멀리 더 높이 올라가 아스트랄계에 이르도록 해주며, 승천한 마스터에 더 접근할 수 있게 해주고, 무의식이 문제를 해결하고 새로운 아이디어를 창조하도록 도와줍니다.

우리는 우리를 지원하고 치유하도록 계획되어 있는, 육체를 입은 빛의 근원 – 태양, 달 그리고 별 – 이 있는 아름다운 행성에서 육화된 영혼입니다. 빛은 누구든지 무상으로 쓸 수 있는 도구입니다. 이것이 사랑과 결합될 때, 그 가능성은 무한합니다. 다음 장에서는 그 사랑의 한 면, 곧 기도와 믿음에 대해서 살펴보겠습니다.

제17장

기도, 믿음, 그리고 천사들

아틀란티스의 힐링 사원에서 우리는 환자들을 위해 기도했습니다. 우리는 또한 우리 자신과 서로를 위해 기도했습니다. 우리가 가슴으로부터 밖으로 사랑을 더 많이 표현할수록, 사원 안에 더 많은 힘이 만들어지고 저장된다는 것을 알았습니다. 한 사람에게 좋은 것은 모든 사람에게 좋은 것이었습니다 – 우리는 환자의 건강과 행복을 위해 기도하는 것과 우리 자신의 건강과 행복을 위해 기도하는 것 사이에 차별을 두지 않았습니다. 우리는 우리 자신의 힘과 건강과 행복이 우리 환자들을 궁극적으로 이롭게 할 것이라는 것을 알았습니다.

기도에 대한 과학적인 연구

수백 건의 과학적인 연구가 기도의 치유력을 증명했습니다.

자기 자신의 건강을 위해 기도하는 사람, 또는 다른 사람이 기도를 해준 사람은 심각한 질병 속에서 살아남고, 기도를 하지 않는 사람보다 진통제의 필요성을 덜 느끼고, 더 빨리 치유되고, 더 오래 사는 것으로 보입니다. 연구는 어떤 교파의 기도일지라도 건강에 유익하고, 어느 정도 긍정적인 영향을 미친다는 것을 보여줍니다. 기도에 대한 연구가 자기들이 기도를 받고 있다는 것을 알지 못하는 식물과 박테리아, 동물, 유아에게 행해지자 과학자들은 기도에 단순한 긍정적인 사고 이상의 것이 있다고 생각하게 되었습니다.

예를 들어, 뉴욕의 장로교 병원 산부인과에서 2001년도에 행해진 콜럼비아 대학의 연구는 체외수정 배아이식 시술을 받은 여인들이, 사람들이 그들을 위해 기도를 했을 때 더 높은 확률로 임신을 하게 된다는 것을 발견했습니다. 그 연구는 의사나 연구자나 여인들이 누가 기도를 받는지 모르는 블라인드 테스트였습니다.

1988년도에 샌프란시스코 종합병원에서 행해진 한 유명한 연구는 기도를 받은 192명의 관상동맥 치료환자들이 10개월 뒤에는 기도를 받지 않은 201명의 비교집단에 비하여 울혈성 심부전, 심폐 정지, 폐렴으로부터 현저하게 증세가 줄어든 것을 발견했습니다. 또한 그들은 약이나 산소호흡기의 지원요청이 더 줄어들었습니다. 1999년에 미주리주의 캔자스시티에 있는 성 누가 병원의 중미 심장연구소에서 999명의 관상동맥 치료 환자들을 상대로 행해진 유사한 연구 역시 비슷한 결과를 발표했습니다.

또 다른 연구는 기도를 받은 환자들과 그렇지 않은 환자들을 비교할 때, 류마티스 관절염의 증상이 현저하게 감소되었다고 발표했습니다. 그리고 이스라엘에서 행한 연구는 혈류감염이 있는 환자들이 기도를 받았을 때 더 일찍 퇴원하게 되고 열이 지속되는 기간도 더 줄어든다는 결론을 내렸습니다.

대부분의 기도연구는 환자가 다른 누군가에 의해서 기도를 받는 중보기도를 토대로 하고 있습니다. 어떤 개인의 자기자신을 위한 기도는 측정하기가 더 어렵기 때문입니다. 펜실바니아의 블룸스버그 대학의 연구원들은 2002년도에 기도를 받은 학생들은 중보기도를 받지 않은 학생들에 비해 불안증세가 현저히 줄어들었음을 발견했습니다.

기대하지 않은 힐링

우리가 무엇인가를 위해 기도할 때, 그 기도가 어떻게 응답되기를 원하는지 한정을 짓지 않는 것이 제일 좋습니다. "이것이 제가 당신이 이 상황을 다뤄주기를 원하는 방법입니다."라고 신에게 글로 써서 전달할 때, 우리는 어떤 제약을 만드는 것입니다. 우주의 무한한 신성의 지혜는 우리가 아주 명백한 의도로 기도하고 완전한 믿음으로 그 상황을 내려놓을 때, 우리를 위해 아주 멋진 뜻밖의 일을 준비합니다.

캘리포니아의 줄리 매기는 등을 너무 심하게 다쳐 의사가 매일 겨우 한 시간 동안만 똑바로 앉을 수 있다고 진단했습니다. 삐져나온 세 개의 디스크 때문에 그녀는 계속되는 통증으로 침대에 누워있어야만 했습니다. 그런데 줄리는 몸뿐만이 아니라 마음과 감정을 치유해야 할 필요가 있다고 본능적으로 알았습니다. 그래서 매일 천사들에게 이 치료를 도와달라고 기도했습니다. 그녀의 기도가 응답받을 것이라는 믿음의 표시로 그녀는 진통제를 포함한 모든 약을 끊었습니다. 그리고 수술도 거부했습니다. 줄리는 자기 몸이 필요로 하는 것을 듣고, 그것을 돌봐주는 일에 최선을 다했습니다.

사고를 당한 2년 뒤, 침대에서 자고 있을 때, 누군가가 침실로 들어오는 소리가 들렸습니다. 혼자 살고 있었기 때문에 줄리는 애써 일어나 누가 왔는지 보려고 했습니다. 짙은 갈색의 곱슬머리와 갈색의 눈을 한 어떤 여인이 보였습니다. 그녀는 황금빛과 백색빛으로 빛나는 드레스를 입고 있었고, 머리 주변에는 둥근 모양의 빛이 있었습니다.

그 여인은 줄리 옆에 무릎을 꿇고 앉아, 그녀의 이불을 부드럽게 젖혔습니다. 그리고 양손바닥을 줄리의 등에 갖다 댔습니다. 그녀가 아파하는 바로 그 부위였습니다. 잠시 뒤에 그 여인은 줄리의 이불을 원래대로 해놓고 사라졌습니다.

줄리는 이렇게 말합니다, "저는 천사가 찾아왔다는 것을 깨달았습니다. 그것은 분명히 꿈이 아니었어요. 저는 그 만남이 제 기도가 전해졌고 응답을 받았다는 신호라고 믿습니다. 오늘 비록 제 등에 아직도 약간의 제한은 있지만 저는 훨씬 강해졌고, 그 점에 대해서 제 천사들 모두에게 감사드립니다."

줄리는 육화한 천사가 그녀를 방문할 것이라고 기대한 적이 전혀 없었습니다. 그녀는 단지 기도만 할 뿐이고, 우주가 그녀의 치유가 어떻게 일어날지 결정하게 한 것은 지혜로운 일이었습니다. 그녀 자신의 몸이 말하는 것을 들으라는 신성의 안내를 따른 것 또한 지혜로운 일이었습니다. 줄리와 마찬가지로 다음 이야기의 남자는 건강을 바라는 그의 기도에 따라 나타난 자신의 내면의 안내를 믿었습니다.

1970년도에 홀란드에 사는 살바도르 반 드림멜렌의 간암을 기도와 빛이 즉각적으로 고쳐준 일이 일어났습니다. 살바도르와 그의 아내는 남아프리카에 살고 있었는데, 심각한 병에 걸리게 되어 요하네스버그 병원에 가게 되었습니다. 여러 가지 테스트를 해본 결과, 살바도르는 간암으로 진단받았고, 그를 진단한 의사는 즉시 수술을 권장했습니다.

살바도르는 의사의 반대에도 불구하고, 신과 예수와 성모 마리아에게 앞으로 어떻게 할 것인지 안내를 받는 동안 수술을 미루기로 결정했습니다. 살바도르는 산 속에 들어갔습니다. 그곳은 그가 신성의 안내를 똑똑히 듣기에 충분히 조용한 곳이었습니다.

살바도르는 나무 숲 속에서 강렬하게 기도를 드렸습니다. 그가 기도하고 명상하는 동안 그의 가슴이 열리고 눈물이 흘렀습니다. 어느 날, 솔잎으로 만든 침대에서 무릎을 꿇고 손에 성모 마리아 펜던트를 꼭 쥔 채 주기도문을 읽고 있었을 때, 살바도르는 햇빛이 강렬한 백색빛덩이로 변하는 것을 보았습니다.

그는 이렇게 말합니다. "그것은 너무도 밝아 마치 태양을 천 개 모아 놓은 것 같았습니다." 이 눈부신 천상의 빛 속에서 성모 마리아가 아름다운 모습으로 나타났습니다. 이 성스런 순간에, 저의 가슴은 영혼의 영원한 기쁨으로 가득 찼습니다. 살바도르는 자기가 구원을 경험하게 될 것이라는 성모 마리아의 말을 들었습니다.

그때, 마리아의 환영이 서서히 사라졌습니다. 살바도르가 아직도 무릎을 꿇고 있는 동안, 그의 주위로 신성한 침묵이 내려왔습니다. 가능한 오랫동안 천국 같은 순간 속에 머물려고 그는 꿈쩍도 하지 않았습니다.

살바도르는 이렇게 말했습니다. "갑자기 저는 그동안 계속되었던 통증이 떠나 간 것을 느꼈습니다. 저는 에너지가 온몸을 통해 흘러 다니는 것을 느꼈습니다. 완벽하게 치유되고 기쁨으로 가득 찬 채로 저는 신을 찬양하면서 집으로 돌아왔습니다."

살바도르는 성모 마리아의 환영과 그녀에게 감사하는 마음을 아주 세밀한 자수로 표현했습니다. 저는 영광스럽게도 그것을 볼 수 있었습니다. 아름다운 색상의 디자인은 숨이 막힐 듯 했으며, 그가 경험한 기적을 표현한 진실된 증거였습니다.

살바도르가 경험한 그 빛은 그의 기도와 조용히 앉아 명상하라는 안내를 기꺼이 따른 직접적인 결과였습니다. 이것이 항상 쉬운 일은 아닙니다. 건강에 대한 도전은 너무도 많은 두려움을 만들어내 우리가 일시적으로 신성의 소리를 듣지 못할 수 있기 때문입니다.

4살난 미카엘라 바차스는 청각에 장애가 있는 것 같았습니다. 그래서 그의 엄마 스테파니는 아이를 병원에 데려가 진단을 받았습니다. 의사는 미카엘라가 중이염을 앓고 있는 것을 발견했습니다. 미카엘의 상태는 고름을 빼내기 위해 양쪽 귀 속에 작은 고리형 튜브를 장치하는 수술이 필요했습니다.

미카엘라는 수술을 받았지만 3개월 후에 청력이 다시 떨어졌습니다. 새로 검사를 해 본 결과, 튜브가 빠져 나왔다는 것이 밝혀졌고, 의사는 새 튜브를 삽입하는 수술을 다시 해야 한다고 말했습니다.

스테파니는 딸에게 또 수술을 해야 할 것인지 고민이 되었습니다. 그녀는 최근에 제 책 <천사와 함께하는 힐링>을 읽었고, 친정엄마는 루이스 L. 헤이가 쓴 <당신의 삶은 당신이 고칠 수 있다.> 라는 책을 막 읽은 뒤였습니다. 스테파니와 그녀의 어머니는 그들이 이 두 책에서 배운 것을 모아서 수술을 대신할 영적인 대체방법을 시도해보기로 결심했습니다. 그들은 미카엘라가 스스로 듣고 싶어 하지 않았던 것을 듣고 있었다는 결론을 내렸습니다. 스테파니가 딸에게 묻자, 미카엘라는 무서운 소리를 듣고 있다고 대답했습니다. 제 연구조사에 따르면 많은 예민한 아이들이 어떤 소리를 듣고 있습니다.

그래서 스테파니와 그녀의 어머니는 치유를 확신하는 말과 기도의 목록을 만들었습니다. 스테파니는 미카엘라에게,

만일 원한다면 천사들의 도움으로 그녀의 귀를 낫게 할 수 있다고 설명했습니다. 그들 세 사람은 청력과 관련된 안전하고 확실한 기도와 확신의 말을 사랑을 담아 암송했습니다.

미카엘라는 대천사 라파엘에게 귀를 고쳐달라고 기도했고, 대천사 미카엘에게 자는 동안 그 소리들을 물리쳐 달라고 요청했습니다. 다음 날 아침, 미카엘라는 기도가 효과가 있었다고 흥분해서 외쳤습니다. 대천사 미카엘이 그 소리들을 밤새 들리지 않게 물리쳐 주었던 것입니다.

그녀는 밤낮으로 기도와 확신의 말을 강한 믿음을 가지고 암송했습니다. 약 일 주일 정도 지난 뒤에, 스테파니는 TV의 음량이 작아진 것을 알아차렸고, 미카엘라의 청력이 좋아졌다는 표시가 나타나기 시작했습니다. 의사가 테스트를 해보니 청력이 20% 향상되었음이 밝혀졌습니다. 스테파니가 말을 꺼내지도 않았는데, 의사가 미카엘라의 두 번째 수술을 6주 뒤로 미루자고 제안했습니다.

스테파니는 이렇게 회상합니다. "그 소식을 듣고 미카엘라는 저만큼 흥분했습니다. 저는 미카엘라가 나아진 것을 축하했고, 우리는 의사가 수술을 자발적으로 연기하도록 안내한 천사들에게 감사했습니다. 우리는 계속 신과 천사들에게 기도했고, 6주 후에 미카엘라의 청력은 100%가 되었습니다. 이 경험이 천사들의 작업에 대한 제 믿음을 더 확실히 해주었습니다. 저는 사람들이 자신들의 건강 문제를 더 깊은 차원에서 바라보는 것은 물론, 자신감을 갖고 신과 천사들을 믿고 아이들에게 신과 천사에 대해 가르치게 되기를 바랍니다."

신성의 안내따르기

위의 이야기들은 중요한 핵심을 설명하고 있습니다. 그저 단순히 기도를 한 후에 결과를 기다리는 것만으로는 충분하지 않다는 것입니다. 우리는 기도의 결과로 반복적인 생각, 느낌, 내면의 말, 영상의 형태를 통해 내면의 지시를 받습니다. 이 신성의 안내를 따를 때, 우리는 기도에 대한 응답을 글자 그대로 하늘과 함께 창조하는 것입니다. 제가 상담한 많은 사람들이 하늘이 기도에 대한 응답으로 준 신성의 안내를 무시한 채로 자기들의 기도가 무시되었다고 잘못 믿고 있습니다.

다음 이야기는 내면의 안내를 들으려는 한 여인의 의지가 어떻게 동생의 생명을 구하게 되었는지를 보여줍니다.

1993년 초, 젠 웨소로브스키는 계속 어떤 끔찍한 일이 일어날 것이라는 환영을 보고는 너무도 두려워 모든 연락을 끊고 있었습니다. 2월 12일에 그녀의 동생 샌디가 길을 가로질러 걸어가다가 속도를 내며 달려오던 차에 부딪혔습니다. 샌디는 공중으로 날라 자동차의 앞 유리창에 머리를 부딪혔습니다. 의사들은 샌디의 뇌간이 손상을 입었다고 말했습니다. 그리고 샌디가 회복하거나 생존할 희망이 없다고 했습니다. 병원의 신부는 장례절차를 준비하라고 권했습니다.

2월 14일, 발렌타인 데이에 샌디의 혈압이 너무 낮게 떨어졌습니다. 병원 직원은 가족들에게 그녀의 장기를 기부할 것인지, 아니면 소생술을 행할 것인지를 물었습니다. 샌디가 세 어린 아이의 엄마였기 때문에 결정을 내리는 데에는 많은 생각이 필요했습니다.

잠깐 기도를 하는 동안, 젠은 어두운 방에서 빛이 나는 침대의 환영을 보게 되었습니다. 그녀는 부드러운 목소리가 이렇게 말하는 것을 들었습니다, "모든 게 다 잘 될 것이다." 젠은 또한 이 목소리가 '5월'이라고 하는 소리를 들었습니다. 천사들의 메시지는 동생이 회복될 것이라고 알리고 있었습니다.

같은 날, 젠은 병원 신부님께 샌디의 침대 옆에서 가족들의 기도를 인도해달라고 부탁했습니다. 젠은 이렇게 말합니다, 우리가 모두 모여 손을 잡고, 신부님께서 샌디에게 말을 하는 순간, 그녀의 얼굴이 살아나기 시작했습니다. 신부님이 그녀의 이마에 손을 얹고 말했습니다, "샌디, 내 이름은 프랑크 신부에요. 당신의 가족과 친구들이 여기에 있어요. 그리고 나는 당신이 내 말을 들을 수 있다는 것을 알고 있어요."

샌디는 눈썹을 찡그렸습니다. 치유가 시작된 것입니다! 뼈가 부러진 곳은 없었지만 그녀의 부상은 심각했었습니다. 그럼에도 불구하고 샌디는 결국 살아 다시 걸을 수 있게 되었습니다. 비록 냄새를 맡거나 맛을 보지는 못하지만 다른 기능과 기억력은 전혀 손상되지 않은 채 완전히 회복되었습니다.

젠은 그녀가 천사들의 말을 듣고 샌디가 회복될 것이라고 믿은 것을 감사하고 있습니다. 젠은 이렇게 말합니다, "그날 이후로, 저는 천사들의 말을 듣습니다. 비록 아주 명확하게 듣지 못할 수도 있지만 더 이상 그들의 메시지를 무시하지는 않습니다."

젠의 예처럼, 라이자 매케이도의 다음 이야기는 기도를 하고 기도로부터 받은 안내를 따를 때, 기적 같은 결과가 일어날 수 있다는 것을 보여줍니다.

저는 라이자를 북부 캘리포니아 산타크루즈의 해변 도시에서 워크샵을 할 때 만났습니다. 그녀의 내면을 투시했을 때, 저는 이 여인의 내면이 어떻게 이렇게 깨끗할 수 있는지 깜짝 놀랐습니다. (과장이 아닙니다.) 라이자의 장기는 모두 마치 수술실처럼 무균상태로 보였습니다. 그녀의 차크라는 아주 깨끗했고 안에서부터 빛이 나고 있었습니다. 이전에도 그렇고 그 이후에도 저는 그렇게 깨끗한 몸을 본 적이 없었습니다!

라이자는 유기농 음식을 먹고 있으며, 모든 화학재료를 피하고, 물도 오직 증류수만 먹었다고 말했습니다. 모든 다른 물은 해로운 유기물이 어느 정도라도 있다고 느꼈기 때문이었습니다. 라이자는 남편과 함께 아이를 갖기를 원했고, 그러기 위해서 가장 좋은 방법은 자신의 몸을 가능하면 잘 준비시키는 것이라 생각했습니다. 그러나 아직도 그녀는 아이를 갖는 데 어려움이 있었습니다.

그녀는 세 번이나 난관임신을 했었고, 한 번은 유산이 되었고, 시험관 아이도 한 번 실패한 적이 있었습니다. 6년 동안 임신을 시도한 후, 라이자는 나이는 계속 들어가는데 아이가 아직 생기지 않는 것이 걱정되었습니다. 그녀가 전인치료 방법을 사용해보기로 결심한 것이 바로 그때였습니다. 라이자는 영적인 길을 걷기 시작했습니다. 그것은 기도와 유기농 음식을 먹는 것, 그리고 긍정적인 생각을 하는 것 등을 포함했습니다.

그녀는 이 과정을 시작한지 얼마 되지 않아 제 엔젤 워크샵에 참석했습니다. 저는 심령의 눈으로 라이자가 성공적으로 임신을 하고 아이를 낳는 것을 보았습니다. 하지만 그것은 적어도 2년이 지난 후의 일이었습니다. 라이자는 이 소식을 기뻐하지 않았습니다. 더 일찍 아이를 갖고 싶었던 것입니다. 그래서 저는 천사들에게 메시지를 부탁했습니다. 천사들은 대천사 미카엘과 가브리엘의 도움으로 어쩌면 더 일찍 수태를 할 수도 있다고 말했습니다. 미카엘은 에너지체를 두려움의 영향으로부터 깨끗해질 수 있게 도와줍니다. 그 두려움은 아이를 수태하는 것을 포함해서 어떤 목적을 잠재적으로 지연시킬 수 있습니다. 그리고 가브리엘은 성서에서 엘리자베스와 성모 마리아에게 수태를 알린 그 이전부터 임산부에게 도움을 주고 있습니다.

라이자는 워크샵이 끝난 후 자기가 무엇을 했는지 이렇게 회상합니다, "저는 명상하고 기도했어요. 그리고 대천사 미카엘뿐만 아니라 가브리엘과 라파엘도 부르라고 안내받은 느낌을 받았어요. 도린은 가브리엘이 임신 중에 도움을 주는 것으로 알려져 있다고 말했지요. 미카엘은 과거에 항상 저를 위해 거기에 있었어요. 그리고 저는 치유의 천사 라파엘을 불러 수태와 임신을 위해 육체적으로 준비될 수 있게 도와달라고 부탁했어요.

저는 하루에 두 번, 각각의 천사가 제 몸과 영혼에게 자신만의 특별한 일을 하면서 제가 아이를 가질수 있도록 준비시키고 있는 것을 심상하면서 명상을 시작했어요. 이런 명상을 하는 도중에, 제 천사들은 제가 아이의 상담역으로 계속 훈련을 한다면, 아이가 하늘에서 예정된 것보다 더 일찍 올 수도 있다고 말했지요. 제 수호천사는 제게 두려움을 신에게 내어맡기라고 강력하게 촉구했습니다. 저는 제 꼭 쥔 손을 천사들에게 내밀고는 손에 쥔 힘을 풀고 천사들에게 이렇게 말했어요. "저는 이것을 더 이상 할 수 없습니다. 당신이 저를 위해 이것을 해주셔야 합니다."

드디어 저는 기적을 만들었습니다. 비록 두 번째의 시험관 아이 시도가 20%밖에 성공하지 못했지만 효과가 있었습니다. 저는 드디어 건강한 배아를 임신하게 되었어요! 저는 저의 천사들과 제 수호천사들과 대천사들에게 감사할 수밖에 없었어요. 그리고 제가 계속해서 도움을 요청하지 않았다면 이 일은 일어나지 않았을 것이라고 생각해요.

신께 감사하게도 저는 이런 교훈도 배웠습니다. 제가 임신하고 있는 대부분의 기간 동안 천사들의 도움을 필요로 하게 될 것이기 때문이었지요. 처음 몇 주 동안, 저는 하혈을 하기 시작했습니다. 의사는 저를 침대에 누워있게만 했습니다. 저는 특별한 대천사 세 명을 계속 불러 그들이 임무를 다하도록 했지요. 저는 각각의 천사가 제 몸 가까이에서 저를 평온하게 만들어주는 것을 느낄 수 있었어요. (아직도 느낄 수 있어요.)

몇 주 후에 일어나도 좋다는 허락을 받았어요. 두 번째 석 달은 좋았습니다. 그런데 31주에 산기가 시작되었어요. 병원에서 저는 사랑과 치유가 믿을 수 없을 만큼 넘쳐 나오는 것을 느꼈어요. 천사들은 이 아이가 순수한 영혼이며, 그가 세상에 오는 것을 예우하기 위해서 가능하면 제가 순수하게 남기를 원한다고 말했어요. 저는 다시 내어맡기고 "아이를 놓아주어야 한다."는 것을 상기했어요. 그러나 그 말은 평범한 말이 아니라 매우 두려운 말이었습니다. 그 말은 아이를 잃을지도 모른다는 뜻이었기 때문에 저는 무서웠어요. 저는 저 스스로가 그를 붙들고 있으려는 노력을 놓아버릴 필요가 있다는 것을 다시 배웠어요. 34주에 저는 제이렌을 낳았습니다. 튼튼하고 건강한 남자 아이였지요. 이름은 히브리어로 '격렬한 기쁨'이라는 뜻이었습니다. 조산이었지만 스스로 숨을 쉬었고 인지력이 매우 좋았습니다."

그러나 제이렌은 아직 위기를 벗어난 것이 아니었습니다. 태어난 지 약 8시간 뒤에 그는 다시 악화되어 호흡을 멈추고 코마 상태로 빠졌습니다. 의사들은 무엇이 잘못되고 있는지 알아낼 수가 없었습니다. 슬픔과 극심한 공포 속에서 라이자는 천사들을 찾았습니다. 그녀는 생각했습니다. '이런 일이 일어날 수는 없어! 천사들이 하나하나 나를 인도했어. 지금 아이를 잃을 수는 없어!'

병원 침대에서 울고 있을 때, 라이자는 사랑과 온기로 그녀를 위로하는 어떤 부드러운 존재를 느꼈습니다. 라이자와 그녀의 남편은 기도를 해달라는 전화를 했습니다. 그들은 친구들에게 전화했고, 그 친구들은 번갈아 다른 친구들에게 전화와 이메일로 연락했습니다. 곧 수많은 기도가 느껴졌습니다. 엄청난 레이끼 에너지와 천사의 도움이 그들을 도우러 오고 있는 것이 느껴졌습니다.

라이자는 이렇게 말합니다, "저는 제이렌이 천사들로 겹겹

이 둘러싸인 것을 실제로 볼 수 있었어요. 가끔씩 그의 영혼이 천사들과 함께 위로 뜨고 있었지만 다리는 항상 그의 몸에 붙어 있는 것을 볼 수 있었어요. 이틀 뒤에 의사들은 제이렌이 기적같이 회복된 것을 보고 경악했답니다. 그리고 그 뒤로 열흘 뒤에 남편과 저는 우리의 작은 기적을 집으로 데려왔습니다."

라이자의 이야기는 천사들에게 지속적으로 이야기하고, 천사들이 우리에게 주는 신성의 안내에 매달리는 것이 얼마나 중요한지를 상기시켜줍니다. 라이자의 이야기에서 중요한 부분은 그녀가 모든 것을 기꺼이 내어맡기려고 한 점입니다. 이것이 그녀에게 항상 쉬운 일은 아니었습니다. 라이자는 자주 스스로 내어맡길 수 있게 천사들에게 도와달라고 요청해야 했습니다. 임신이라는 목적지가 그녀에게는 너무도 소중했기 때문입니다.

그녀의 이야기는 또한 내어맡김의 원칙을 보여줍니다. 비록 라이자가 아이를 갖고자 아주 명백하고 확고하게 원했지만 그녀는 또한 기꺼이 이 욕망을 내어맡기고 신성의 명령을 완벽하게 믿는 데에 필요한 신앙을 갖고 있었습니다.

다음 이야기는 주인공의 천사들이 그녀가 의사로부터 받은 지시에 반대되는 안내를 해주었다는 점에서 특기할 만합니다. 그녀가 천사들의 조언을 따르기에는 용기가 필요했습니다. 그런데 그 결과는 그녀의 생명을 구했습니다.

아나하임에 있는 저의 '빛을 배우는 재단Learning Light Foundation'에서 심령개발을 가르치는 교사인 루크레시아가 (저는 제 책 <빛의 사역자의 길>에서 그녀에 대해서 쓴 적이 있습니다.) 천사들로부터 생명을 살리는 정보를 받았습니다.

루크레시아는 천사들과 계속 접촉하기 위해서 규칙적으로 명상하고 엔젤 오라클 카드를 사용합니다. 2002년도 5월에 루크레시아는 천사들이 그녀에게 사마귀 두 개를 제거하라고 반복적으로 말하는 것을 명확하게 들었습니다. 하나는 왼쪽 팔에 있고, 다른 하나는 가슴 오른쪽에 있는 것을 말한 것입니다.

의사가 사마귀 두 개를 모두 제거하면서, 왼쪽 팔에 있는 것이 걱정된다고 말했습니다. 루크레시아는 천사들이 혼동에 대해서 조용히 말하는 것을 들었지만 그때는 그 메시지를 이해하지 못했습니다.

한 주 후, 루크레시아의 주치의가 전화로 가슴에 흑색종이 있으니 즉시 수술해야 한다고 했습니다. 루크레시아의 천사들은 그녀에게 모든 것이 잘 될 것이라고 안심시켜 주었습니다.

루크레시아는 그녀를 수술하는 의사가 순진한 천사처럼 보였습니다. 수술은 잘되었습니다. 일주일 뒤에 의사가 루크레시아에게 가슴에서 흑색종을 발견하지 못했다고 말했습니다. 이 반가운 소식에 기분이 들뜬 상태로 집으로 운전하고 있을 때, 루크레시아는 천사들이 세 번이나 이렇게 말하는 것을 들었습니다. "흑색종은 왼쪽 팔에 있어. 의사들이 혼동한 거야."

다음 번 그녀가 외과 사무실에 갔을 때, 그녀는 의사에게 왼쪽 팔의 사마귀를 검사해달라고 요청했습니다. 검사 결과가 예상보다 늦게 나오자, 루크레시아의 천사들은 그들이 혼동한 때문이라고 말했습니다. 병리사들은 두 번째 조직세포와 원래의 조직세포를 구별할 수가 없었습니다. 그때 루크레시아는 용기를 내어 천사들이 조직세포가 뒤섞였다고 말해준 사실을 외과의에게 말했습니다. 놀랍게도 그 외과의는 루크레시아가 한 천사에 대한 말을 열린 마음으로 듣고 있었습니다. 그리고는 몇 몇의 사람들은 저 너머의 세계에서 오는 정보를 받을 수 있는 능력이 있다는 것을 인정했습니다.

병리사들은 조직 세포의 혼동에 대한 말을 듣고 루크레시아의 왼쪽 팔에 흑색종이 있다는 보고서를 완성할 수 있었습니다. 천사들이 맞았던 것입니다! 그 뒤에 그녀는 세 번째 수술을 받았고, 모든 것이 성공적으로 제거되었습니다. 그 후로 루크레시아는 아무런 문제도 없었습니다.

응답받은 기도

왜 어떤 기도는 응답을 받고 다른 것은 그렇지 않은 것으로 보일까요? 그 이유는 인간이 이해할 수 있는 수준을 넘어 있습니다. 그러나 다음과 같은 상황에 관련되어 있을지도 모릅니다.

- 누군가가 살아나기를 기도하는 것 – 그러나 그것이 그들 영혼이 극복하기로 선택한 것일 때
- 기도의 응답으로 지시된 신성의 안내를 알아차리지도, 믿지도, 따르지도 않는 것

- 응답이 찾아올 때 고의적으로 방해하는 것 – 초자연적인 현상을 두려워하거나 하늘의 관심을 받을 자격이 없다고 느끼기 때문
- 기도가 응답받을 때 그것을 알아차리지 못하는 것 – 그 대답이 당신이 기대했던 것과 다른 방식으로 오기 때문
- 오직 '특별하고', '순수하고', '선택받은' 사람만이 응답받는다고 믿는 것

비록 모든 기도가 응답받는 것은 아닌 것처럼 보일지라도, 많은 과학적인 연구와 경험 사례 연구는 기도가 효과적이고 신뢰할 수 있는 치유 방법이라는 것을 보여줍니다. 아마도 우리가 아는 것보다 더 많은 사람들이 응답된 기도를 경험했을 것입니다.

하늘의 도움을 너무 자주 요구하거나, 사소한 요구로 하늘을 귀찮게 하는 것이 아닌가 두려워하는 사람들을 만난 적이 있습니다. 이것은 인간의 한계에 대한 믿음을 한계가 없는 하늘에 투사하는 일입니다. 천사들은 그들이 할 수 있는 어떤 방법을 통해서든 우리를 도움으로써 우리가 이 지상에 평화를 만들도록 도와주고 싶어 합니다. 도움을 요청하는 데에 너무 자주라는 말은 있을 수 없습니다. 그리고 우리가 그들의 지원을 요청할 때, 천사들을 귀찮게 하는 것도 확실히 아닙니다. 그와 반대로, 우리 얼굴에 미소를 가져다주고 우리 가슴에 평화를 가져다주는 것은 그들의 성스런 영광이고 진실한 기쁨입니다.

어떤 사람들은 응답받지 않은 것처럼 보이는 이전의 기도 때문에 창조주에게 화를 냅니다. 또 다시 실망하는 것이 두려워 그들

은 기도를 중단합니다. 하지만 다음 이야기에서 보여주듯이 지독한 상황을 맞이하면서 그들은 다시 기도로 돌아올지도 모릅니다. 이전과는 다른 결과를 가지고 말이지요.

리나 와카의 18살난 아들은 호흡 장애로 중환자실에 있었습니다. 그녀의 아들은 두 번이나 거의 죽을 뻔 했습니다. 그래서 리나는 두려움에 제정신이 아니었습니다. 그녀는 기도를 생각해 보았습니다. 하지만 그녀는 신에게 화가 나 있었습니다. 아버지가 그녀의 열정적인 기도에도 불구하고 2년 전에 돌아가셨기 때문입니다. 그래서 리나는 다시는 기도를 하지 않겠다고 맹세했습니다.

아들이 나을 가능성이 전혀 없어 보이고, 자기가 감당할 수 없는 상황이 되자, 그 모든 것이 바뀌었습니다. 그녀는 병원의 한 작은 방에 들어가 문을 닫고 신에게 아이를 살려달라고 무릎 꿇고 기도했습니다.

이틀 후, 리나가 전혀 본 적이 없었던 한 중년의 여인이 병원에서 그녀에게 다가와서는 아들의 상황을 물었습니다. 리나는 그녀를 무시하고 담배를 피우기 위해 밖으로 나갔습니다.

리나가 병동으로 다시 돌아오자, 아까 그 여인이 그녀를 불러 세웠습니다. 그녀는 리나에게 자기가 리나의 아들을 방금 만나보았고, 성령이 그를 돌보고 있으니 걱정할 것이 없다고 말했습니다. 리나는 짜증이 나서 왜 낯선 사람이 아들을 보게 허락해 주었는지를 따지려고 간호사실에 들렀습니다. 간호사는 자기와 리나를 제외하고는 아무도 그 방에 들어온 적도, 아들을 만난 적도 없다고 말했습니다.

리나가 아들이 있는 방에 들어갔을 때, 뭔가 다른 것이 느껴졌습니다. 아들 주위에 어떤 존재가 있는 것이 느껴졌습니다. 천사의 방문이 있은 이틀 뒤에 그녀의 아들은 퇴원했습니다. 의사들은 어떻게 그렇게 빨리 치료가 되었는지 이해할 수 없었습니다! 그가 회복되려면 아주 오래 걸릴 것으로 예상하고 있었기 때문이었습니다.

리나가 기도라도 한 번 해보자고 한 것이 기적을 가져왔고, 그녀의 믿음을 다시 새롭게 했습니다. 다음 이야기는 기도의 결과로 일어나는 기적을 상기시켜주는 데 도움이 되는 이야기입니다.

신디 펀단은 아이를 출산하는 동안 신성의 도움을 요구했고 실제로 도움을 받았습니다. 임신 32주째인 신디는 심각한 통증으로 사우스 다코타의 수 펄즈에 있는 병원에 앰뷸런스로 실려갔습니다. 의사는 태아가 심각한 문제가 있다고 즉시 진단을 내렸습니다. 오직 동맥 하나만이 아이에게 피를 공급하고 있었고, 그것이 그의 성장을 심각하게 제한하고 있었으며, 신디를 치명적으로 고통스럽게 만들었습니다. 의사들은 서둘러 그녀를 응급 수술실로 옮겼습니다.

수술대에서 신디는 신에게 그녀와 그녀의 아이를 살려달라고 기도했습니다. 그리고 천사들에게 그녀와 아이, 그리고 수술에 참여하는 의사들과 간호사들을 지켜달라고 부탁했습니다. 신디는 상황의 심각성을 깨달았습니다. 그리고는 왜 갑자기 전날 저녁에 동생에게 만일의 경우에 중요한 일들을 돌봐달라고 부탁했는지 이해하게 되었습니다. '이것이 그것인가?' 신디는 걱정이 되었습니다. 그녀는 다시 기도했고 병원의 스피커에 찬송가가 나오고 있는 것을 깨닫고는 행복해 했습니다.

얼마 뒤에 신디의 아이 조셉 미카엘이 1.4 킬로그램으로 태어났습니다. 의사가 신디의 절개부위를 봉합하고 있는 동안, 조셉은 급히 중환자실로 옮겨졌습니다.

그날 밤 늦게 병원 침상에서 신디는 잠이 들었다 깨었다를 반복했습니다. 임신 합병증으로 인해 매우 심한 통증이 왔습니다. 그러는 동안에 신디는 작은 소리로 기도를 계속했습니다. 그때 방 안에서 낮고 부드러운 목소리가 들렸습니다. 눈을 뜨자 반짝이는 작은 불빛과, 빨강 머리에 안경을 쓰고 꽃무늬가 있는 블라우스를 입은 한 나이든 여인이 있는 것이 보였습니다. 그 여인이 신디에게 말했습니다, "다 괜찮아질 거예요, 다 괜찮아질 거예요."

신디는 어리둥절했습니다. 그녀가 있는 곳은 격리된 곳이고, 문이 모두 닫혀 있었고, 불도 꺼져 있는 곳이기 때문이었습니다. 그런데 그런 초자연적인 일에도 불구하고, 그녀는 다시 잠에 들 정도로 편안하고 평화로움을 느꼈습니다. 다음 날, 그녀는 목사나 다른 사람들이 방문했는지 확인해 보았습니다. 하지만 아무도 그녀의 방에 온 적이 없었다는 것을 알게 되었습니다.

신디는 이렇게 말합니다, "우리 아이 조셉은 모든 난관을 극복했어요. 태어난 뒤에 단지 몇 시간 동안만 산소공급이 필요했답니다. 유아 중환자실에 한 달 동안 머물러있어야 했음에도 불구하고, 놀랍게도 스스로 호흡을 하고 아무런 합병증도 보이지 않았어요. 그 아이는 오늘도 건강하고 정상이에요! 저 또한 아주 건강하게 회복되었습니다. 감사합니다, 하느님."

반려동물을 위한 기도

이미 말씀드린 바와 같이, 동물과 아이들은 치유를 거부하지 않습니다. 따라서 그들을 대신하는 기도는 특히 효과적입니다.

코디는 실비아 알렌과 그녀의 가족이 기르는 13살 된 호주산 목축견입니다. 2002년도 11월 어느 날 코디가 사라졌습니다. 실비아의 집은 주변에서 퓨마, 코요테, 곰이 출몰하는 40에이커 넓이의 시골집이었기 때문에 가족들은 당연히 코디의 안전을 걱정했습니다. 알렌의 가족들은 몇 시간 동안 코디를 찾아 다녔지만 어디에도 흔적이 없었습니다.

8일이 지났습니다. 실비아는 완전히 제정신이 아니었습니다. 그때 그녀는 지난주에 제 책 <천사와 함께하는 힐링>을 생각해냈습니다. 실비아는 천사에게 잃어버린 반려동물을 되찾고 보호해 달라고 부탁하는 부분을 펼쳤습니다. 그녀는 거기에 나오는 기도를 하고 책을 덮고는 더 이상 생각하지 않았습니다.

다음 날 저녁, 알렌 가족은 외식을 하고 집에 돌아왔습니다. 한 시간 뒤에 실비아의 남편은 어떤 어스름한 물체가 앞쪽의 잔디밭에 있는 것을 발견했습니다. 조금 전에 집에 돌아왔을 때는 보지 못한 것이었습니다. 그는 밖으로 나가 그것이 코디라는 것을 발견했습니다. 코디는 아주 심하게 상처를 입고 너무 약해져 있어서 제대로 서 있지도 못했습니다.

코디는 코요테와 싸움을 벌여 부상으로 거의 죽을 뻔 했었습니다. 실비아는 이렇게 말합니다, "우리가 그를 발견한 곳은 매우 가파른 언덕에 둘러싸인 커다란 잔디밭 가장자리로 코디가 걸어올 수 있는 방법은 전혀 없었지요. 우리가 집에 돌아왔을 때, 코디는 거기에 없었어요. 저는 천사들이 그를 데려와 현관 앞 근처로 그를 조심스럽게 눕혀 놓았다는 것을 바로 알았답니다."

코디의 상처는 괴저에 걸려 있었고 감염되어 있었습니다. 그리고 8일 넘게 먹지도 마시지도 못하고 있었습니다. 실비아는 이렇게 말합니다, "한 주도 채 지나지 않아 코디의 상처는 치료되었답니다. 그리고 만일 당신이 본다면, 그가 부상을 입었었다는 것을 알아차리지도 못할 거예요. 천사들이 그를 다시 우리에게 데려다 주고 상처를 치료해준 것은 정말로 기적이었어요." 이 기적을 경험한 결과로 실비아와 그녀의 가족은 이제 매일 일상적으로 천사의 도움을 요청하고 있습니다.

천사의 수술

다음 이야기는 하늘의 유머 감각을 보여주며, 또한 아주 영적인 마음을 가진 여인이 어떻게 천사들에 대한 믿음으로 아버지와 고객을 도울 수 있었는지 보여줍니다.

니콜 피골트는 엔젤테라피 시술자로서 대천사 라파엘과 치유 작업을 합니다. 그녀의 아버지가 심박조율기를 심장에 장착하는 수술 일정이 잡혔을 때, 니콜은 아버지의 치료 전반을 보살펴달라고 라파엘에게 기도했습니다. 수술이 끝난 뒤, 니콜의 어머니는 니콜에게 전화해서 수술이 잘 끝났고 아주 훌륭한 의사를 만났다고, 그런데 그 의사의 이름이 라파엘이라고 말했습니다. 니콜은 말했습니다, "천사들은 사랑은 물론 유머까지 곁들여 저를 끊임없이 놀라게 한답니다."

몇 달 뒤, 니콜은 엔젤테라피 세션을 진행하고 있었습니다. 그녀의 고객인 수잔은 결장을 또 다시 수술하는 일정이 잡혀 침울해 있었습니다. 수잔은 이미 두 번에 걸친 수술을 견뎌냈습니다. 그것은 아주 어렵고 오랜 회복기간이 필요했었습니다.

니콜은 말했습니다, "이번에는 우리가 대천사 라파엘이 수술을 하도록 부탁할 거예요." 수잔이 어리둥절해 하자, 니콜은 라파엘이 의사와 함께 수술하도록 초청하자는 뜻이라고 설명했습니다.

니콜과 수잔은 수술 전에 2주 동안 함께 작업을 했습니다. 수술하는 날 니콜과 수잔은 라파엘과 그의 치유천사들을 불러 수잔과 의사를 처음부터 끝까지 잘 보살펴달라고 부탁했습니다. 그들은 또한 라파엘에게 외과의와 함께 작업을 하도록 요청했습니다.

수잔은 다음 날 니콜에게 전화로 좋은 소식을 전했습니다. 수잔이 말했습니다, "내가 기억하는 것은 수술실에 옮겨졌고, 그런 다음 이제 수술이 시작될 시간이라고 생각하면서 깨어난 것이에요."

그런데 간호사가 수잔에게 말했습니다. "아니에요, 수술은 이미 끝났어요. 게다가 원래 5시간 정도 걸릴 것으로 예상했는데 4시간도 되지 않아 끝났지 뭐에요! 의사도 놀라워했어요. 수술하는 동안 의사는 평소와 다르게 수술하는 법이 불현듯 영감처럼 떠올라 그것이 한 시간 반이나 시간을 줄여주었다고 해요."

수잔은 너무도 빨리 수술에서 회복되어 가족과 친구들을 놀라게 했습니다. 그녀는 의심의 여지없이 그것이 라파엘 때문이었다는 것을 알았습니다.

천사의 환영

아주 뚜렷한 의도와 함께 열심히 기도를 하는 사람들은 자주 천사들의 방문을 받고, 천사들이 기도를 들었으며, 이미 기도가 응답되고 있다는 확인을 받습니다.

엘 다르다노는 엄마가 전화를 해서 혹시 있을지도 모르는 유방암 검사를 받고 있는 중이라는 말을 듣고 덜컥 겁이 났습니다. 그녀는 엄마를 대신해서 신과 성모 마리아와 천사들에게 간청하기 위해 아주 열심히 기도했습니다.

그날 밤, 엘은 잠에서 깨어나 그녀의 방에 어떤 존재가 있는 것을 발견했습니다. 그녀는 한 여인이 스커트와 얇게 비치는 하얀 셔츠를 입고, 밝은 색의 머리카락이 뒤로 넘겨져 있는 실루엣을 보았습니다. 그 여인은 꽃잎이 네 장인 하얗고,

노랗고, 황금빛이 나는 꽃을 손에 쥐고 서서 엘을 바라보고 있었습니다. 엘이 혹시 자고 있는 남편도 방문자를 알아차렸는지 남편을 살펴보고 있을 때, 그녀의 꽃은 마치 바람개비처럼 돌고 있었습니다.

다음 날, 엘은 엄마에게 전화로 천사를 만난 이야기를 했습니다. 그녀는 이렇게 말했습니다, "난 엄마가 괜찮을 거라고 확신해. 그리고 테스트 결과도 이상이 없다고 나올 거야." 사실 그랬습니다.

며칠 뒤, 엘은 천사 그림이 그려져 있는 달력을 넘기다가 대천사 가브리엘과 성모 마리아의 초상을 보고 깜짝 놀랐습니다. 그 그림 속에서, 가브리엘이 엘이 보았던 꽃과 아주 똑같은 꽃을 들고 있었기 때문입니다.

엘은 이렇게 말합니다, "저는 그날 밤 제 방에 있었던 사람이 대천사 가브리엘이라는 것을 알았어요. 저는 이런 일이 정말로 일어났다는 것을 알아요. 그것은 모두가 진짜였어요!"

천사가 거기에 있었던 것이 엘을 평안하게 만들었고, 또한 그녀의 어머니의 건강을 도와준 치유의 에너지를 가져왔을 것입니다.

다음 이야기는 천사의 환영을 불러온 강한 기도의 다른 예입니다.

브로닌 트릴로의 남편이 그녀와 두 아이를 남기고 세상을 떠났을 때, 그녀는 엄청난 비탄에 빠져 세상이 끝났다고 생각했습니다. 그 후로 그녀는 직장도 잃고 앞으로 계속 삶을 유지하기가 힘들다고 느꼈습니다. 2주도 지나지 않아 그녀는 정서적으로나 육체적으로 아주 심각하게 쇠약해져 자리에서 일어날 수도 없었고 먹을 수도 없었습니다. 결국 병원에 입원하게 되었고, 퇴원하고 나서는 진정제를 계속 복용하게 되었습니다.

그녀는 계속 기도했습니다. (우스갯소리지만 브로닌은 자기가 너무 무능력해서 기도 이외에는 아무 것도 할 것이 없었다고 말합니다!) 그녀는 다시 회복된다는 믿음에 매달렸습니다.

그러던 어느 날 밤, 뭔가가 그녀를 깨웠습니다. 왼쪽을 돌아보자 아주 커다란 날개를 한 광채가 나는 아름다운 천사가 보였습니다. 그 빛이 너무 강해 그녀는 천사의 얼굴을 볼 수 없었고, 단지 천사의 머리가 한 쪽으로 젖혀진 채 자기를 바라보고 있다는 것만 볼 수 있었습니다.

브로닌은 이렇게 말합니다, "그 천사는 너무도 고요하고 평화로웠어요. 이것은 제가 겪어본 일 중에서 가장 아름다운 경험이었답니다. 저는 거기에 누운 채로 그녀가 사라질 때까지 계속 바라보고 있었어요."

그 경험이 브로닌을 낫게 했고, 그녀는 힘을 되찾았습니다. 그녀는 새로워진 것을 느꼈고, 계속해서 강한 섬광을 보면서 천사들이 그녀와 함께 있다는 것을 알게 되었습니다. 천사를 본 그날 이후로 브로닌은 이렇게 말합니다, "제가 천사들과 대화를 나누고 제 삶 속에서 그들의 축복을 기다리지 않은 날이 단 하루도 없어요. 저는 매우 행복하고 평화롭습니다. 제가 항상 인도받고 있다는 것을 알고 있기 때문이지요."

숫자 속의 힘

일련의 과학적인 연구에 따르면, 어떤 상황을 간구하는 기도를 하면 할수록 결과는 더 좋아진다고 합니다. 기도와 관련해서는 숫자에 진정한 힘이 있는 것처럼 보입니다. 어떤 상황이 치유를 필요로 할 때, 다음 이야기에서 보여주듯이 친구들이나 목사의 기도를 목록으로 작성하는 것이 좋은 아이디어입니다.

뉴질랜드의 제니퍼 파운틴은 동생이 39살이 되어서 임신을 하게 된 이야기를 합니다. 동생과 새 남편은 기쁨에 흥분하고 있었지만 초음파 검사 결과, 아이가 천미부기형종이라는 희귀하고 심각한 증상을 보이고 있다는 것이 밝혀졌습니다. 이러한 증상은 4만 명 중의 하나 꼴로 나타나며, 자궁 속에서, 또는 이른 유아기에 사망하는 결과를 가져옵니다.

기형종teratoma이라는 단어는 괴물monster이라는 뜻의 라틴어에서 나온 말로 그것이 자라나는 크기와 흉폭스러움을 보여줍니다. 그것은 방광, 창자, 생식기, 척추를 소모시키고, 때로는 몸 밖으로까지 자라나옵니다. 어떤 아이의 경우에는 그 크기가 아이의 몸 크기만 한 경우도 있습니다.

제니퍼의 동생이 플로리다에 살고 있었기 때문에 그녀가 도울 수 있는 것은 단지 기도하고 응원해주는 것뿐이었습니다. 제니퍼는 자기가 알고 지내는 모든 사람들에게도 기도를 해달라고, 그리고 동생과 아이 주변을 치유의 천사들로 둘러싸게 해달라고 부탁했습니다.

제니퍼는 그 다음에 무슨 일이 일어났는지 이렇게 회상합니다. "제 동생은 고비를 넘겼지만 종양은 계속 공격적으로 자랐어요. 의사들은 출생과 동시에 생명을 위협하는 그 종양을 즉시 제거하는 일정을 잡았지요. 다시, 저는 제 동생, 동생의 남편, 아이, 의사, 그리고 간병인에게 기도를 보내주고 치유 천사들을 보내달라고 제가 알고 있는 모든 사람들에게 부탁했습니다.

저는 아이가 태어난 바로 직후, 종양 제거 수술 바로 전에 동생과 이야기를 했어요. 그녀는 울먹이고 있었어요. 수술이 너무 위험하고 까다롭기 때문에 아이가 죽을 가능성도 매우 높다고 두 번씩이나 경고를 했기 때문입니다. 저는 동생에게 친구들이 그녀를 위해 수백만의 치유 천사들을 보내고 있다고 말해주었어요.

제 동생은 천사들의 도움을 받게 되어 기쁘다고 말했어요. 그러나 그녀의 남편은 그런 일을 믿지 않았기 때문에 우리가 천사를 보내고 있다는 말을 그에게 하지 않았지요. 그런데 그가 병원에 있는 선물가게에 들렀을 때, 조그마한 천사 인형을 사고 싶은 강한 충동을 느꼈답니다. 그는 자기가 왜 그것을 샀는지 이해하지 못하면서 어리둥절한 채로 그것을 제 동생에게 주었지요. 그러나 동생은 아이를 위해 기도하고 있었던 뉴질랜드와 호주에 살고 있는 우리 모두가 보내준 천사에게 그가 붙잡혔다는 것을 확실히 알았지요.

외과의들은, 그들의 표현에 의하면 기적적인 일을 해냈다고 합니다. 그들은 그 종양이 이제껏 제거했던 것 중에서 가장 큰 종양이었다고 말했습니다. 힘든 수술에서 회복하려면

3주 정도 입원해 있어야 한다고 했지만 3일 후에 아이는 천사 인형과 함께 집에 돌아왔지요.

두 달이 지난 뒤, 의사들은 동생의 아이를 다시는 보게 되지 않기를 바란다고 했습니다. 위험한 고비는 완전히 넘어갔습니다. 이 크리스탈 아이는 지금 장난감 천사인형의 모습을 한 천사를 옆에 끼고 있습니다."

건강관리 인도

때때로 천사들은 우리에게 꼭 맞는 의사를 만나도록 인도함으로써 우리의 기도에 응답해줍니다. 어떤 사람들은 왜 하늘이 직접 치료를 하지 않고 중개자를 끌어들이는지 의아해 할 수 있습니다. 하지만 그 의사도 신이 창조하지 않았나요?

환자들을 돌보면서 의심할 여지없이 신성을 따르는 직관력이 있는 의사들이 많이 있습니다. 다음 이야기는 한 의사가 자신의 내면의 인도를 기꺼이 들은 것이 팔을 절단하게 될 수도 있는 환자의 기도에 어떤 식으로 응답되었는지를 보여줍니다.

맨디 가블러와 그녀의 친구들이 런던 교외에서 롤러블레이드를 타고 있었습니다. 친구들은 집에 가기 전에 한 번 더 롤러블레이드를 타고 싶었습니다. 맨디의 내면은 그녀에게 가지 말라고 했지만 그녀는 듣지 않았습니다. 결국 그녀는 오른쪽 팔로 세게 넘어졌고 팔꿈치가 완전히 부러졌습니다. 스페인에서 온 한 의사가 그 사고를 목격하고 앰뷸런스가 오기 전까지 그녀를 돌보았습니다. 병원 의사는 맨디에게 팔이 너무 심하게 다쳐 어쩌면 완전히 팔을 잃게 될 수도 있다고 말했습니다. 절단에 대한 공포에 맨디는 친구들을 불러 그녀의 팔을 구해달라는 기도를 했습니다.

맨디는 믿음으로 가득 차 있었습니다. 그녀는 자기가 천사의 팔에 안겨있고 신이 책임져줄 것이라는 평온한 믿음을 느꼈습니다. 의사는 수술 계획을 짜는 데에 이틀을 기다려달라고 했습니다. 가족과 친구들은 수술이 지연되는 것이 좋지 않을 것이라 생각했지만, 맨디는 의사가 시간의 여유를 갖고 팔을 수술 하는 최상의 방법을 생각해주기를 바랬습니다. 맨디는 아직도 평온했습니다. 그리고 모든 것이 잘 될 것임을 알고 있었습니다.

수술 후에, 의사는 수술하는 동안 완벽하게 누군가에게 인도받고 있었다고, 그리고 그 역시도 맨디의 팔이 완벽하게 될 것으로 안다고 말했습니다. 맨디는 이렇게 말합니다, "저는 미소를 짓고 있었어요. 저는 의사와 저를 도와준 천사들에게 절대적으로 감사하고 있어요. 저는 이제 제 팔을 95퍼센트 정도 사용하고 있고 골프도 칠 수 있어요! 천사들이 저를 지켜보고, 치료하고, 의사를 도와주고 있었다는 것을 의심하지 않았어요."

그 사고는 또한 맨디를 영적인 길로 더 깊이 인도했습니다. 맨디는 자기가 과거에 내면의 인도를 따르지 않으면서 너무도 오랜 시간을 허비했다는 결론을 내렸습니다. 그녀는 천사들의 말을 듣고 다른 사람들을 도와주는 엔젤테라피 시술자가 되었습니다.

다음 이야기는 자신의 건강에 닥친 위험에 딱 맞는 의사를 찾아달라고 도움을 요청하는 기도를 한 완벽한 예입니다.

아리엘 울페는 유방암 진단을 받았습니다. 그녀는 올바른 의사를 선택하는 것이 무엇보다 중요하다는 것을 알고, 의사들을 직접 만나보기로 마음먹었습니다. 그리고 명상과 기도 세션에서 수호천사들에게 적합한 의사를 안내해 달라고 요청했습니다.

그녀는 의사 목록에서 직관적으로 한 의사를 선택했습니다. 이 의사를 만나러 가기 전에, 아리엘은 천사들에게 자기가 올바른 사람을 선택했다는 아주 명확한 신호를 달라고 요청했습니다. 아리엘과 그녀의 딸 리즈가 의사 사무실로 들어가면서 그녀는 아메리칸 원주민의 공예품이 놓여있는 것을 보았습니다. 아리엘이 아메리칸 원주민의 영성과 강한 연관성이 있었기 때문에 그녀는 이렇게 생각했습니다, "좋아, 지금까지는 아주 좋아…. 하지만 아직 충분하지 않아."

의사와 면담을 하면서, 그녀는 의사가 따뜻하고, 솔직하고, 매우 능력 있게 보이고, 모든 질문에 성의있게 대답해주는 것을 보고 기뻤습니다. 하지만 아리엘은 아직도 명확한 신호를 찾고 있었습니다.

의사는 자신이 클래식 피아노 공부를 했는데, 청중들 앞에서 연주하는 것이 어려운 것을 발견하고는 의학으로 전공을 바꾸게 되었다고 말했습니다. 이 말이 아리엘을 감동시켰습니다. 자기도 역시 십대 이후로 클래식 피아니스트로 활동했기 때문입니다. 아리엘은 생각했습니다, "좋아, 우리는 점점 더 가까워지고 있어. 하지만 이것이 확실한 신호는 아니야."

검사를 한 후, 의사 사무실에 앉아 있는 동안, 리즈가 아리엘과 의사가 치유 천사들에 둘러싸여있다고 말했습니다. 의사는 고개를 들고는 이렇게 말했습니다, "알지? 내 수호성인이 대천사 미카엘이란다."

아리엘은 생각했습니다, "자, 제대로 된 곳에 왔는지 알려고 몽둥이로 두들겨 맞을 필요는 없잖아!"

생체 조직 검사를 하는 동안, 아리엘은 그녀의 모든 천사와 대천사들을 불러 함께 있어달라고 요청했습니다. 의사는 아리엘이 불편을 느낄 수도 있다고 설명했습니다. 아리엘이 의사를 바라보자, 거기에 대천사 미카엘과 라파엘이 의사의 손을 이끌고 있는 것이 보였습니다. 아리엘은 강력한 천사들에게 인도받고 보호받았기 때문에 전혀 아무 것도 느끼지 못했다고 말합니다. 맥박은 이제 정상으로 돌아왔고, 아리엘은 아주 멋진 기분으로 검사를 마칠 수 있었습니다.

믿음을 지켜라

우리가 신과 천사들과 대천사들에게 도움을 요청할 때, 기도의 효능에 대한 우리의 믿음이 무엇보다도 가장 큰 도움이 됩니다. 믿음과 함께, 우리는 신성의 인도를 더 신뢰하고 우리의 신념을 더 고수하게 됩니다. 다음의 이야기는 의사들의 만류에도 불구하고 임신을 고집한 부부가 어떻게 되었는지를 보여줍니다.

의사들이 마리아 페레즈에게 그녀의 태아가 생명의 위협을 받는 상태에 있다고 말했을 때, 그녀와 그녀의 남편은 무서웠습니다. 의사들은 태아가 머리 뒤편에 후두골 뇌류(Knobloch 증후군이라고도 알려져 있습니다)가 있으며, 그 뇌 조직이 두개골 구멍으로 삐져나오고 있다고 말했습니다. 진단은 아주 참혹했습니다. 아이는 출생과 더불어 사망하거나, 생명을 위해 보호시설 속에 있어야만 하는 식물처럼 살 것이라고 했습니다.

강한 믿음을 갖고 있던 마리아는 정원을 걸으면서 기도했습니다. 하늘을 올려다보자 구름 속에서 사랑이 넘치는 얼굴이 그녀를 내려다보며 미소짓고 있었습니다. 마리아는 이것이 자기 아이가 괜찮아질 것이라고 말하는 신과 천사들의 긍정적인 확인의 표시였다는 것을 알았습니다.

의사의 권고와는 반대로, 마리아와 남편은 임신을 계속 진행시키기로 결심했습니다. 매일 밤마다 마리아는 신에게 기도하고 천사들에게 도움과 인도와 힘과 믿음을 달라고 요청했습니다. 어느 날 밤, 그녀는 <천사의 감동>이라는 TV쇼의 에피소드를 보고 있었습니다. 그 에피소드에서 모니카는 (로마 다우니가 연기한 천사) 약물에 중독된 여인을 도우려고 보조천사들을 불렀습니다. 천사들은 그 여인과 모니카 주위를 둥그렇게 둘러싸고, 그 상황을 치유하고 도와주기 위해 천사의 노래를 불렀습니다. 그날 밤, 마리아는 천사들에게 딸이 잘 될 것이라는 표시로 노래를 불러달라고 부탁했습니다.

마리아가 아이를 낳는 날, 의사들과 간호사들이 아이를 받는 수술대 주변에 모여 최악의 경우를 대비했습니다. 그러나 작은 안젤라 페레즈는 그들에게 기적이 정말로 일어난다는 것을 보여주었습니다. 여자 아이가 건강하고 튼튼하게 태어났습니다!

비록 머리 뒤편에 있는 구멍을 치료하는 수술이 아직 필요했지만, 갓난아기 안젤라는 수술 이후에 아름답게 회복되었습니다. 다음 날 저녁, 마리아는 새벽 3시에 침실에서 노래 소리에 잠을 깼습니다. 그녀는 그것이 상상이거나 제왕절개 수술의 후유증일거라고 생각했지만 마리아가 남편을 깨웠을 때, 그 역시 그 소리를 들었습니다. 천사들은 스페인 노래 "성모 마리아에게 노래 부르자."를 불렀습니다. 그것은 아이가 태어날 때의 울음소리 다음으로 마리아가 이제껏 들은 소리 중에서 가장 아름다운 소리였습니다.

지금 안젤라는 네 살이 된 아름다운 소녀입니다. 마리아는 그녀의 딸이 하늘에서, 그녀가 신과 천사들에게 연결되고 영적으로 성장하게 도와주기 위해 보내졌다는 것을 알고 있습니다. 마리아는 이렇게 말합니다, "저는 안젤라가 천사들을 볼 때마다 손을 뻗치고 그들에게 미소짓는 것을 봐요. 안젤라는 아름다운 신의 아이에요."

기도는 우리가 하늘에 말을 하는 것이고, 명상은 우리가 하늘의 말을 듣는 것이라고 말합니다. 우리의 천사 팀들은 우리의 기도를 듣기 위해 끊임없이 주의하고 있습니다. 천사들과 계속 대화를 하면서 끊임없이 기도할 때, 우리는 마치 잘 조직된 스포츠 팀처럼 그들과 함께 일을 하는 것입니다. 또한 천사들과 완벽한 조화 속에서, 우리는 우리의 건강을 치유할 수 있고 우리가 필요한 것을 현실화시킬 수 있습니다.

제18장

빛과 사랑의 천사들

천사를 부르는 것은 어떤 상황에서도 빛과 사랑을 가져오는 강력한 방법입니다. 누구라도 천사를 부를 수 있습니다. 어떤 '종교'에 속할 필요도 없고, 그렇게 할 권리를 따로 '얻을' 필요도 없습니다. 천사의 도움은 신성의 권리이며 모든 사람들의 특권입니다. 천사들은 창조주로부터 받은 우리의 선물이기 때문에 우리는 이 선물을 즐김으로써 신에게 감사를 표하고 있는 것입니다.

당신은 다음 같은 일을 하면서 천사들을 부를 수 있습니다.

- '천사님들, 제발 저를 도와주세요!' 라고 생각하기
- 천사들에게 당신의 문제를 마음속으로 말하기
- 신에게 천사들을 보내달라고 요청하기
- 천사들이 당신이나 당신이 사랑하는 사람들, 또는 어떤 상황 주변을 둘러싸고 있다고 심상하기

• 어떤 사람, 물체, 또는 상황을 둘러싸고 있는 백색이나 다른 색깔의 빛을 심상하기
• 신이나 천사들에게 당신의 요구를 크게 말하기
• 천사들에게 편지쓰기
• 당신의 요구를 노래하거나 암송하기
• 천사 오라클 카드를 이용하기
• 촛불 켜기

당신이 어떤 방법으로 천사들과 접촉하느냐는 중요한 것이 아닙니다. 중요한 것은 당신이 그들과 접촉을 하느냐입니다. 기억하세요. 창조주나 천사들은 당신의 허락이 없이는 당신의 삶에 개입할 수 없습니다. 한 가지 예외는 당신이 급박한 위기에 처해 있을 때뿐입니다.

천사들은 신의 메신저이면서 신의 연장선이기 때문에 당신이 그들에게 직접 요청을 하든, 아니면 창조주에게 요청을 하든, 결과는 똑 같습니다. 천사들을 창조주로부터 피조물에게로 사랑과 빛의 메시지를 전달하는 신성의 우편배달부라고 생각하세요.

천사들은 엄청난 빛을 쏟아 부으면서 우리의 마음과 가슴을 비춰줍니다. 그들은 우리가 두려움이 가득 찬 환상의 안개 속에서 그 상황의 신성한 진리를 볼 수 있도록 도와줍니다. 그들은 비록 표면적으로는 정반대로 보일지라도, 모든 것이 결국에는 잘되게 되어 있다는 것을 상기시켜줍니다.

천사의 현존이 보내주는 무조건적이고 강렬한 사랑은 다음 이

야기에서 보여주듯이 즉각적인 치유효과를 가져다 줍니다.

호주의 퀸스랜드에 사는 산드라 클락은 신장결석 제거수술을 위해 입원하기로 일정이 잡혀 있었습니다. 그녀는 당연히 불안했습니다. 그녀의 친구 케리 필드는 에너지 힐링을 하는 사람인데 산드라에게 세션을 해보라고 권했습니다.

산드라가 마사지 테이블에 눕자, 케리는 천사들에게 지원을 요청했습니다. 케리는 마음의 눈으로 그 방에 산드라를 도와주고 있는 천사들이 가득 차 있는 것을 볼 수 있었습니다. 케리는 이렇게 말합니다, "그들은 틀림없이 수다쟁이 천사들이었을 거예요. 산드라와 저는 웃음을 터뜨리기 시작해서 숨도 제대로 쉬지 못할 때까지 배꼽을 잡고 웃었어요! 우리가 평소에도 많이 웃는 편이지만 그렇게 오랫동안 웃어본 것은 아마도 처음이었을 거예요."

산드라가 며칠 후에 수술을 받으러 갔을 때, 신장 결석의 흔적은 이미 사라지고 없었습니다. 의사들은 기절할 지경이었습니다. 왜냐하면 그 결석은 굉장히 컸었고 많은 출혈과 통증을 유발했었기 때문이지요. 그들은 그 결석이 씻겨 내려갈 때 얼마나 아팠냐고 물었습니다.

산드라는 아무런 통증도 느끼지 못했다고 말했지만 의사들은 그녀가 틀림없이 뭔가를 느꼈을 것이라고 말했습니다. 의사들은 그 돌이 너무 커서 마치 수박이 바늘구멍을 통과하는 것과 같았을 거라고 말했습니다. 산드라와 케리는 그 돌을 아무 고통 없이 제거해주고, 그날 이후로 산드라가 다시는 결석으로 고생한 일이 없게 해준 공을 천사에게로 돌렸습니다.

천사들은 무생물, 돈까지도 치유한다

천사치유는 육체적인 몸을 고치는 데에만 한정되는 것이 아닙니다. 우주 전체가 사랑과 빛으로 구성되어 있기 때문에 어느 것이든 고칠 수 있습니다. 저는 어렸을 적에 어머니가 공구나 자동차를 고쳐달라고 기도하던 추억이 많이 있습니다. 정비소로 가져가서 고칠 만큼 돈이 없었기 때문이지요. 그런데 어머니의 기도는 아주 빨리 응답받았습니다!

다음 이야기는 천사들이 어떻게 무엇이든 고쳐줄 수 있는지를 보여주는 멋진 예입니다.

아네트 힌톤은 컴퓨터에 타이핑하는 것은 잘 알고 있지만 컴퓨터를 고치고 문제를 해결하거나 프로그램을 짜는 정도로 컴퓨터에 능숙하다고 생각하지 않습니다. 그래서 그녀의 상사가 자기의 팜파일럿 포켓용 컴퓨터를 주면서 기술지원 부서를 불러달라고 했을 때, 그녀는 겁에 질렸습니다. 그는 팜파일럿이 자기의 데스크 컴퓨터와 동기화되지 않았으며, 사내 컴퓨터 전문가는 그것을 고칠 수 없었다고 설명했습니다. 상사는 종일 미팅에 가야했기 때문에 아네트가 그 상황을 해결

해주기를 기대했습니다.

아네트는 다섯 명의 기술지원 부서 직원과 의논했지만 그들은 모두 절차에 대해서만 이야기할 뿐 고치지는 못했습니다. 이제 팜파일럿은 전원이 꺼졌습니다. 배터리를 제거하고 다시 갈아 끼웠지만 소용이 없었습니다. 기술지원 부서 사람들은 모두 아네트에게 부속이 망가졌으니 수리점에 보내야 한다고 했습니다.

하지만 아네트는 컴퓨터를 고쳐달라는 상사의 요구를 충족시켜야만 했습니다. 바로 그때, 아네트는 천사들에게 도움을 요청해야겠다는 생각이 들었습니다. 그녀는 과거에 천사들의 도움을 성공적으로 받은 경험이 목록으로 만들 정도로 많이 있었습니다.

천사들에게 이야기를 하는 동안 그녀의 손은 키보드 위에 올려져 있었습니다. 갑자기, 손가락이 어떤 키를 누르자, 컴퓨터 스크린은 불이 들어오고 작동하기 시작했습니다. 아네트는 무슨 일이 일어난 건지 알 수가 없었지만 'Yes or No'라는 말이 화면에 나왔을 때, 그녀는 'Yes'를 누르면서 최선의 결과를 기대했습니다. 이렇게 몇 번을 한 후에 '동기화 완료'라는 말이 스크린에 나타났습니다.

놀라운 일이었습니다! 천사의 도움을 구한 아네트의 요청이 응답된 것입니다! 그 컴퓨터가 작동한 데에는 어떤 다른 설명이 있을 수가 없었습니다. 그녀 자신이 무엇을 했는지도 몰랐기 때문이지요. 상사가 돌아왔을 때, 그는 어떻게 아네트가 컴퓨터를 고쳤는지 계속 물었습니다. 그래서 천사들에게 도움을 요청했다고 말했습니다. 그는 그 말을 믿지 않았지만 컴퓨터는 그 이후로도 몇 달 동안 아무 문제없이 잘 작동했습니다.

천사들은 우리가 삶 속에서 물질적인 것이나 재정적인 것을 포함해서 그 어떤 것과도 애써 버둥거리며 싸울 필요가 없다고 말합니다. 이 책 앞부분에서 말씀드린 바와 같이 천사들은 우리에게 평화를 가져다주기 위해 여기에 있습니다. 우리는 버둥거리면서도 성장할 수 있지만 평화로움 속에서 더 빨리 성장할 수 있습니다. 우리가 재정적인 문제 같은 것을 도와달라고 할 때, 그들이 기꺼이 도와주는 이유가 바로 그것입니다.

재키 달톤은 딸이 만성 우울증에서 벗어나도록 도와달라고 천사들에게 부탁하자 그녀의 딸이 기적적으로 치유되는 경험을 했습니다. 그 이후로 천사들의 도움을 부탁하는 일에 대한 재키의 믿음은 강력해졌습니다. 그래서 그녀와 그녀의 가족이 크리스마스를 지내기 위해 충분한 돈이 필요했을 때, 재키는 천사들이 도와줄 것이라는 확신이 들었습니다.

하루는 재키가 천사들에게 아무 걱정 없이 사업일과 크리스마스에 들어가는 경비를 충당할 수 있는 충분한 돈을 갖게 해달라고 부탁했습니다. 다음 날, 재키의 남편이 현금지급기에서 돈을 뽑았는데, 영수증에 잔고가 4천불이 넘게 남아 있는 것으로 나왔습니다. 재키와 남편은 은행에서 무슨 실수가 있을 것이라고 생각했습니다. 하지만 만일 잔고가 이상이 없다면 그것은 틀림없이 천사들이 한 일이라고 생각했습니다!

재키와 남편은 은행이 그들의 계좌로 월요일 밤에 3,200불을 예치시킨 것을 확인했습니다. 재키가 천사들에게 요청한 바로 그 때였습니다. 그것은 그들에게 지급되는지도 몰랐던 가족 수당이었습니다!

재키는 이렇게 말합니다. "천사들에게 도움을 요청할 수 있다는 것을 모르는 사람들, 또는 천사를 믿지 않으려고 하는 사람들이 너무도 많다는 것은 비극이에요. 저는 너무 감사해요. 그리고 천사들에게 어떻게 보상해야 할지 항상 물어보지요. 그들은 항상 똑같은 대답을 해준답니다. '계속 듣고 있어라 – 그것이 내가 하려는 것이다.'"

사랑과 목적이 갖고 있는 치유의 힘

사랑은 낭만적인 동반자를 통해서는 물론 여러 가지 다른 방법으로 우리의 삶에 들어올 수 있습니다. 천사들이 이 호주 여인의 몸과 마음과 가슴을 치유할 때 들어온 입구가 바로 사랑입니다.

아네트 도일은 호주 시드니에서 택시를 타고 뒷좌석에 앉아 있었습니다. 많은 승객들이 그러하듯이 그녀도 안전벨트를 매지 않았습니다. 잠시 후, 경찰에 쫓기던 도난 차량이 그녀의 택시와 충돌했습니다. 아네트는 뒷좌석에서 의식을 잃기 전에 마치 봉제 인형처럼 이리저리 굴러 부딪힌 것을 기억합니다. 그녀는 충돌로 갈비뼈가 부러졌고, 요추 3개가 골절되었습니다.

그리고 14개월 동안 모르핀을 포함한 약을 먹으면서 만성 통증에서 벗어나고자 여러 의사들을 찾아다녔습니다. 아네트는 평생의 불행 속으로 자신을 빠뜨렸고 우울증에 걸리게 되었습니다. 이로써 직장도 잃고 많은 친구도 잃었습니다.

그런데 새 남자친구가 나타나 그녀가 건강에 대해 긍정적으로 생각하도록 도움을 주었습니다. 이것이 그녀를 우울증에서 벗어나게 했고 신성의 인도를 받을 수 있게 해주었습니다. 천사들은 그녀가 다른 사람들처럼 아주 중요한 목적을 수행하기 위해서 지구에 왔으며, 모르핀에 의존하는 흐리멍텅한 삶으로 인생을 낭비해서는 안 된다는 말을 해주었습니다. 천사들은 아네트에게 그녀가 전생에 힐러였으며, 다른 사람을 도와줄 수 있게 되기 위해 자신을 치유할 필요가 있다고 말했습니다. 그 메시지가 영혼의 차원에서 아네트의 심금을 울렸습니다. 그리고 진통제로부터 벗어나도록 용기를 주었습니다.

아네트는 이렇게 말합니다. "이제 신체적으로나 정서적으로 98퍼센트는 자유롭게 되었다고 말할 수 있어서 매우 기쁘답니다. 저는 강하고 행복하다고 느껴요. 천사들은 제가 이번 생에서 성취하려고 선택했던 것이 무엇인지를 깊은 차원에서 상기시켜주었어요. 그리고 바로 그 일을 할 수 있도록 제 몸을 치유해준 천사들로부터 엄숙한 메시지를 받았던 그 월요일 아침을 저는 항상 기억할 거예요. 저는 다른 사람을 치유할 수 있게 되기 위해 이 치유를 경험했다고 믿어요. 또한 메시지를 받기로 수용한 것이 이 치유가 일어나게 해주었다는 것을 알아요. 저는 너무도 축복받았고 너무도 영광스럽게 생각해요. 그리고 이 경험을 그것이 일어날 수 있다는 증거로 항상 바라볼 거예요. 저의 경우에는 그것이 의식적으로 요구하지 않을 때조차도 일어날 수 있답니다. 결국 우리가 갈 길을 계속 갈 수 있게 도와주는 것이 천사들의 직무가 아닌가요?"

아네트는 모든 직원의 책상 위에 천사 오라클 카드가 있는 회사에 취직했습니다. 그녀는 또한 자기개발 강사 안소니 로빈스를 위해 파트타임으로도 일을 합니다. 아네트는 그녀의 새로운 인생이 사랑이 넘치고, 남을 도와주고, 동기부여를 해주는 - 정확히 그녀의 삶의 임무 중의 일부라고 말합니다.

궁극적으로 아네트를 치유한 것은 목적의식을 갖는 것이었습니다. 우리 모두는 우리의 삶이 의미 있고, 우리가 이 세상에서 필요한 존재라는 것을 알아야 할 필요가 있습니다. 때때로 우리는 우리의 목적이 무엇인지 알기를 두려워해서 목적이라는 것이 있다는 것을 잊어버리고 마치 기억상실증 환자처럼 살아갑니다. 아니면 우리는 우리의 목적을 이루지 못할까 두려워서 그것을 성취하는 쪽으로 가는 것을 회피하는 것일지도 모릅니다.

기적수업 교본 세 권 중의 하나인 〈교사를 위한 매뉴얼〉은 이렇게 말합니다. "죽음으로까지 이르는 질병의 모든 형태는 깨어나기를 두려워하는 육체적인 표현이다."

기적수업은 우리가 '미룸'의 메커니즘으로 아프게 된다고 말합니다. 우리는 삶의 임무를 성취하려고 할 때, 성공도 두려워하고 실패도 두려워하기 때문입니다. 비록 그 형태는 광범위하게 달라질 수 있지만 우리 모두의 임무는 똑 같습니다. 그것은 우리의 열정과 본성의 관심을 통해서 사랑에 대해 가르치고 배우는 것을 포함합니다. 만일 우리가 우리 가슴의 욕구를 미룬다면, 우리가 성공하지 못할 때 느낄 감정적인 고통의 가능성을 뒤로 미루는 것입니다. 우리는 또한 성공과 함께 오는 감정적인 압박감도 회피합니다.

이것은 희생을 비난하는 것이 아닙니다. 또는 다른 사람의 고통이 상상일 뿐이라는 말도 아닙니다. 고통은 아주 실재적인 경험일 수 있습니다. 그것은 단지 우리가 고통의 희생물이라고 믿는 비실재적인 전제로부터 오는 것일 뿐입니다. 고통을 극복하는 것은 더 높은 힘에게 내어맡기려고 사전에 준비하는 것도 포함합니다. 치유가 일어날 것이라고 긍정적으로 생각하고, "내가 어떻게 봉사할 수 있는가?"라는 질문에 초점을 맞추면서 말입니다.

우리가 다른 사람을 돕는 일에 초점을 유지할 때, 우리는 더 이상 우리 자신에게 집중하지 않습니다. 이것이 우리의 의식을 다른 사람에 대한 연민으로 투사하여 고통에 대한 의식을 자동적으로 줄여줍니다.

달콤한 꿈

천사들은 우리가 매일 더 건강하고 더 행복하게 되도록 우리의 일상생활에 도움을 줍니다. 이것은 잠을 잘 자도록 도움을 주는 것도 포함합니다.

호주에 사는 미셸은 어리고 활발한 아이 둘을 양육하는 일을 포함해서 일상생활의 스트레스로 힘겹게 살아가고 있었습니다. 미셸은 녹초가 되어 잠이 필요했지만 아이들이 매일 밤 그녀를 깨우곤 했습니다. 결국 절망에 빠진 미셸은 천사들에게 도움을 요청했습니다. 그녀는 이렇게 회상합니다, "저는 제 어린 딸아이의 침대위에 몸을 굽히고 있는 아름다운 천사를 보았어요. 그리고 제 딸아이는 금방 잠이 들었지요."

천사들은 우리가 잠을 자고 있는 동안에 치유하기를 좋아합니다. 왜냐하면 우리가 잠을 자는 동안 마음이 더 열리기 때문입니다.

영국 맨체스터에 사는 레베카 다마토는 어느 날 밤, 잠을 자려다가 눈물이 나오고 너무도 비참하고 불행하다는 느낌이 들어 다시는 웃을 수 없을 것만 같았습니다. 그녀는 대천사 라파엘에게 도움을 청한 후에 잠이 들었습니다.

다음 날 아침, 레베카는 기분이 개운해지고 행복했습니다. 발걸음은 스프링이 달린 것 같았습니다. 몇 년 동안이나 그런 일이 없었는데 말이지요. 그녀는 이렇게 말합니다, "제가 불행하다고 느꼈던 모든 것이 더 이상 중요하게 보이지 않았어요. 모든 것이 그 자체로 의미가 있었습니다. 그리고 저는 더 조용하고, 더 지혜롭고, 더 강하고, 더 능력 있고, 통제할 수 있다는 느낌이 들었어요. 저는 제가 처음에 그렇게도 기분 나빴던 것에 대해 스스로를 비웃기까지 했답니다."

당신은 천사나 대천사들 중 누구라도 불러 꿈속에 나타나 감정적이거나 신체적인 부조화를 씻어내 달라고 요청할 수 있습니다. 다음 날 아침에는 꿈속에서 천사들과 교류했던 것을 기억해내지 못할 수도 있습니다. 하지만 천사들이 방문했다는 것은 알게 될 것입니다. 그리고 레베카처럼 당신의 기분이 좋아졌음을 발견하게 될 것입니다.

천사들의 신호

우리가 천사들을 부를 때, 그들이 가까이 있다는 것을 확인받는 것은 멋진 일입니다. 다음의 세 이야기는 사랑이 넘치는 천사들의 존재를 확신하는 우리의 믿음을 격려합니다. 이 이야기들은 그들이 우리와 함께 있다는 것을 증명하는 다양한 방법을 보여줍니다.

9살 된 브리타니 라이언은 어느 수요일 저녁에 그녀의 천사들이 방문해 주기를 요청했습니다. 다음 날 아침, 아이가 일어났을 때, 가슴 옆에 깃털이 있는 것을 발견했습니다. 브리타니는 부모에게 보여주려고 달려갔습니다. 그녀의 어머니도 그것이 천사의 깃털이라고 믿었습니다. 브리타니는 그 후에도 깃털을 두 개나 더 보았습니다.

• • •

웬디 루크는 천사들이 실제로 있고, 정말로 자기 기도를 듣고 있다는 것을 보여주는 명백한 표시를 원했습니다. 어느 날 밤, 웬디는 침대에 누워 천사들에게 명백한 표시를 보여달라고 요청하고 있었습니다. 그런데 어떤 장난스러운 목소리가 이렇게 말하는 것이 들렸습니다. "대체 뭘 원하는데요? 불꽃놀이?" 웬디는 크게 웃음을 터뜨리고는 이렇게 조용히 말했습니다. "그래요, 불꽃놀이요."

웬디는 미소를 지으며, 그리고 무슨 일이 일어날지 아무런 기대도 하지 않은 채 잠이 들었습니다. 새벽 3시 45분에 그녀는 불꽃놀이처럼 들리는 커다란 소리에 잠이 깨었습니다. 막 옆으로 몸을 틀려고 할 참이었는데, 그 소리를 무시하려다가 혹시 천사들이 그녀에게 신호를 보내고 있는 것이 아닐까 하는 생각이 들었습니다. 창문 밖을 내다보니, 하늘에 커다랗고 아름다운 폭죽의 불빛이 보였습니다. 웬디는 스포츠 콤플렉스 쪽을 향해 바라보면서 혹시 누군가가 거기에서 폭죽을 터뜨리는 것이 아닌가 살펴보았습니다. 그러나 그곳은 어둡고 비어 있었습니다. 그녀는 남편을 깨워 그 광경을 같이 보았습니다.

웬디는 이렇게 말합니다, "그날 밤 저는 세 가지를 배웠어요. 첫째는, 부탁하면 정말로 받을 것이다. 둘째는, 천사들은 우리에게 사랑을 보여주고 싶어 하며 매우 지략이 뛰어나고 영리하다. 그리고 마지막은, 우연의 일치만 계속 주장하는 사람은 기적을 놓치고 있는 것이다."

• • •

수잔 비글리오티는 어느 날 저녁 몹시 우울하고 외로웠습니다. TV 앞에 앉아 채널을 이리 저리 돌리면서 수잔은 대천사 미카엘에게 그가 그녀와 함께 있다는 것을 확인해주는 표시를 달라고 했습니다. 바로 그 때, 오페라 테너 가수가 "천사의 팔에 안겨"라는 노래를 부르고 있는 채널이 나왔습니다. 수잔은 자기가 그 노래를 얼마나 좋아하는지 기억하고는 매우 안심하며 평화로운 잠에 빠져들었습니다.

다른 사람을 치유하고 돕기

때때로 우리는 사랑하는 사람을 대신해서 기도합니다. 기도는 우리 자신에게 강력한 것처럼 다른 사람에게도 강력합니다. 단, 다른 사람이 치유를 받을 의향이 있어야 합니다. 다음 이야기에서는, 한 딸이 어머니가 치유되기 위해 천사들로부터 어떻게 메시지를 들었어야 했는지를 보게 될 것입니다.

데비 클락슨은 성인 시절 대부분을 알코올중독과 싸우면서 보냈습니다. 그녀의 18살 된 딸 제이미는 데비가 몇 달씩이나 폭음을 하던 것을 기억합니다. 술에 취하면 데비는 자주 폭력적이 되고, 적대적이고, 화를 내곤 했습니다. 술이 깬 상태일 때 사랑이 넘치고, 친절하고 부드러운 모습과는 정반대였습니다. 제이미는 엄마가 삶의 목적에 대한 인식을 둔하게 만들기 위해 알코올을 사용하고 두려워하는 지상의 천사라고 믿습니다.

나이가 들면서, 제이미는 자기가 엄마의 음주를 중단시키지 못하는 것에 죄책감을 느끼게 되었습니다. 그래서 자기가 할 수 있는 것만을 하기로 했습니다. 그것은 엄마를 사랑하는 것이었습니다. 어찌되었든, 제이미는 사랑이 답이라는 것을 직관적으로 알았습니다. 하지만 그녀는 또한 음주가 데비의 간과 신장과 심장에 좋지 않은 영향을 끼쳤기 때문에 절망에 빠졌습니다. 제이미의 계부가 세상을 떠났을 때, 그녀는 엄마가 슬픔을 못 이겨 죽을 만큼 술을 마시게 될 거라고 생각했습니다.

그래서 제이미는 엄마를 고치려고 기도했습니다. 그리고 기도에 대한 응답을 받았습니다. 그 응답은 제이미에게 이렇게 말했습니다, "너의 엄마가 치유되었다고 그냥 확신하고만 있어라."

그녀는 이렇게 말합니다, "그래서 그렇게 했어요! 맹목적인 믿음으로, 규칙적으로 나 자신에게 이렇게 말하기 시작했어요. '그래, 엄마는 완전히 고쳐진 거야.' 그게 제가 한 전부였어요! 그런데 우리 눈앞에 기적이 일어났어요. 즉시로 엄마가 음주의 충동을 잃은 거예요! 이제 엄마는 알코올에 혐오감을 느낀답니다. 그뿐만 아니라, 슬픔을 완전히, 그리고 있는 그대로 대면하고 있어요. 엄마는 더 이상 자신에게 상처를 주지 않고 지금은 놀랍도록 영적인 성장의 길을 걷고 있어요."

제이미의 어머니는 이제 투시력을 포함한 자신의 영적인 재능을 깨우치고 있습니다. 그리고 천사들에게 일상생활 속에서 도와달라고 요청하고 있습니다. 데비와 제이미는 모두 천사들이 엮어낸 순수한 마술에 계속해서 놀라고 있습니다. 그들은 데비의 치유가 온 가족에게도 깊은 치유가 된 것을 보게 되었습니다.

아이들에게 천사치유를 하는 것은 우리 아이들에게 천사와 함께 하는 것을 가르치는 기회입니다. 아이들은 본능적으로 이런 신성한 존재에게 이끌리고 하늘에 도움을 요청하면서 커다란 위안을 받습니다.

스테파니 와트키가 9살 된 아들 올리버를 차로 학교에 데려다주고 있었습니다. 아이는 오른쪽 팔 윗부분에 심한 통증이 있다고 푸념하더니 팔을 들어보고는 움찔했습니다. 올리버는 학교에서 그날 필기를 할 수 있을까 걱정했습니다. 그래서 운전하고 가는 도중에 스테파니는 올리버에게 눈을 감고 조용히 한 채 대천사 라파엘과 직접 대화를 하라고 했습니다. 라파엘에게 고통을 고쳐주어서 학교에 가서 필기도 하고 놀 수도 있게 해달라고 하라고 아들에게 말했습니다. 올리버는 그렇게 했고, 몇 분 뒤에 학교에 도착했습니다. 스테파니는 아들이 아직 아프다는 것을 알았습니다. 그녀가 말했습니다, "라파엘이 일하고 있는 동안 참고 있어라."

스테파니가 하교시간에 올리버를 데리러 갔을 때, 아이는 매우 흥분한 채로 달려왔습니다. 그날 아침 차에서 내린지 몇 분 지나지 않아 팔에 아무런 통증이 느껴지지 않는 놀라운 경험을 했다는 것입니다. 아이는 미소를 짓고는 라파엘에게 감사했습니다.

스테파니는 이제 자주 두 아들을 위해 라파엘과 작업을 합니다. 두 살 된 아들 브린이 고열을 동반한 질병의 증상을 보이자, 그녀는 그를 침대에 눕히고 동종요법 약을 먹였습니다. 하지만 브린의 열은 계속 올라갔습니다.

절망 속에서 스테파니는 대천사 라파엘에게 브린의 열이 내려가게 해달라고 요청했습니다. 5분이 지난 뒤에 브린은 조용히 잠들었습니다. 그리고 반시간 뒤에 다시 깨었는데, 열은 정상으로 내려갔습니다! 브린은 전혀 아픈 적이 없었던 것처럼 놀기 시작했습니다.

다른 사람의 허락도 없이, 아니면 그 사람이 그 사실을 인지하지 않아도 그 사람에 대해서 작업을 할 수 있을까요? 이것은 아무도 정확히 대답하지 못하는 논란이 많은 주제입니다. 한 편으로, 누군가의 허락이 없이 치유하는 것은 카르마를 침해하는 것이라고 합니다. 그것은 마치 손상된 동맥에 작은 밴드를 붙이는 것과 비슷하다고 합니다. 달리 말하면, 더 깊은 문제를 건드리지 못한다는 말입니다. 하지만 다른 측면에서는, 누군가가 물에 빠지는 것을 본다면 당신은 도움을 요청받았든 받지 않았든 물에 뛰어들어 그를 구할 것입니다. 부모와 힐러는 이런 개인적인 결정을 홀로 내려야 합니다.

호주에 살고 있는 론은 여러 해 동안 천사치유와 영적인 치유를 하고 있었습니다. 그의 아내는 론과 견해를 같이 했지만 25살 된 아들 스티브는 회의적이었습니다.

스티브는 왕립 호주 공군의 멤버입니다. 그는 소방구조대가 되기 위해 훈련을 매우 열심히 했습니다. 그래서 야구를 하다가 팔꿈치가 탈골되자 엄청나게 충격을 받았습니다. 의사들은 이제 까지 보아온 것 중에서 최악의 상황이라고 말했습니다. 그리고 그는 몇 달 동안 정규 과정에서 열외가 되었습니다.

스티브는 아버지에게 자기가 매우 좌절하고 있다고 말했습니다. 소방구조대원이 되는 과정을 시작하지 못하게 될 것이기 때문이었습니다. 그 말을 듣고 론은 스티브에게 말하지 않은 채 천사의 도움을 요청하기로 결심했습니다. 론은 천사들이 단지 치유의 사랑을 줄 뿐, 스티브의 자유의지를 간섭하지 않는다는 것을 알고 있었습니다.

그래서 론은 천사들이 스티브와 그의 팔을 둘러싸고 있는 것을 심상했습니다. 또한 레이끼 시술자이기도 했던 론은 그의 아들에게 치유 에너지를 보내주었습니다.

이틀 뒤에 스티브가 전화로 말했습니다, "아버지, 못 믿으시겠지만요, 며칠 전에 제 팔이 호전되기 시작했어요. 의사들이 놀라고 있어요!" 스티브는 곧바로 평소에 하던 역도와 일상적인 운동을 다시 시작할 수 있게 되었습니다. 그는 또 임무를 다시 시작하고 정규수업 과정을 모두 완수했습니다. 스티브는 지금 소방구조대의 자랑스러운 멤버입니다.

론은 이렇게 말합니다, "저는 그 치유가 신으로부터 천사들을 통해 그에게 보내졌다는 것을 알고 있습니다. 아들은 이제 제 일을 자주 도와줍니다."

다른 사람들을 위해 천사들을 부를 때, 우리는 자주 천사들이 나타났다는 것을 확인하는 신호를 받습니다. 이런 확인은 어떤 신체적인 표시로 올 수도 있고, 내면의 앎이나 느낌으로 올 수도 있습니다. 다른 구체적인 확인은 우리가 기도한 그 사람이 기적적으로 치유되는 것이지요.

다음의 두 이야기에서, 다른 사람을 대신해서 천사들을 부른 한 여인이 놀라운 확인을 받았습니다. 두 가지 경우 모두, 그 다른 사람들이 천사들을 보았다고 이야기합니다. 천사를 부른 사실을 그들이 들은 적도 없는 데 말이지요.

호주 퀸스랜드의 버나데트 머서는 저의 천사 직관 코스의 졸업생입니다. 그녀는 심각한 정서적인 고통을 경험하고 있는 한 여인에게 천사치유를 하고 있었습니다. 그 여인을 마사지 테이블에 엎드리게 하고 버나데트는 여인의 머리에 자기 손을 얹었습니다.

버나데트는 눈을 감고 그 여인을 도와달라고 대천사 라파엘을 불렀습니다. 버나데트는 이렇게 말합니다, "저는 그 방의 에너지가 달라진 것을 느꼈어요. 그래서 눈을 떴지요. 그런데, 마사지 테이블의 끝 쪽에 키가 크고 아름다운 모습의 금빛 천사가 서 있었어요!" 라파엘의 손은 그녀의 발에 놓여 있었습니다.

버나데트는 마음속으로 말했습니다, "고맙습니다. 대천사 라파엘님, 당신처럼 강하고 훌륭하신 분이 저를 돕기 위해 왔다니 정말 영광입니다."

그녀는 라파엘이 이렇게 대답하는 소리를 들었습니다, "신의 자녀여, 나는 당신보다 더 강하지 못하다."

버나데트는 이렇게 말합니다, "그는 세션이 끝날 때까지 거기에 있었어요. 너무도 깊고 아름다운 경험이어서, 제 기억 속에 지워지지 않게 새겨졌습니다."

힐링 세션이 끝나자, 그 여자는 대천사 라파엘이 그녀의 발을 잡고 그녀를 치유하고 있는 아름다운 꿈을 꿨다고 말했습니다! 그리고 훨씬 좋아졌다고 말했습니다.

• • •

당신은 텍사스의 휴스톤에 사는 로라 V. 필립스가 지상의 천사라고 말할지도 모릅니다. 그녀는 대부분의 사람들이 세상을 떠나기 바로 며칠 전에 들어오는 호스피스 병동에서 상담 인턴으로 일하고 있습니다. 존이라는 이름의 한 남자가 말기 암으로 호스피스 병동에 들어왔습니다. 로라는 그가 매우 친절하고 예의바르다는 것을 알게 되었습니다. 존이 로라의 가슴에 너무도 감동을 주었기 때문에, 그녀는 매일 그와 함께 시간을 보내게 되었습니다. 비록 그가 대부분의 시간에 의식을 잃고 있었지만 말이지요.

그가 호스피스 병동에 들어온지 나흘 째 되는 날, 로라는 존이 그의 침대 끝을 응시하면서 가쁜 숨을 쉬며 무서워하고 있는 것을 발견했습니다. 로라가 무슨 일인지 묻자 그가 대답했습니다, "저기에 악마가 있어요, 그의 꼬리가 불에 타고 있어요!" 존은 그 무서운 장면으로부터 자신을 방어하기 위해 베개를 머리 위에 올려놓았습니다. 로라는 그가 안전하다고 안심시켰습니다. 로라는 악마가 그 자체로는 존재하지 않는다고 믿었지만 우리의 공포가 우리의 믿음에 따라 물질화된다는 것을 깨닫게 되었습니다.

간호사가 달려와 존의 상태를 확인하는 동안, 로라는 조용히 대천사 미카엘과 그의 자비천사들을 불러 존의 주위를 둘러싸고 그를 두렵게 만드는 것으로부터 그를 보호해달라고 부탁했습니다. 갑자기, 존이 소리쳤습니다, "천사들이 보여요!" 로라의 가슴이 뛰었습니다. 그리고 기쁨의 눈물이 흘러 나왔습니다. 존은 그녀가 천사들을 불렀다는 것을 알 길이 없었습니다.

"존, 그들이 어떻게 생겼어요?" 로라가 물었습니다.

"아름다워요...아름다워요...아름다워요!" 그가 대답했습니다. 그런 뒤 존은 평화롭게 잠이 들었습니다. 그리고 다시는 깨어나지 않았습니다. 그리고 다음 날 만면에 경이롭고 고요한 표정을 지은 채 세상을 떠났습니다.

천사들을 부르는 것은 질병이나 부상에 맞서 행할 수 있는 가장 강력하고 깊은 치유 행위 중의 하나입니다. 비록 당신이 믿지 않거나 확신하지 못한다고 할지라도 천사들을 부르는 행위는 아픈 사람들에게, 그리고 그들이 사랑하는 사람들에게 즉각적인 효과를 나타냅니다.

제19장

요약

지금 이 시대는 우리가 자연의 치유 방법에 대한 고대의 지혜를 기억하고 그곳으로 돌아갈 수 있을 만큼 성숙했습니다. 종교적이고 정치적인 인물들이 자신의 힘을 확인받고 싶어서 공포스런 메시지로 사람들을 세뇌시킨지 수백년이 지난 후에야 비로소 우리는 다시 영적치유의 수행을 맡게 되었습니다.

햇빛, 크리스탈, 기도, 에너지 힐링, 색채 힐링 등이 건강에 이롭다는 것을 보여주는 연구와 함께 과학이 이러한 고대의 지혜를 응원하고 있습니다. 주요 병원과 의학연구소가 이제는 '보완 건강관리 기법'을 채택하고 있습니다. 그것은 에너지 힐러들과 영적인 힐러들을 뜻하는 용어입니다. 의사들은 크리스탈과 자외선과 색채 치료법을 이용한 기구를 사용하면서 강력한 효과를 보고 있습니다. 내과의들은 운동, 명상, 스트레스를 감소시키는 코스를 그들의 치료 프로그램의 일부로 자주 처방을 내리고 있습니다. 심리학자들은 이제 보완적인 이해를 위해 그들의 환자들을 최면요법사, 심령술사, 점성술사들에게 위탁하고 있습니다.

그것은 아주 오래된 지혜에 기초한 새로운 세상입니다. 우리는 아틀란티스에서, 그리고 어쩌면 그 이전에 존재했던 문명에서 이용한 치유의 지혜를 회복시키고 있습니다.

만일 이 책이 치유의 방법을 사용했던 당신의 전생에 대한 기억을 촉발했다면, 나는 당신에게 이 영역을 탐구하라고 강력히 권고합니다. 당신은 전생퇴행술사나 자격있는 최면요법사와 상담할 수도 있고, 아니면 저의 〈천사와 함께 하는 전생퇴행Past-Life Regression with the Angels〉 프로그램이나 브라이언 바이스의 〈시간의 거울Mirrors of Time〉 책과 CD같은 전생퇴행 안내 오디오테이프를 이용할 수도 있습니다.

천사들과 함께 사랑과 빛 치료법을 이용하는 것은 전통적인 치유 기법과 연계되어 있습니다. 당신의 건강에 대해 더 안내를 해달라고 기도하고 명상하십시오. 만일 당신이 건강한 식습관, 숙면, 운동을 통해 당신의 삶의 모습을 향상시키는 메시지를 받고 있다면, 이것이 따를만한 가치가 있는 진정한 천사와의 대화입니다.

당신이 많은 사랑과 많은 빛을 받기를 기원합니다!

제3부

천사의학으로 치유하기

20 천사의학 힐링 방법

– 차크라 정화

• 차크라 거품 세척

• 백색빛 정화

– 에테르 코드 자르기

• 대천사 미카엘과 코드 자르기

• 질긴 코드 자르기

• 특정한 코드 자르기

• 브리지식 거품정화법

• 중독 코드 자르기

• 사물에 연결된 코드 자르기

– 대천사 미카엘과 내면 청소하기

– 저주와 비수 제거하기

– 사이킥 방어와 보호막

– 영체와 땅에 묶인 영 제거하기

– 맹세 잘라내기

– 천사에게 둘러싸여 기분좋게 잠들기

– 크리스탈과 작업하기

– 엔젤 컬러 리딩

– 크리스탈 고르기

제20장

천사의학 힐링 방법

이 마지막 장에서는 천사치유에 사용되는 여러 힐링 방법에 대해서 읽게 될 것입니다. 내면의 안내와 천사들의 조언에 따라 자유롭게 단계를 추가하거나 바꾸세요. 특정한 기법을 설명하기 위해 쓴 정확한 단어나 단계는 치유하려는 순수한 의도만큼 중요하지는 않습니다. 당신이 각각의 방법을 시행하면서 믿음과 낙관적인 태도를 유지하는 것이 가장 좋습니다.

차크라 정화

차크라를 정화하고 균형을 맞추는 것은 우리가 더 나은 건강과 더 강화된 에너지, 더 많은 양의 에너지를 즐길 수 있게 도와줍니다. 그 목적은 모든 차크라를 균등하게 확장시키고 안팎으로 깨끗하게 만들어 주는 것입니다. 차크라를 정기적으로 안과 밖을 닦아 줄 필요가 있는 구멍이 많은 보석으로 생각하세요. 당신의 차크라를 깨끗하게 만들고 균형을 잡아주는 방법은 많이 있습니다. 여기서 소개하는 두 가지는 빠르고 효과적인 방법입니다.

차크라 거품 세척

하얀색의 거품이 나는 액체 세제 한 주전자를 머리 꼭대기에 열려있는 크라운 차크라를 통해서 몸속으로 붓는 상상을 하세요. 이 거품이 각각의 차크라에 부어지는 것을 보고 느껴봅니다. 그 거품이 각각의 차크라 안과 밖에 있는 모든 때와 기름과 찌꺼기를 깊이 빠르게 닦아줍니다. 그런 뒤 대천사 라파엘에게 당신 안에 액체로 된 녹색빛을 부어주어 당신의 차크라가 반짝거릴 정도로 깨끗해질 때까지 모든 거품과 잔해를 씻어달라고 부탁합니다.

백색빛 정화

밝은 백색빛 줄기가 당신의 머리 꼭대기를 통해서 당신의 몸 속 깊은 곳으로 뻗어 나가는 것을 보고 느끼세요. 백색빛이 당신 척추 근처에 있는 붉은색의 뿌리 차크라를 씻어내고, 닦아내고, 확대해주는 것을 보세요. 그런 다음 백색빛이 배꼽과 뿌리 차크라 사이에 있는 밝은 오렌지 차크라를 깨끗이 하고 확대시키는 것을 보거나 느끼세요. 그런 뒤 그 백색빛은 당신의 배꼽 바로 뒤에 있는 노란색의 태양 신경총 차크라를 정화하고 확대시킵니다.

그런 다음 백색빛은 당신의 가슴을 따뜻하게 하고, 에메랄드 그린색이 가슴 차크라의 크기를 증대시키고 더 뚜렷하게 만듭니다. 그런 뒤 후두골에 있는 연한 푸른색의 목 차크라를 열어주고, 씻어주고, 확대시켜 줍니다. 그런 다음 당신의 두 눈 사이에 위치하고 있는 인디고 블루색의 제3의 눈 차크라를 깨우고, 정화하고, 증가시켜줍니다. 그런 다음 눈썹 위에 있는 귀 차크라를 열어주고 깨끗이 해줍니다. 마지막으로 그 백색빛이 머리 꼭대기에 있는 남보라색의 크라운 차크라를 통해서 통과해 나갑니다. 당신의 모든 차크라는 크기가 똑같아졌고, 안에서부터 백색빛으로 빛나고 있습니다.

에테르 코드 자르기

우리가 어떤 사람이나 어떤 물건에 두려움에서 나온 집착을 갖고 있을 때, 우리는 그 사람이나 물건이 떠나거나 변하는 것을 막기 위해 영적인 코드를 만듭니다. 이 코드는 수술할 때 쓰는 튜브처럼 생겼고, 그 관계가 길어지고 강렬해짐에 따라 더 크게 자랍니다. 따라서 가장 큰 코드는 부모, 형제, 그리고 다른 오래되고 진지한 관계에 연결된 것입니다.

그 코드들은 속이 비어 있는 튜브이며, 가까이에 붙어 있는 사람들 사이로 에너지가 앞뒤로 움직입니다. 이것은 두려움에 기초한 코드이며, 대개 건강하지 못하고 기능 장애에 기반을 두고 있습니다. 그것은 사랑이나 관계의 건전한 부분과는 아무런 상관도 없습니다. 코드를 자른다는 것은 사람을 버리거나 이혼하는 것이 아닙니다. 그것은 관계의 건전하지 못한 부분을 놓아버리는 것입니다. 에테르 코드는 영혼을 육체에 붙여주는 실버 코드와 무관합니다. 사랑과 실버 코드는 실수로도 분리될 수 없습니다.

당신에게 절망을 느끼거나 도움을 필요로 하는 친구나 친척에게 연결된 코드가 있다고 합시다. 그 사람은 마치 주유소에서 연료를 빨아들이듯이 당신으로부터 에너지를 빼내가기 시작할 것입니다. 당신은 이유도 모른 채 피곤을 느낄 것입니다. 만일 그 근본 원인이 에테르 코드가 빨아들이는 것이라면 아무리 많은 카페인을 섭취하고, 아무리 많이 운동을 하고, 아무리 잠을 잔다고 해도 당신의 에너지를 회복시키지 못할 것입니다. 저는 만성피로증후군이 에테르 코드를 통해 에너지가 빠져나간 사람에게서 생긴다고 확고하게 믿고 있습니다. 제가 함께 일을 한 사람들 중 많은 분들이 코드를 자르는 단순한 방법을 이용함으로써 에너지 수준을 정상으로 되찾았습니다.

만일 당신과 에테르적으로 연결되어 있는 사람이 화를 낸다면, 그들의 화 에너지가 에테르 코드를 통해서 곧바로 당신의 몸과 차크라로 요동치며 올 것입니다. 이것은 아무 원인도 없고 치료에 반응도 없는 것으로 보이는 신체적인 통증을 초래할 수 있습니다.

교사, 카운슬러, 힐러 같이 전문적으로 도움을 주는 사람들은 자기들의 학생이나 환자들에게 연결된 코드를 많이 갖고 있습니다. (이것은 도움이 필요한 친구나 친척들을 항상 도와주는 사람에게도 마찬가지입니다.)

그러므로 누군가를 도와주는 세션 후에, 또는 뚜렷한 이유 없이 신체적으로 통증을 느끼거나 무기력해질 때마다 코드를 잘라내는 것은 중요한 일입니다. 코드는 두려움이 뒤섞인 관계가 다시 시작한다면 다시 자랄 수 있습니다. 하지만 새로운 코드는 더 가늘어서 이전보다는 적은 에너지가 당신으로부터 빠져나가거나 당신에게 전달 될 수 있습니다.

대천사 미카엘과 에테르 코드 자르기

미카엘은 부정성에 대한 모든 집착을 잘라내는 검을 갖고 다닙니다. 그냥 이렇게 생각하세요. '대천사 미카엘님, 당신을 부릅니다. 제 에너지와 생명력을 빨아내고 있는 두려움의 코드를 잘라주세요.' 그가 당신의 코드를 잘라내는 동안 조용히 앉아 계세요. 대천사가 코드를 잘라내면서 당신과 그 상대방에게 힐링 에너지를 보낼 것입니다.

미카엘이 코드를 자를 때, 민감한 사람들은 공기의 압력이 변하는 것을 몸으로 느낄 것이고, 에너지가 증가하고 고통이 줄어들거나 없어지는 것을 느낄 것입니다.

질긴 코드 자르기

미카엘은 당신에게 연결된 사람과 연관된 오래된 분노를 떠나보낼 의사가 있을 경우에만 코드를 자를 수 있습니다. 만일 당신이 분노나 용서하지 못하는 마음에 매달려 있다면, 그 코드는 잘라지지 않을 것입니다. 이럴 경우에는, 위에 서술된 방법을 이용하여 미카엘을 부를 때, 그 사람을 생각하면서 다음과 같은 말을 덧붙이세요, "저는 모든 고통을 평화와 기꺼이 맞바꾸겠습니다. 지금의 고통의 자리에 평화가 오기를 요구합니다."

특정한 코드 자르기

위에 소개한 두 가지 방법에 이어서 이 단계까지 계속하기를 권장합니다. 어머니, 아버지, 형제자매, 과거의 연인 또는 현재의 연인 등, 특정한 사람들을 한 사람 한 사람씩 생각하고 그들과 연관된 두려움의 코드를 자르겠다는 의도를 유지하세요. 이들이 신체적인 통증과 연관된 코드를 가장 빈번하게 만들어내는 특정한 관계입니다.

브리지식 거품정화법

브리스베인에 있는 동안 (친근하게 브리시Brissy라고 불립니다. 호주 발음으로는 브리지로 들립니다), 저는 새로운 집착이 가늘고 끈적거리는 거미줄과 비슷하게 생겼다는 것을 알게 되었습니다. 미카엘천사는 검으로 거미줄을 자르듯이 이런 코드를 잘라냅니다. 저는 대천사 라파엘의 도움을 구했고, 그가 이 방법을 알려 주었습니다.

대천사 라파엘이 거품세척제 통을 들고 당신의 온 몸에 뿌리는 것을 보거나 느껴보세요. 오븐 세척제와 비슷한 이 거품은 새로운 관계, 또는 단기간의 관계에 들러붙은 두려움에 기초한 코드를 즉시 녹여버립니다. 일단 거품이 코드를 완전히 녹여버리면, 라파엘은 녹색의 힐링 액체를 호스로 뿌려 거품을 씻어냅니다. 당신은 이제 모든 작은 코드로부터 자유로워지며 당신의 에너지 수준이 증가하는 것을 알게 될 것입니다.

중독 코드 자르기

앉은 자세로, 당신이 풀어내 버리고 싶은 중독성 있는 행동이나 상황에 대해서 생각해 보세요. 당신이 정말로 그것을 풀어내 버리고 싶다는 것을 확실히 하세요. 왜냐하면 이 방법은 매우 강력하기 때문입니다. 이 기법을 실행한 뒤에는 즉시 중독을 끊게 되거나, 아니면 마지막으로 폭식이나 폭음을 한 뒤에 중독을 끊게 될 것입니다.

그런 다음 중독성의 물건이나 상황이 당신의 무릎에 앉아 있다고 상상하세요. 그런 다음 그것이 당신 배 앞에서 30센티 정도 떠있는 것을 보거나 느끼세요. 그 거미줄 같은 코드가 당신의 배에서 나와 중독성의 물건으로 이어지는 것을 지켜보세요. 그 코드는 나무뿌리처럼 생겼습니다. 마음속으로 대천사 라파엘에게 그 코드를 완전히 잘라달라고 부탁하세요. 코드가 잘라질 때, 그 물건이 당신으로부터 쉽게 떨어져 나가는 것을 지켜보세요.

그런 다음 라파엘은 당신의 배를 에메랄드 그린빛으로 둘러싸서 당신의 오래된 상처를 남김없이 고쳐줄 것입니다. 당신이 깊이 호흡하는 동안, 그는 잘라낸 코드를 통해서 당신의 몸속으로 치유의 녹색 에너지를 보낼 것입니다. 숨을 들이 쉴 때, 당신의 공허함과 불안은 이제 라파엘의 강력한 힐링 에너지로 채워지고 치유되고 균형을 이루게 될 것입니다. 우리는 라파엘이 치유해 준 것에 대해 감사합니다!

사물에 연결된 코드 자르기

당신이 에테르적으로 어떤 물질에 코드로 연결되어 있다는 증거는 그것을 어떤 값에도 팔지 않으려 할 때 알 수 있습니다. 제가 함께 작업을 했던 많은 사람들은 그들의 집이나 자동차에 연결된 코드를 갖고 있습니다. 그들이 그 물건을 팔고 싶어 하지 않기 때문입니다. 결과적으로, 아무리 광고를 하거나 가격을 깎아도 되지 않습니다.

물건에 연결된 코드는 사람의 발끝에서부터 자라나 그 물건 (집의 경우에는 방)의 일부에 붙게 됩니다. 만일 당신이 진정으로 그 물건을 팔고 싶다면, 대천사 미카엘에게 당신의 발끝으로부터 코드를 잘라달라고 부탁하고, 뭔가 더 나은 것이 그 물건을 대체할 것이라고 확신하세요. 그것을 소유하게 될 다음 사람이 당신의 관대한 양도로부터 이득을 얻을 것이라고 생각하세요.

대천사 미카엘과 내면 청소하기

이것은 제가 다른 책에서 다뤘던 방법이지만 치유에 너무도 효과적이기 때문에 반복할 만한 가치가 있습니다. 이 방법을 사용하면 당신과 대천사 미카엘이 심령의 잔재들, 공포의 에너지와 영체 같은 저급한 에너지를 멀리 날려버릴 수 있습니다.

이 방법은 당신 자신에게도 사용할 수 있고, 영적인 치유를 허락한 다른 사람에게도 사용할 수 있습니다. (당신은 그 다른 사람의 상위 자아를 마음속으로 만나 말없이 허락을 구할 수 있습니다.) 이 방법은 과잉행동을 가라앉히거나, 공격적인 태도를 줄이거나, 중독성을 줄이거나, 변덕스런 기분을 부드럽게 해주는 데에 특히 효과적입니다.

당신이 비우고 싶어 하는 사람 (당신 자신이거나 다른 사람)에 대해 생각하세요. 대천사 미카엘이 자비 천사들을 데리고 당신과 함께 하기를 마음속으로 부탁하세요. 미카엘이 진공 튜브를 가지고 다니는 것을 지켜보세요. 진공 흡입의 속도를 저속으로 할 것인지, 중속, 고속, 초고속으로 할 것인지 결정하세요. 미카엘과 함께 그 진공 튜브를 크라운 차크라를 통해 그 사람의 머리 속으로 집어넣으세요. 머릿속 이곳저곳을 모두 진공으로 빨아들여 어두운 부위를 없애버리세요. 턱 주위와 뇌 주위에 주의를 기울이세요.

진공 튜브를 목 속으로 내려 보낸 뒤, 다시 가슴 속으로 내려 보내세요. 어두운 부위가 어디에 있는지 살펴보세요. 그리고 미카엘과 함께 진공 튜브를 그 부위로 향하게 하고 낮은 차원의 에너지들을 빨아내세요. 어떤 부위가 빨갛게 되어 있으면, 그것은 신체적인 고통을 표시합니다. 사랑의 에너지를 당신의 가슴이나 손에서 그 부위로 보내세요. 여성의 경우엔 자궁, 남성의 경우엔 전립선을 포함해서 모든 장기를 비워주세요.

진공 튜브를 척추와 팔을 따라 손가락으로 보내세요. 때때로 어둠이 숨어 있는 손가락 끝을 진공으로 비워주는 것을 잊지 마세요. 몸 위쪽을 씻어낸 다음에는 몸 아래 부분, 다리, 무릎, 종아리, 관절, 발, 발가락까지 진공으로 씻어내세요.

몸이 완전히 씻겨지면, 미카엘은 진공청소기의 스위치를 되돌릴 것입니다. 이제 치약이나 하얀 접착제 같이 생긴 백색빛이 다이아몬드처럼 반짝이며 진공 튜브에서 나타납니다. 그것이 몸 전체를 채워주고 이전에 고통스러웠던 부위를 고쳐주고 균형을 잡아줍니다. 우리는 이 치유와 정화에 대해 대천사 미카엘과 그의 자비천사군단에게 감사를 드립니다.

저주와 비수 제거하기

이 방법은 당신 자신에게나 다른 사람에게나 모두 사용할 수 있습니다. 등이 아무 데에도 닿지 않도록 앞으로 기울이거나 아니면 엎드리거나 옆으로 누우세요. 대천사 라파엘과 미카엘을 불러 당신을 둘러싸도록 하세요. 그런 다음 아주 깊이 호흡하세요. 때때로 사람들이 자기 자신에게나 아니면 다른 사람들에게 화를 낼 때, 분노 에너지를 보내는데, 그 에너지는 몸속에 깊이 새겨져 형상으로 굳어질 수 있습니다. 우리는 무의식적으로나

의식적으로 우리 자신이나 다른 사람을 저주합니다.

당신의 몸으로부터 분노의 에너지를 기꺼이 놓아버리고 남김없이 들어내세요. 당신의 등을 비롯한 다른 모든 부위에서 비수, 활, 검 또는 다른 날카로운 것들과 고통을 주는 것들을 풀어내세요. 이제 이런 비수나 다른 것들이 당신의 몸으로부터 들려 나가면서, 당신은 누가 그것들을 당신에게 보냈는지 알고 놀라게 될 것입니다. 당신 자신을 치유하는 방법으로 그런 사람들에게 최대한의 능력을 다해서 당신의 용서를 보내주세요. 그 대상들을 당신의 전신으로부터 계속 덜어내고 완전히 놓아 버리세요. 이제 모든 저주는 완전히, 그리고 영원히 사라질 것입니다.

라파엘이 이제 당신을 액체로 된 녹색의 힐링 젤로 덮어줄 것이고, 그것이 이전에 남아 있었던 어떤 상처도 즉시 모두 다 치유해 줄 것입니다. 당신이 치유되는 동안, 미카엘이 당신을 보라빛의 고무 방패로 덮어줄 것입니다. 그 방패로 인해 앞으로 다가오는 어떤 공격도 당신으로부터 튕겨져 나가게 되고, 사랑으로 변하여 그것을 보낸 사람에게 돌아가 그 사람을 치유해 줄 것입니다.

이제 당신은 완전히 깨끗해지고 완전히 보호받고 있습니다. 라파엘과 미카엘에게 당신이 치유된 것을 감사하십시오.

사이킥 방어와 보호막

당신이 공공장소에 있든지, 아니면 아픈 사람이나 화가 난 사람에게 둘러 싸여 있을 때와 같이 낮은 에너지 속에 있을 때마다, 적극적으로 당신을 보호하는 것이 중요합니다. 이것은 다른 사람의 에너지를 흡수하는 경향이 있는 민감한 사람들에게 특히 중요합니다.

당신을 보호하기 위해, 어떤 색이든 당신이 선택한 빛으로 당신이 완전히 뒤덮여 있는 모습을 보거나, 상상하거나, 생각하세요. 다른 사람들, 또는 자동차나 집과 같은 물건도 빛으로 보호막을 칠 수 있습니다. 보호막은 시간이 지나면 점점 약해집니다. 그러니 12시간 정도의 주기로 다시 해주어야 합니다.

처해 있는 상황에 따라서 당신이 선택할 수 있는 몇 가지 색깔이 있습니다.

- 백색빛: 범죄나 심령의 공격을 방어하는 데에 좋습니다. 당신 주변에 다른 보조 천사들을 불러 줍니다.
- 핑크빛: 핑크빛의 보호막은 부정성으로부터 보호해줍니다. 부정적인 마음의 사람들, 불평하는 사람들, 또는 남의 말하기 좋아하는 사람들이 주변에 있는 상황일 때 도움이 됩니다. 오직 사랑만이 핑크빛 보호막을 뚫고 들어올 수 있기 때문입니다.
- 녹색빛: 몸을 치유해주는 방패. 부상을 당했거나 질병에 걸린 사람을 위해 녹색빛 보호막을 사용하세요.
- 자주빛: 심령 방어. 심령의 공격이나 심령의 존재를 막아줍니다.
- 거울 달린 공: 당신이 영향 받기 쉬운 상태라고 느낄 때, 또는 당신이 차크라가 열려 깨끗한데, 그런 상태로 거친 에너지 속으로 들어

가려고 할 때 (예를 들어, 낯선 사람들이 모인 곳이나, 심각한 비즈니스 미팅과 같은 곳), 당신이 거울 달린 공속으로 들어가는 것을 보거나 느끼세요. 모든 부정적인 에너지가 그 공으로부터 튕겨져 나갈 것입니다.

- 납 보호막: 어떤 싸움이 예상될 때, 또는 당신이 극도로 열려 있거나 영향 받기 쉬운 상태일 때 부정성을 막아주는 최고의 보호막입니다. 당신 자신이 아무 것도 뚫고 들어올 수 없는 가벼운 납으로 완벽하게 둘러 싸여 있는 것을 보거나 느끼세요.
- 삼중 방패: 세 가지 또는 그 이상의 색깔을 골라 그것을 완벽한 방어를 위해 당신의 꼭대기에 층층이 쌓으세요.

영체와 땅에 묶인 영 제거하기

민감한 사람들은 때때로 모르는 사이에 빙의가 됩니다. 이것은 완전히 당신을 점유하는 것이 아닙니다. 그 존재가 당신의 몸과 당신의 통제권을 차지한 것이 아니기 때문입니다. 그렇지만 이런 영들이 당신의 건강과 행복에 방해가 될 수 있습니다.

영체는 두려움의 사념 형태입니다. 그것은 살아있는 형상을 갖고 있습니다. 그것들은 사랑이 아닌 에고의 산물입니다. 따라서 그들은 사실 존재하는 것이 아닙니다. 그렇지만 우리가 정말로 두려움 속에 빠진 시기에 있다면, 우리는 그런 영체의 달라붙음에 영향을 받을 수 있습니다.

땅에 묶인 영들은 사후의 차원에 있는 빛으로 가지 못한 죽은 사람들입니다. 그들 대부분은 자기들이 죽었다는 것을 깨닫지 못합니다. 그들은 죽을 때 갖고 있었던 탐닉 때문에 땅에 붙어 있습니다. 그리고 살아 있는 마약중독자들로부터 대리 만족을 얻기 위해 마약이 사용되는 대중 주점, 바와 같은 곳 주변을 자주 어른거립니다.

땅에 묶인 영들은 때때로 지옥불이나 천벌에 대한 믿음 때문에 사후의 세계로 가는 것을 두려워합니다. 또 다른 땅에 묶인 영들은 너무도 자기들 집에 집착하고 있어 떠나고 싶어 하지 않습니다. 이런 곳들이 유령이 나오는 곳입니다. 땅에 묶인 영들은 천사들이나 승천한 마스터의 말 대신에 살아있는 사람의 말을 듣습니다. 왜냐하면 자기들이 살아있다고 생각하기 때문입니다.

빙의가 되었거나 땅에 묶인 영에 들린 표시는 다음과 같습니다.

강한 중독 증세를 보이는 것, 치료에 반응이 없는 우울증, 재해 빈발성 경향, 집중력 결여, 갑작스런 인격의 변화나 삶의 스타일 변화.

누구라도 빙의 현상을 나타낼 수 있습니다. 그러나 그것은 전혀 부끄러워하거나 두려워할 것이 아닙니다. 그것은 단지 정화가 필요한 것입니다.

이런 유령들을 풀어 보내는 많은 방법이 있습니다.

– **도움 요청하기** 땅에 묶인 영이 된 그 영혼을 사랑하고 아껴주는 고

인에게 당신을 도와달라고 마음속으로 또는 큰 목소리로 부탁하세요. 이 고인들이 땅에 묶인 영에게 와서 그를 빛 속으로 데려가 주기를 부탁하세요. 일반적으로 땅에 묶인 영의 할머니나 할아버지가 이 부름에 응답하여 그 영이 진화하고 치유받고 성장할 수 있도록 즉시 그 영을 사후의 세계로 데려갈 것입니다.

- **대천사 미카엘에게 부탁하기** 대천사 미카엘에게 유령이나 땅에 묶인 영들을 당신과 당신이 가장 사랑하는 사람들, 고객, 집으로부터 제거해달라고 부탁하세요. 그런 뒤 대천사 미카엘에게 당신 옆에 영원히 머물면서 예정된 것이 아니라면 아무도 당신 곁에 오지 못하게 하고, 만일 그들이 당신 곁에 있다면, 그들이 사랑으로부터 온 것임을 확인해주는 경비원의 역할을 해달라고 부탁하세요. 다른 모든 천사들과 마찬가지로 미카엘은 시간이나 공간의 제약이 없다는 것을 기억하세요. 따라서 그는 그를 부르는 모두에게 동시에 개별적으로 나타날 수 있습니다.
- **코드 자르기** 땅에 묶인 영이 고인이 된 사랑하는 사람일 때, 살아있는 사람은 그 영에게 코드로 연결되어 있을 수 있습니다. 그 코드는 실제로 그 영이 살아있는 사람에게 계속 묶여있게 합니다. 한 여인을 예로 들 수 있는데, 고인이 된 그녀의 폭력적이고 알코올중독인 아버지가 아직 빛으로 가지 못하고 그녀에게 붙어 있습니다. 그는 자신이 전에 했던 행동에 대해 보상하고 싶어 할 수도 있지만 스스로가 치유되지 않았기 때문에 그녀를 도와 줄 입장이 되지 못합니다. 그의 존재가 무의식적으로 그녀를 억누르고 있습니다. 이런 경우에, 대천사 미카엘을 불러 그 영에 이어진 코드를 끊어 달라고

부탁하세요. 동시에 그 영에 대한 과거의 분노나 복수하려는 욕망을 기꺼이 풀어내야 합니다.

- **유령 뽑아내기** 이것은 다른 사람에게 사용하는 방법입니다. 먼저, 당신 자신을 거울로 된 공 안에 들어가 보호막을 치십시오. 그리고 미카엘과 자비 천사들에게 당신과 동행하라고 부탁하세요. 그런 다음, 유령을 크라운 차크라의 꼭대기를 통해서 길고 어두운 색깔의 스카프를 끌어당기듯이 끌어내십시오. 그 유령을 대천사 미카엘에게 주세요. 그러면 미카엘은 그것을 방에서 사라지게 만들 것입니다. 그 사람이 깨끗해질 때까지 계속해서 어두운 유령들을 끌어내세요. 때로는 뿌리가 깊이 박힌 단단한 잡초를 당기는 것처럼 당기기가 어려울 것입니다. 그런 다음 당신 자신과 당신의 손을 깨끗이 하세요. 그리고 당신 자신을 자주색 빛과 대천사 미카엘로 보호벽을 치세요.
- **차크라 정화** 〈차크라 정화〉라고 된 제 오디오 테이프와 CD는 유령과 땅에 묶인 영들을 씻어내는 효과가 있습니다. 저와 음악가 란달 레오나드가 대천사 미카엘을 불렀기 때문이지요. 그래서 미카엘의 에너지가 사운드 트랙에 두 배로 들어가 있습니다. 많은 사람들이 〈차크라 정화〉를 어두운 에너지가 있는 방 안에 계속 틀어놓으면서 유령 제거 폭탄처럼 사용하고 있습니다.

맹세 잘라내기

전생에 했던 맹세들이 때로는 이번 생으로까지 우리를 따라

옵니다. 청빈의 맹세는 재정적인 곤란을 초래할 수 있고, 금욕의 맹세는 성적인 어려움과 관계의 어려움을 유발할 수 있으며, 극기에 대한 맹세는 자기 파괴의 경향을 만들 수 있습니다. 우리가 이런 맹세들을 잘라낼 때, 그 부정적인 영향은 치유됩니다.

여기에 과거의 맹세를 잘라내는 방법이 있습니다.

깊게 호흡하면서 조용히 중심을 잡습니다. 마음속으로, 또는 입으로 말하세요, "제가 다른 시간 속에서 했을지도 모르는 청빈의 서약을 여기서 잘라냅니다. 그 청빈의 서약이 주는 모든 영향력이 모든 방향의 시간 속에서 없던 일이 되기를 요구합니다.

제가 다른 시간 속에서 했을지도 모르는 독신의 서약을 여기서 잘라냅니다. 그 독신의 서약이 주는 모든 영향력이 모든 방향의 시간 속에서 없던 일이 되기를 요구합니다.

제가 다른 시간 속에서 했을지도 모르는 극기의 서약을 여기서 잘라냅니다. 그 극기의 서약이 주는 모든 영향력이 모든 방향의 시간 속에서 없던 일이 되기를 요구합니다."

천사에게 둘러싸여 기분좋게 잠들기

잠이 들 때, 수호천사들이 문과 창문에 서서 당신을 밤새 지켜주고 보호해주기를 마음속으로 요청하세요. 당신 자신, 당신의 집, 당신이 사랑하는 사람들, 걱정되는 상황, 그리고 세상이 백색빛의 두꺼운 층으로 둘러싸여 있다고 시각화하세요. 그런 다음 대천사 라파엘이 당신에게 녹색의 힐링 에너지 막을 쳐주는 것을 보거나 느끼세요. 이 녹색 힐링 빛의 막을 당신 위로 덮고 당신의 몸이 완전히 이완되는 것을 느끼세요. 그리고 편안히 주무세요!

크리스탈과 작업하기

크리스탈은 힐링 에너지에 초점을 맞추고, 당신이 하는 힐링 작업에서 빛을 고양시키는 데에 도움이 됩니다. 크리스탈은 영성 관련 책방에서나 선물가게, 많은 요가 스튜디오, 원석과 미네랄 전시회에서, 그리고 인터넷으로 구입할 수 있습니다. 크리스탈을 손에 쥐었을 때 당신의 느낌과 끌리는 색깔에 따라서 직관적으로 크리스탈을 선택하세요. 제3의 눈 근처에 크리스탈을 놓고 따끔거리는 느낌이 있는지 살펴보면 그 크리스탈이 살아있고 높은 생명 에너지를 갖고 있는지 알 수 있습니다. 지친 크리스탈은 당신이 잡았을 때 어떤 느낌도 주지 않습니다.

크리스탈을 구입하자마자 이전의 에너지를 정화시키세요. 크리스탈을 정화시키는 가장 좋은 방법은 햇빛에 직접 2시간에서 4시간 정도 놓아두는 것입니다. 어떤 사람들은 크리스탈을 소금

물에 적시는 것을 추천하는데, 이것은 크리스탈의 효력을 점점 약화시킬 수 있습니다.

크리스탈을 달빛에서, 특히 보름달 전날 저녁에 충전시키세요. 구름이 달빛을 가로막는다고 해도, 그 에너지는 당신의 크리스탈 속으로 들어와 충전시켜 줄 것입니다.

크리스탈은 보석으로 착용하거나, 손에 쥐고 있거나, 질병이 있거나 부상당한 곳, 또는 차크라 위에 놓거나, 아니면 집에 놔둘 때 강력한 힘을 발휘합니다. 많은 사람들이 크리스탈을 침실용 탁자 위에, 또는 침대 밑에 놓아두고 자는 것을 즐깁니다. 하지만 이것이 편안한 수면에 너무 자극적이라고 하는 사람들도 있습니다.

크리스탈은 목욕의 힐링 에너지를 충전하기 위해 목욕물에 놓아둘 수도 있습니다. 병이나 유리잔 안에 놓아두면, 마시는 물에 치유의 빛을 가져오기도 합니다. (물론, 크리스탈을 삼키지 않도록 주의하셔야겠지요!)

많은 뉴에이지 책들이 크리스탈로 치유하는 것에 대해 더 상세한 내용을 알려줍니다. 저는 〈크리스탈 테라피Crystal Therapy〉라는 책을 갖고 있지만 사실, 정보를 얻는 최상의 출처는 당신의 직관과 경험입니다. 당신 내면의 지혜를 믿으세요. 그리고 미네랄 왕국의 마술 같은, 살아있는 멤버와 함께 작업하는 것을 즐기세요.

엔젤 컬러 리딩

기분이 좋지 않다면, 누워서 당신이 주변의 많은 천사들과 함께 구름 위에서 누워 있는 것을 상상하세요. 천사들이 당신의 오라를 손으로 빗어주면서 심령의 잔재를 뿌리 채 뽑고 있는 것을 보거나 느끼세요. 천사들 중의 몇몇은 수정처럼 맑은 플래시를 갖고 당신 몸 위에 힐링의 색깔을 비춰줍니다. 그들이 어떤 색깔을 비춰주는지 지켜보세요. 호흡을 하면서 이 색깔들을 즐기고 빨아들이세요. 당신이 완전히 보살펴지도록 허락하세요. 어느덧 잠시 동안 잠으로 빠져들 것입니다.

그런 뒤에 천사들이 당신에게 비추고 있었던 색깔들을 돌이켜 생각해보세요. 이 색깔들은 무엇이 균형 잡히지 않았는지, 또는 당신의 삶에 무엇이 필요한지 보여줍니다.

- **백색:** 당신의 천사들과 연결하세요. 천상의 천사와 당신의 삶 속에 있는 지상의 천사들 모두를 말이지요. 당신의 걱정거리를 그들에게 말하세요. 그리고 그들의 도움과 사랑을 받아들이세요.
- **자주색:** 소음과 다른 사람들로부터 떨어져 기도하고, 명상하고, 당신 자신을 위한 조용한 시간을 가지세요. 아름다운 야외에서 자연의 소리를 들으며 시간을 보내는 것은 지금 당장 당신의 치유에 매우 도움이 될 것 입니다.
- **보라색:** 당신은 아무 판단 없이 경청하고 믿어줄 사람이 필요합니다.
- **짙은 청색:** 당신의 직관을 믿으세요. 그리고 다른 사람의 주장에 설

득당하지 마세요.

- **옅은 청색:** 당신 자신의 예술적인 기획이나, 어떤 새로운 예술작품을 구입하거나 음악을 연주함으로써 당신의 환경에 아름다움을 더해주는 등 지금 당장 당신의 삶에 창조성이 필요합니다.
- **터키색:** 다른 사람의 도움과 지원이 필요합니다. 당신이 도움을 요청하고 있는지, 그리고 당신이 필요에 따라 누구에게 위임하고 있는지 확인하세요.
- **에메랄드 그린색:** 당신이 취하고 있는 에너지와 식습관의 독소제거와 정화와 함께 지금 당장 휴식과 잠이 필요합니다.
- **옅은 녹색:** 당신의 진정한 감정에 대해, 합리화나 죄의식이나 두려움 없이 당신 자신에게 정직할 필요가 있습니다.
- **노란색:** 취업이나 학교를 포함한 상황을 주의하세요. 그것이 당신에게 해를 끼치고 있고 당장 변화가 필요하기 때문입니다.
- **오렌지색:** 당신 가정의 환경을 더 활기차고, 치유에 적합하고, 편안하게 만들기 위해 돌볼 필요가 있습니다.
- **핑크색:** 당신은 사랑과 애정과 포옹에 대한 갈망이 있습니다.
- **빨간색:** 하늘에 분노와 걱정을 놓아버리세요. 그것을 당신 마음과 몸속에 붙잡고 있을 때 신체적인 불균형이 만들어지기 때문입니다.

여러 색깔의 조합은 다양한 필요와 관심을 표현합니다. 따라서 각각 따로 따로 보아야 합니다.

크리스탈 고르기

여러 가지 상황, 신체 부위, 질병을 위해 사용할 수 있는 크리스탈들입니다. 영향을 받는 부위 근처에 크리스탈을 쥐고 있거나 놓아두세요.

A

- 찰과상, 염증abrasion – 카넬리언carnelian
- 풍요abundance, 창조creating – 옥cinnabar, 풍요의 수정abundance quartz
- 폭행 치유abuse healing – 아이올라이트iolite, 스피넬spinel, 연수정smoky quartz
- 통증ache – 셀레스타이트, 차로아이트charoite
- 여드름acne – 스미스소나이트smithsonite, 제미 로도나이트gemmy rhodonite, 논트로나이트nontronite
- 중독addiction – 아벤츄린aventurine, 바리트barite, 제올라이트zeolite
- 에이즈AIDS – 디아스포diaspor, 페탈라이트petalite, 다이옵타세dioptase
- 알코올중독alcholism – 니쏘나이트nissonite, 탈레나이트thalenite, 스미소나이트smithsonite
- 알레르기allergies – 크리소콜라chrysocolla, 지르콘zircon
- 거식증anorexia – 모스아게이트moss agate, 운모석영quartz with mica inclusions, 로도크로사이트 rhodocrosite
- 불안anxiety – 라피스 라줄리lapis lazuli, 연수정smoky quartz, 황수정citrine
- 맹장염appendicitis – 황수정citrine, 카넬리언carnelian
- 식욕부진appetite, decreasing – 디아볼레아이트diaboleite, 클로라이트chlorite, 문스톤moonstone

- 식욕증진appetite, increasing – 에피도트epidote, 우나카이트unakite
- 관절염arthriti – 구리copper, 크리소콜라chrysocolla, 새겨진 연수정engraved smoky quartz
- 천식asthma – 그린 투르말린green tourmaline, 로도나이트rhodonite, 맥파라이트macfallite
- 아스트랄 여행astral travel – 엔젤라이트angelite, 어포피라이트apophyllite, 그린 칼사이트green calcite
- 자폐증autism – 텍타이트tektite, 금gold
- 등back – 블루 칼사이트blue calcite, 골든 토파즈golden topaz, 마타이트martite

B

- 요통backache – 크리소콜라chrysocolla
- 방광bladder – 재스퍼jasper, 블러드 스톤bloodstone, 카넬리언carnelian
- 혈액blood – 블러드 스톤bloodstone, 카넬리언carnelian, 헤마타이트hematite
- 혈압blood pressure – 다이옵타세dioptase, 블러드 스톤bloodstone, 터키석tourquoise
- 뼈bones – 칼사이트calcite, 하울라이트howlite, 골드 호안석gold tiger's – eye
- 유방breast – 페리도트peridot, 핑크스노우볼 자수정pink snowball amethyst, 브라보아이트bravoite
- 호흡breathing – 호박amber, 모가나이트morganite
- 부러진 뼈broken bones – 칼사이트calcite, 헤마타이트hematite, 다이옵타세dioptase
- 상처받은 마음broken hearts – 장미수정rose quartz, 핑크 토파즈pink topaz, 말라카이트malachite
- 기관지염bronchitis – 레드재스퍼red jasper, 파이라이트pyrite, 침수정rutilated quartz
- 식욕 이상 항진증bulimia – 운모 석영quartz with mica inclusions, 오초ocho
- 화상burns – 아이리스 아게이트iris agate, 소달라이트sodalite
- 사업 확장business, increasing – 황수정citrine, 시나바cinnabar, 메니패스테이션 수정manifestation quartz

C

- 감정 진정calm feelings – 장미수정rose quartz, 블루 레이스 아게이트blue race agate, 백수정clear quartz
- 암cancer – 서길라이트sugilite, 로도크로사이트rhodocrosite, 불꽃 오라 수정flame aura quartz
- 심혈관계 질병cardiovascular ailments – 이스토나이트eastonite
- 변화 대처change, dealing with – 연수정smoky quartz, 핑크 투르마린pink tourmaline, 가넷garnet
- 출생childbirth – 문스톤moonstone, 루비ruby, 재스퍼jasper
- 임신child conception – 가넷garnet, 크로코이트crocoite, 산호coral
- 순환circulation – 루비ruby, 황수정citrine, 파이라이트pyrite
- 투청력clairaudience – 환상 수정phantom quartz
- 예지력clairsentience – 스미소나이트smithsonite
- 투시력clairvoyance – 자수정amethyst, 아주라이트azurite, 백수정clear quartz
- 감기colds – 투명 또는 자주색 플루오라이트clear or purple fluorite, 제임소나이트jamsonite
- 결장(結腸)colic – 말라카이트malachite, 옥jade
- 대장colon – 호박amber, 말라카이트malachite, 라구나 아게이트laguna agate
- 혼수상태coma – 몰다바이트moldavite, 탄자나이트tanzanite
- 확신 증진confidence, increasing – 아마조나이트amazonite, 아벤츄린aventurine, 금gold
- 변비conspitation – 로도크로사이트rhodochrosite
- 경련cramps – 셀레스타이트celestite, 스미소나이트smithsonite, 문스톤moonstone

D

- 탈수dehydration – 핸코카이트hancockite, 폭포수정waterfall quartz, 불꽃 오라 수정flame aura quartz

- 우울depression – 아주라이트azurite, 쿤자이트kunzite, 토파즈topaz
- 당뇨disbetes – 자수정amethyst, 오위히 재스퍼owyhee jasper, 말라카이트malachite
- 소화digestion – 레드재스퍼red jasper, 골드 칼사이트gold calcite, 황수정citrine
- 개에 물린 데dog bite – 다이옵타세dioptase, 카넬리언carnelian, 자수정amethyst
- 꿈 기억하기dreams remembering – 하키마 다이아몬드herkimer diamond, 스미소나이트smithsonite, 침수정rutilated quartz

E

- 귀ears – 호박amber, 사파이어sapphire, 블루 플루오라이트blue fluorite
- 폐기종emphysema – 로도나이트rhodonite, 크리소콜라chrysocolla
- 에너지 증가시키기energy increasing – 페리도트peridot, 재스퍼jasper, 호박amber
- 독립체 이동entity removal – 썰펀틴serpentine, 오닉스onix, 옵시디안obsidian
- 뇌전증emphysema – 몰다바이트moldavite, 제트jet
- 눈 건강 – 칼세도니chalcedony, 아쿠아마린aquamarine, 로도크로사이트rhodocrosite
- 시력 – 플루오라이트fluorite, 에메랄드emerald, 로도크로사이트rhodocrosite

F

- 나팔관fallopian tubes – 문스톤moonstone, 크리소콜라chrysocolla
- 피로fallopian tubes – 연수정smoky quartz
- 발feet – 제트jet, 아쿠아마린aquamarine, 오닉스onix
- 열fever – 크리소콜라chrysocolla, 블루레이스 아게이트blue race agate
- 섬유근육통fibromyalgia – 아벤츄린aventurine, 임페리얼 토파즈imperial topaz

G

- 쓸개gallbaldder – 말라카이트malachite, 가넷garnet, 재스퍼jasper
- 생식기genital – 레드가넷red garnet, 블랙 옵시디언black obsidian, 연수정smoky quartz
- 슬픔grief – 옵시디언obsidian, 라피스 라줄리lapis lazuli, 장미수정rose quartz

H

- 머리카락hair – 쿼츠quartz, 오팔opal, 말라카이트malachite
- 손hands – 페이든 쿼츠faden quartz, 알리고클라세oligoclase, 퍼스만나이트fersmannite
- 두통headaches – 블루레이스 아게이트blue race agate, 서길라이트sugilite, 자수정amethyst
- 청각hearing – 소달라이트sodalite, 사파이어sapphire, 라피스 라줄리lapis lazuli
- 심장heart – 다이옵타세dioptase, 페리도트peridot, 금gold
- 속쓰림heartburn – 플루오라이트fluorite
- 간염hepatitis – 서길라이트sugilite, 은silver
- 딸꾹질hiccups – 붉은 산호red coral

I

- 면역체계immune system – 말라카이트malachite, 블루쿼츠blue quartz, 레피도라이트lepidolite
- 발기불능impotency – 베르다이트verdite, 패드파라디아padparadiah, 가넷garnet
- 감염infection – 갈레나galena, 루비ruby, 터콰이즈turquoise
- 불임infertility – 가넷garnet, 오렌지 투르말린orange tourmaline
- 염증inflammation – 블루레이스 아게이트blue race agate, 블루 플루오라이트blue fluorite
- 부상,사고(예방)injury/accident – 옐로 카넬리언yellow carnelian, 스피넬spinel, 쿤자이트kunzite
- 곤충에게 물림insect bites – 라줄라이트lazulite, 모나자이트monazite
- 불면증insomnia – 플루오라이트fluorite, 라피스 라줄리lapis lazuli, 소달라이트sodalite
- 가려움증itching – 말라카이트malachite, 아주라이트azurite, 돌로마이트dolomite

J

- 관절joints – 다이옵타세dioptase, 헤마타이트hematite, 알바이트albite

K

- 신장kidneys – 허니 칼사이트honey calcite, 카넬리언carnelian, 옥jade

L

- 다리legs – 드라바이트dravite, 옥jade, 블러드 스톤blood stone
- 백혈병leukemia – 알렉산드라이트alexandrite, 블러드 스톤blood stone
- 삶의 목적life purpose – 백수정clear quartz, 루불라이트luvulite, 에메랄드emerald
- 간liver – 아주라이트azulite, 말라카이트malachite, 페리도트peridot, 로도크로사이트rhodocrosite
- 폐lung – 크리소콜라chrysocolla, 다이옵타세dioptase, 갈레나galena
- 루푸스lupus – 핑크팬텀pink phantom
- 림프절lymph nodes – 레몬오팔lemon opal, 심소나이트simpsonite, 라줄라이트lazulite

M

- 조울증manic depression – 레피도라이트lepidorite, 쿤자이트kunzite
- 기억memory – 파이어 아게이트fire agate, 호박amber, 파이라이트pyrite
- 갱년기menopause – 라피스 라줄리lapis lazuli, 가넷garnet, 문스톤moon stone
- 월경(월경주기)menstruation – 연수정smoky quartz, 문스톤moonstone, 돌로마이트dolomite
- 편두통migraines – 제트jet, 투르말린tourmaline, 다이옵타세dioptase
- 경제적 문제money issues – 옥jade, 시나바cinnabar, 황수정citrine
- 구강mouth – 소달라이트sodalite, 모더나이트mordenite, 멜리판meliphane
- 근육muscles – 칼코피라이트chalcopyrite, 아파타이트apatite, 요더라이트yoderite

N

- 손발톱nails – 칼사이트calcite, 진주pearl, 오팔opal

- 악몽nightmares – 칼세도니chalcedony, 로도나이트rhodonite, 자수정amethyst
- 코피nosebleed – 헤마타이트hematite

O

- 골다공증osteoporosis – 그린 아게이트green agate
- 난소ovaries – 페리클라세periclase, 호안석tiger's – eye, 문스톤moonstone

P

- 통증pain – 보우지스톤boji stone, 서길라이트sugilite, 말라카이트malachite
- 췌장pancreas – 그린모스 아게이트green moss agate,알렉산드라이트alexandrite, 로데스톤lodestone
- 전생past lives – 메테오라이트meteorite, 자수정amethyst, 옵시디언obsidian
- 무대공포증performance anxiety – 붉은호안석red tiger's – eye, 문스톤moonstone, 아쿠아마린aquamarine
- 송과샘pineal gland – 백수정clear quartz, 플루오라이트fluorite, 자수정amethyst
- 뇌하수체pituitary gland – 라피스 라줄리lapis lazuli, 플루오라이트fluorite, 자수정amethyst
- 임신pregnancy – 진주pearl, 문스톤moonstone
- 월경전증후군premenstrual syndrome – 문스톤moonstone, 헤마타이트hematite
- 전립선prostate – 오로라 보레알리스 스톤aurora borealis stone, 오사리즈웨이트osarizwaite, 테트라헤드라이트tetrahedrite

R

- 발진rashes – 아스팔텀asphaltum

S

- 충격shock – 헤마타이트hematite, 문스톤moonstone
- 어깨shoulders – 블루레이스 아게이트blue race agate

- 부비강sinuses – 설퍼 스톤sulphur stone, 플루오라이트fluorite, 엘리앗 스톤eliat stone
- 피부skin – 아주라이트azurite, 말라카이트malachite, 코니칼사이트conichalcite, 지르콘zircon
- 흡연smoking – 오레곤 자수정oregon amethyst, 아벤츄린aventurine, 바라이트barite
- 인후염sorethroat – 앤젤라이트angelite, 라리마larimar
- 말하기speech – 블루 토르말린blue tourmaline, 블루 플루오라이트blue fluorite
- 척추spine – 래브라도라이트labradorite, 마그네타이트magnetite, 재스퍼jasper
- 비장spleen – 옥jade, 어포필라이트apophyllite
- 위장stomach – 페리도트peridot, 재스퍼jasper
- 스트레스stress – 아주라이트azurite, 말라카이트malachite, 보우지 스톤boji stone, 터콰이즈turquoise
- 붓기swelling – 쿼츠quartz

T

- 치아teeth – 플루오라이트fluorite, 칼사이트calcite, 하울라이트howlite
- 긴장tension – 칼사이트calcite, 셀레나이트selenite
- 목throat – 터콰이즈turquoise, 투르말린tourmaline, 호박amber
- 가슴샘(흉선)thymus – 아쿠아마린aquamarine, 커프라이트cuprite, 로도크로사이트rhodocrosite
- 갑상샘thyroid – 페리도트peridot, 라피스 라줄리lapis lazuli, 크리소콜라chrysocolla
- 혀tongue – 모더나이트mordenite, 휘트로카이트whitlockite, 소다라이트sodarite
- 편도염tonsillitis – 라리마larimar, 칼세도니chalcedony
- 종양tumor – 말라카이트malachite, 블루 카이아나이트blue kyanite

V

- 정맥veins – 아쿠아마린aquamarine, 오팔opal, 스네이크 스킨 재스퍼snake skin jasper

U

- 궤양ulcer – 크리소콜라chrysocolla, 금호안석gold tiger's – eye, 파이라이트pyrite
- 요로감염urinary tract – 호박amber, 옥jade, 황수정citrine

W

- 체중 감소weight decreasing – 래브라도라이트labradorite, 피카소 스톤picasso stone, 세런다이트serandite
- 체중 증가weight increasing – 에피도트epidote, 우나카이트unakite
- 걱정worrying – 탠저린 쿼츠tangerin quartz, 오렌지 칼사이트orange calcite

저자 후기

당신이 빛이자 사랑인 것을 기억하세요. 그리고 당신에게는 엄청난 자기 치유력이 있다는 것을 잊지 마세요. 당신은 창조주의 형상으로 만들어졌습니다. 그리고 당신은 지금 창조주의 창조성과 완벽한 건강, 풍요, 지혜를 드러내고 있습니다. 당신이 건강하고 풍요롭고 지혜로우며 창조적임을 확신하세요. 성장하고 확장하기 위해 당신의 내면에 있는 빛과 사랑을 불러내세요.

이 지구에서, 이 지구 주위에서, 그리고 이 지구 안에서 빛을 즐기시기 바랍니다. 지구의 레이라인에 더 많은 빛을 보내어 치유의 백색빛으로 지구를 둘러싸기 바랍니다. 신과 천사들의 빛을 보고 느끼기 바랍니다. 빛이 당신의 가슴과 마음과 몸을 따뜻하게 만들길 기원합니다.

사랑을 주고받는 것을 두려워하지 않기 바랍니다. 당신이 지금 당장 얼마나 사랑스러운지 알기 바랍니다. 당신의 모든 관계 속에서 가장 깊은 사랑을 받을 자격이 있다는 것을 알기 바랍니다. 당신 자신을 부드럽고 사랑 가득한 보살핌으로 다루기 바랍니다.

저는 모든 면에서 당신에게 사랑과 빛을 보내고 있습니다!

역자 후기

2005년도 어느 날 일본 동경의 한 서점에서 이 책을 발견했습니다. 평소 향기명상과 크리스탈, 레이끼 등의 힐링을 하고 있던 터라, 이 천사치유 책이 너무도 반가웠습니다. 그리고 책의 존재를 잊고 살던 1년 전 어느 날, 우연처럼 책장에서 떨어진 이 책을 집어 들고 다시 훑어보다, 불현듯 번역을 해야겠다는 생각이 들었습니다. 원서를 주문하고 번역을 하는 동안, 마치 알 수 없는 힘의 인도를 받고 있는 느낌이었습니다. 제 책장에 꽂혀 있다 근 10년 만에 빛을 보게 된 이 천사치유는 이미 전 세계에 수많은 독자층을 확보하고 있으며, 곳곳에서 천사힐링 워크샵이 다양하게 열리고 있습니다. 이 책을 읽다보면 저자의 친절한 힐링 방법을 안내받을 수 있을 뿐만 아니라, 천사치유를 경험한 많은 사람들의 감동적인 체험도 함께 공유할 수 있습니다.

저자의 말처럼 여러분께서도 자신이 사랑과 빛임을 기억하셔서, 여러분 자신과 이 지구별을 함께 살아가며 힘들어 하고 있는 이들에게 사랑과 치유의 빛을 보내시길 바랍니다.

ANGEL MEDICINE HEALING

천사치유

초판인쇄 2014년 6월 9일
2쇄발행 2022년 2월 16일

지은이 Doreen Virtue, Ph.D.
옮긴이 김윤탁, 함서정
펴낸이 김재광
펴낸곳 솔과학

출판등록 제 10-140호 1997년 2월 22일
주소 서울시 마포구 염리동 164-4 삼부골든타워 302호
대표전화 02)714-8655
팩스 02)711-4656
E-mail solkwahak@hanmail.net

ISBN 979-11-87124-46-7 03180
© 솔과학, 2022
값 22,000원

이 책의 내용 전부 또는 일부를 이용하려면
반드시 저자와 도서출판 솔과학의 서면동의를 받아야 합니다.

* 낙장이나 파손본 외에는 교환이나 환불이 불가합니다.